Dr. Rebecca Brown
Er kam, um die Gefangenen zu befreien

Dr. Rebecca Brown

Er kam, um die Gefangenen zu befreien

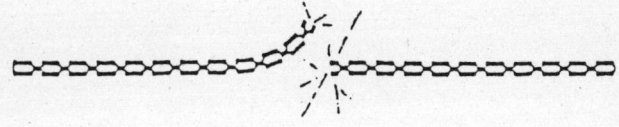

Vertrieb Christlicher Literatur
Postfach 12, D-8070 Ingolstadt 2

Titel der Originalausgabe:
He Came To Set The Captives Free
Chick Publications
P.O. Box 662, Chino, CA 91710, USA

Übersetzt und herausgegeben von:
Vertrieb Christlicher Literatur
Postfach 12, D-8070 Ingolstadt 2

Zu beziehen durch:
Vertrieb Christlicher Literatur
Postfach 12, D-8070 Ingolstadt 2
und:
Comic-Traktate-Versand
Postfach 30 09, D-5632 Wermelskirchen 3

ISBN: 3-9802219-0-3

1. Auflage 1988
2. überarbeitete Auflage 1989
3. Auflage 1990

Satz, Druck und Verarbeitung: Ebner Ulm
Printed in Germany

Alle Bibelstellen sind, soweit nicht anders angegeben, der Elberfelder Übersetzung in revidierter oder unrevidierter Fassung entnommen.

INHALTSVERZEICHNIS

Achtung!

Dies wird eines der schwierigsten Bücher sein, das du je zu lesen versucht hast. **SATAN WILL NICHT, DASS DU DIESEN IN- HALT LIEST!**

> Himmlischer Vater, ich bitte Dich, den Leser dieses Buches zu be- schirmen und zu beschützen und ihm ein klares Verständnis von all dem zu geben, was Du uns aufgetragen hast, niederzuschreiben. Ich bitte Dich darum und danke Dir in dem kostbaren Namen Deines Sohnes Jesus Christus, unseres HERRN. Amen.

Das Ziel dieses Buches ist, dir die vielfältigen Methoden aufzuzei- gen, mit denen Satan und seine Dämonen heutzutage in der Welt wirken, aufzudecken, wie du wirkungsvoll gegen sie kämpfen kannst, UND wie du von Bindungen an Satan befreit werden kannst.

Satan wird alles, was er kann, daransetzen, um dich vom Lesen des Buches abzuhalten. Er wird dich mit überwältigender Müdigkeit, Verwirrtheit, ständigen Unterbrechungen und vielen anderen Din- gen belästigen. ANGST ist eine der Hauptwaffen Satans. Er wird Angst gebrauchen, um dich abzuhalten, dieses Buch zu lesen. Du mußt sie einfach sofort und laut im Namen Jesu zurückweisen, um sie zu überwinden. Bete und bitte auch um Beschirmung, während du liest, damit du den Inhalt verstehst.

Meine tiefste Dankbarkeit gehört zuerst dem HERRN und dann Elaine. Das Schreiben dieses Buches wäre ohne die Informatio- nen, die mir Elaine, und ohne die Kraft, Führung und Ermuti- gung, die mir der HERR gab, nicht möglich gewesen.

Alle Namen wurden zum Schutz der im Buch vorkommenden Per- sonen geändert. Wir beten ernstlich, daß der HERR Jesus Christus dich reichlich mit Seinem Heil und Seinem Verständnis segnen wird, während du die folgenden Seiten liest.

Und er [Jesus] kam nach Nazareth, wo er erzogen worden war; und er ging nach seiner Gewohnheit am Sabbattag in die Synagoge und stand auf, um vorzulesen. Und es wurde ihm das Buch des Propheten Jesaja gereicht; und als er das Buch aufgerollt hatte, fand er die Stelle, wo geschrieben war:

›Der Geist des Herrn ist auf mir, weil er mich gesalbt hat, Armen gute Botschaft zu verkündigen; er hat mich gesandt, Gefangenen Befreiung auszurufen, und Blinden, daß sie wieder sehen, Zerschlagene in Freiheit hinzusenden, auszurufen ein angenehmes Jahr des Herrn.‹

Und als er das Buch zugerollt hatte, gab er es dem Diener zurück und setzte sich; und aller Augen in der Synagoge waren auf ihn gerichtet. Er fing aber an, zu ihnen zu sagen: Heute ist diese Schrift vor euren Ohren erfüllt.«   Lukas 4:16–21

ER KAM, UM DIE GEFANGENEN ZU BEFREIEN!

KAPITEL 1

Rebeccas Weg

Als sie durch den Eingang des Gebäudes trat, spürte sie vom ersten Moment an, daß hier etwas Besonderes war. Es war eine Art Finsternis, die auf diesem Ort lastete. Sie konnte es nicht erklären, aber sie wußte, daß etwas da war und daß es sich um etwas handeln mußte, das sie bisher noch nie erlebt hatte.

Rebecca ist Ärztin. Sie betrat das »Memorial Hospital« zum erstenmal, um ihr Medizinalpraktikum anzutreten. Sie hatte im vergangenen Monat ihr Medizinstudium beendet und war zum erstenmal in den 30 Jahren ihres Lebens ganz von zu Hause ausgezogen. Sie wußte noch nicht, daß die tragischen Ereignisse, die sie in diesem Krankenhaus miterleben würde, sie und ihr gesamtes Leben für immer verändern würden. Diese brütende Finsternis, die sie in ihrem Geist wahrnahm, schien ihr ständig aufzulauern. Ganz plötzlich sollte es Rebecca treffen und sie in eine Reihe von Ereignissen hineinstürzen, die ihre Hingabe an ihren HERRN und Erlöser Jesus Christus wirklich bis aufs Äußerste prüfen sollten.

Die erste Prüfung ließ nicht lange auf sich warten – Rebecca arbeitete seit ungefähr zwei Monaten als Ärztin in diesem Krankenhaus. Eines Nachts, sie war gerade in der Notaufnahme beschäftigt, wurde gegen 2 Uhr ein gut dreißigjähriger Mann eingeliefert. Rebecca wich vor Entsetzen zurück, als sie den zerfleischten und zerfetzten Körper sah. Sechs Jahre lang hatte sie, bevor sie Ärztin wurde, als Krankenschwester Erfahrungen in den Notaufnahmen großer Krankenhäuser gesammelt, doch so etwas hatte sie noch nie gesehen! Während sie zusammen mit dem übrigen Personal der Notaufnahme in Windeseile arbeitete, um das Leben des jungen Pastors zu retten, überschlugen sich ihre Gedanken. Wie konnte so etwas nur geschehen? Wer würde zu so etwas überhaupt fähig sein? Ganz offensichtlich war dieser Mann gefoltert worden. Die Haut seines Körpers war teilweise abgezogen, er hatte zahlreiche Verbrennungen, Stichwunden, Striemen von Peitschenhieben und, was das Erschreckendste von allem war, seine Handflächen zeigten Löcher von Nägeln, die hindurchgetrieben worden waren. Er war bewußtlos und stand unter schwerem Schock.

Nachdem die medizinische Erstversorgung durchgeführt war und sich der Zustand des Patienten stabilisiert hatte, so daß er auf die Intensivstation verlegt werden konnte, wandte sich Rebecca an die Polizeibeamten, die ihn gebracht hatten. Sie sagten wenig, außer daß es sich um einen Entführungsfall handelte. Als sie den Körper gefunden hatten, dachten sie zuerst, er wäre tot. Sie weigerten sich, weiter über den Vorfall zu reden, und verließen das Krankenhaus schnell, wobei sie vor sich hinmurmelten, sie müßten jetzt ihren Bericht abliefern.

Alle anderen in der Notaufnahme fuhren mit ihrer Arbeit fort, als wäre nichts Ungewöhnliches geschehen. Niemand schien besonders überrascht oder bestürzt über den Zustand des Patienten zu sein. Erneut spürte Rebecca diese brütende Finsternis in überwältigender Weise. Sie war völlig durcheinander, doch die Last der Arbeit, die zu tun war, nahm sie schnell gefangen. Es gab wohl nichts in ihrer Vergangenheit, das sie auf den Schock hätte vorbereiten können, den ihr das Zeugnis jenes jungen Pastors bereitete, als er ihr erzählte, was mit ihm in jener Nacht geschehen war, bevor er in den Notaufnahmeraum eingeliefert worden war. Noch wußte sie nicht, daß der nächste Schlag einen ihrer eigenen Patienten, der ihr besonders lieb war, treffen sollte.

Doch zuerst wollen wir zurückblicken und sehen, welche Ausbildung der HERR Rebecca gegeben hatte, um sie auf all das vorzubereiten, was noch geschehen sollte.

Rebecca hatte das außergewöhnliche Vorrecht und den Segen, von christlichen Eltern geboren worden zu sein, die täglich für sie beteten. In sehr jungen Jahren hatte sie Jesus schon als ihren Erretter angenommen, aber sie wußte noch nichts von einer persönlichen Beziehung zu Ihm. Sie wuchs in einer sehr festgefahrenen und engstirnigen religiösen Gemeinschaft auf, in der es ihr nicht erlaubt war, Freundschaften zu schließen oder Kontakt mit jemand außerhalb der Gruppe zu haben. Sie wurde sowohl innerhalb als auch außerhalb der Gruppe abgelehnt und sowohl in der Schule als auch von anderen Mitgliedern dieser religiösen Gruppe verspottet und lächerlich gemacht. So wuchs sie sehr einsam auf.

Sie war auch oft krank und verbrachte einen Großteil ihrer Kindheit im Krankenhaus. Dann entdeckte man, als sie älter wurde, daß sie eine unheilbare neuromuskuläre Lähmungserkrankung hatte. Ihre liebenden Eltern gaben ihr jedoch die nötige Sicherheit in ihrem Leben. Ihre Gebete umgaben und beschützten sie und bewahrten sie ohne Zweifel davor, dem Okkultismus zu verfallen, der schon so viele junge Leute mit ähnlicher Vergangenheit zu Fall gebracht hat.

Im ersten Jahr ihres Medizinstudiums war sie schließlich bereit, ihr Leben in allen Bereichen dem HERRN hinzugeben. Sie nahm Jesus als **HERRN** und Retter in ihr Leben auf. Die vier Jahre ihres Medizinstudiums waren ein heftiger Kampf; zum einen wegen ihrer neuromuskulären Erkrankung und zum anderen, weil sie sehr wenig Geld hatte. Während dieser vier Jahre lernte Rebecca, dem HERRN zu vertrauen, tagtäglich mit Ihm zu gehen, Seine Stimme zu hören, wenn Er zu ihr sprach, Seiner Führung zu folgen und Seine Fürsorge für alle ihre Nöte zu erleben.

Vor ihrem Medizinstudium war sie sieben Jahre lang Krankenschwester gewesen. Als Folge des mächtigen Wirkens des HERRN in ihrem Leben, sowie einer ganzen Reihe von Wundern, verließ sie dann ihre Stelle als Krankenschwester und ging wieder zur Schule, um anschließend Medizin zu studieren.

Zu dem Zeitpunkt, als Rebecca mit ihrer Arbeit am Memorial Hospital begann, wußte sie absolut nichts von Satanismus oder von Elaine, einer mächtigen Hexe, die ganz in der Nähe wohnte. Rebecca hätte nicht im Traum daran gedacht, daß ihr Wandel mit Christus in diesem Krankenhaus derartige Schockwellen in der geistlichen Welt auslösen, und daß die Mächte der Finsternis so in Wut geraten würden. Sie wurde in einen gigantischen Kampf verwickelt, als Elaine, eine der obersten Hexen der USA, einen organisierten Angriff mit Hilfe von vielen Hexen gegen sie startete, indem sie alle ihre Kräfte und Fähigkeiten der Magie anwendeten, um Rebecca zu ermorden.

Das sogenannte Medizinalpraktikum ist das erste Schulungsjahr, das ein Arzt in Amerika nach seinem Medizinstudium ableisten muß, falls er oder sie sich auf ein Fachgebiet spezialisieren will. Es ist bei weitem das arbeitsintensivste und auch das gefürchtetste Schulungsjahr. Rebecca erging es da am Memorial Hospital nicht anders als allen anderen, außer, daß sie ständig etwas Eigenartiges spürte, für das sie keine Erklärung fand. Niemand, einschließlich der wenigen christlichen Kollegen, schien das zu bemerken. Von Anfang an nahm sie innerhalb der gesamten Abteilung eine regelrecht überwältigende Atmosphäre des Hasses wahr. Es wurde hinter dem Rücken über andere geredet und gestritten. Das war jedoch nicht nur in dieser Abteilung, sondern tatsächlich auch im ganzen Krankenhaus so. Es war ein äußerst kaltes Arbeitsklima. Der HERR gebrauchte all diese Umstände sowie den außerordentlich starken körperlichen und seelischen Druck dieses Jahres, um Rebecca in eine viel tiefere Verbundenheit mit Ihm zu führen.

Ziemlich von Anfang an spürte sie einen ungewöhnlichen Widerstand gegen das Evangelium. Immer wieder weigerten sich Leute, mit denen sie versuchte, über das Evangelium zu reden, ihr auch nur zuzuhören. Sechs Monate nach Beginn ihrer Schulung an diesem Krankenhaus veranlaßte die Krankenhausverwaltung doch tatsächlich, alle Gideonbibeln aus den Krankenzimmern zu entfernen, und ließ an jede Station die Mitteilung ergehen, jedem Angestellten die fristlose Entlassung anzudrohen, falls er beim »Evangelisieren« der Patienten ertappt werden würde. Auch wurde keinem Pastor, der ins Krankenhaus kam, um Patienten zu besuchen, erlaubt, jemand anderen als seine eigenen Gemeindemitglieder zu besuchen. Falls die Krankenschwestern ihn beim »Evangelisieren« anderer Patienten ertappten, sollte er unter Sicherheitsvorkehrungen aus dem Krankenhaus hinausgeführt und aufgefordert werden, nicht wiederzukommen. Es wurde auch kein Krankenhausseelsorger zugelassen, was ebenfalls ungewöhnlich war. Es schien wirklich so, als ob der Versuch unternommen wurde, jede nur mögliche Erwähnung des Christentums innerhalb der Krankenhauswände gänzlich unmöglich zu machen.

Rebecca wurde zuerst für die Intensivstation eingeteilt und augenblicklich in einen Wirbel von Aktivitäten hineingerissen. Sie arbeitete bis zu 120 Stunden pro Woche im Krankenhaus. Im Blick auf diesen harten Dienst schrieb sie ihren sich ständig verschlechternden Gesundheitszustand natürlich ihrer Erschöpfung zu.

Dann legte ihr der HERR fortwährend aufs Herz, frühmorgens ins Krankenhaus zu gehen, um vor der Arbeit noch eine Stunde im Gebet zu verbringen und den HERRN für dieses Haus und die ganze Stadt zu bitten, damit das Evangelium dort verkündigt und Frucht bringen würde. Als sie dem HERRN gehorchte und anfing, jeden Morgen eine Stunde vor der Arbeit zu beten, wurde sie wiederholt vom Heiligen Geist gedrängt, den HERRN zu bitten, die Mächte der Finsternis an diesem Ort zurückzuweisen. Wieder und wieder hörte sie sich 4. Mose 10:35 zitieren, wo Mose sagt:

> »Steh auf, HERR, daß deine Feinde sich zerstreuen und deine Hasser vor dir fliehen!«

Sie wußte nicht, warum sie so betete, und ab und zu dachte sie sogar, daß es wohl doch recht seltsam wäre, aber der Heilige Geist drängte sie immer wieder, gerade das zu beten.

Als der HERR die Last auf ihrem Herzen für die Seelen an diesem Ort ständig vergrößerte, bat sie Gott täglich, für das Krankenhaus und die ganze Stadt in den Riß treten zu dürfen, genau so, wie es in Hesekiel 22:30–31 beschrieben wird:

> »Und ich suchte einen Mann unter ihnen, der die Mauer zumauern und vor mir für das Land in den Riß treten könnte, damit ich es nicht verheeren müßte; aber ich fand keinen. So gieße ich meinen Zorn über sie aus, im Feuer meines Grimms vernichte ich sie, ihren Weg bringe ich auf ihren Kopf, spricht der HERR.«

Sie war sich nicht sicher, was damit verbunden war, »in den Riß zu treten«, doch sie bat den HERRN, sie zu gebrauchen, falls es Ihm möglich wäre.

Während Rebeccas ersten paar Monaten am Memorial Hospital lehrte Gott sie eine sehr wertvolle Lektion über die totale Abhängigkeit von Ihm in ihrer medizinischen Arbeit. Eines Tages wurde ein Patient mit starken Herzschmerzen, hohem Blutdruck und Verdacht auf Herzinfarkt spät nachts in die Herzstation eingewiesen. Es unterlag Rebeccas Verantwortung, den Patienten zu untersuchen und in jener Nacht für ihn zu sorgen. Er gab ihr eine Liste der Medikamente, die er normalerweise einnahm. Darunter befand sich auch ein besonders starkes Mittel, das den Blutdruck senkt und gleichzeitig das Herz entlastet. Er behauptete wiederholt, immer eine bestimmte Dosis eingenommen zu haben, und Rebecca glaubte ihm. Sie entschloß sich, ihm diese Dosis zu geben, um seinen Blutdruck zu senken und sein Herz zu entlasten, in der Hoffnung, einen Herzinfarkt zu verhindern. Sie wußte jedoch nicht, daß diese Dosis sehr gefährlich werden kann, wenn der Patient nicht Schritt für Schritt an die Menge gewöhnt wird.

Eine Stunde später wurde sie von der Krankenschwester gerufen, die ihr mitteilte, daß der Blutdruck des Patienten sehr stark gesunken wäre und er sich in einem Schockzustand befände. Es sähe so aus, als ob er sterben würde. Eisiger Schrecken und tiefe Bestürzung überfielen Rebecca. Sie rief ihren Vorgesetzten an, schilderte ihm die Situation und fragte ihn, was sie tun könnte, um die Wirkung des Medikamentes, das sie gegeben hatte, wieder rückgängig zu machen. Er erwiderte kalt, daß sie einen dummen Fehler gemacht hätte und man absolut nichts anderes tun könnte, als abzuwarten, ob der Patient am Leben bliebe oder sterbe. Es gäbe kein Medikament, das die Wirkung des von ihr verabreichten Mittels hätte rückgängig machen können. Er fügte noch hinzu, daß er während seines Medizinalpraktikums auch einmal einen ähnlichen Fehler gemacht hätte, und daß sein Patient einen sehr schweren Herzschaden als Folge des Schocks davongetragen hätte und beinahe gestorben wäre.

Viele Gedanken schossen wie wild durch Rebeccas Kopf, als sie in jener Nacht durch die einsamen, dunklen Gänge zur Herzstation ging, um den Patienten aufzusuchen. Am stärksten quälten sie Schuldgefühle, Angst und Selbstvorwürfe. Kalter Schweiß lief ihr über den Rücken bei dem qualvollen Gedanken, daß sie aller Wahrscheinlichkeit nach diesen Patienten getötet hatte. Plötzlich zeigte ihr der Heilige Geist einen großen Fehler in ihrer Denkweise auf. Sie hatte gedacht: »Gott hat ein wohlgeordnetes Universum geschaffen, in dem das Gesetz von Ursache und Wirkung gilt. Wegen dieses dummen Fehlers wird der Mann wahrscheinlich sterben. Da die Wirkung dieses Medikaments absolut nicht rückgängig gemacht werden kann, werden die Folgen unweigerlich eintreten, und es besteht deshalb auch keine Notwendigkeit zu beten oder zu erwarten, daß Gott sein wohlgeordnetes Universum nur wegen mir und meiner Dummheit ändern wird.«

Sanft durchflutete der Heilige Geist ihr ganzes Wesen mit der sicheren Gewißheit, daß sie jemand Besonderes wäre! Sie wäre ein Königskind! Und deshalb hätte sie ein besonderes Vorrecht, das die anderen Ärzte nicht hätten. Sie hätte das Recht, Gott, den Vater, im Namen Jesu zu bitten, ihren Fehler zu korrigieren. Das wäre eines der vielen Dinge, für die Jesus am Kreuz starb.

Auf der Stelle drehte sie sich um und rannte in die Kapelle. Dort fiel sie vor dem HERRN auf die Knie und betete ernstlich darum, daß der HERR ihren Fehler korrigieren möge. Sie berief sich dabei auf die Tatsache, ein Königskind zu sein und sich daher auf die Verheißung in Hebräer 4:16 stellen zu können:

> »Laßt uns nun mit Freimütigkeit hinzutreten zum Thron der Gnade, damit wir Barmherzigkeit empfangen und Gnade finden zur rechtzeitigen Hilfe.«

Sie erhob sich von ihren Knien und ging zur Herzstation zurück. Als sie dort ankam, stellte sie fest, daß der Blutdruck des Patienten wieder Normalwerte erreicht hatte, und er schmerzfrei war! Ein erneutes Elektrokardiogramm zeigte, daß sein Herz wieder ganz normal arbeitete. Zwei Tage später wurde er ohne jeden Herzschaden entlassen.

Rebecca lernte es auch, von Stunde zu Stunde auf die Führung des HERRN zu vertrauen. Immer wieder sprach Er zu ihrem Geist mit jener sanften Stimme und machte sie auf Fehler aufmerksam, noch bevor sie sie ausführte, und zeigte ihr Dinge, die sie vergessen oder übersehen hatte, oder erinnerte sie an Sachen, die sie früher gelesen oder gelernt hatte. Sie lernte zu fasten und zu beten und den HERRN zu bitten, ihr bei besonders unklaren Fällen den Schlüssel zur Diagnose zu zeigen. Sie lernte es auch, sich auf den HERRN zu verlassen, daß Er ihre Hände geschickt machte, und sie führte niemals irgendeine Therapie durch, ohne zuerst im Gebet den HERRN Jesus, den wunderbaren Arzt, zu bitten, Seine Hände in ihre zu legen und sie mit Seiner Geschicklichkeit zu führen. In all den Jahren war der HERR immer treu gewesen, und es gab niemals ernste Komplikationen durch irgendeine Therapie, die sie durchgeführt hatte.

Ungefähr im sechsten Monat ihres Medizinalpraktikums, als Rebecca gerade wieder der Intensivstation zugeteilt war, hatte sich der junge Pastor, dem sie in der Notaufnahme begegnet war, endlich so weit erholt, daß er wieder reden konnte. Rebecca hatte seine Genesung genau verfolgt und betete beständig für ihn. Sie wurde vom HERRN bewegt, häufig bei ihm stehenzubleiben, um mit ihm zu reden. Eines Tages erzählte er ihr, was vor seiner Einlieferung ins Krankenhaus wirklich geschehen war.

Bob war Pastor einer kleinen christlichen Gemeinde in dieser Stadt. Er hatte zu einigen Leuten, die Satan anbeteten, Kontakt bekommen und mit ihnen über Jesus gesprochen. Er erzählte Rebecca, daß es in einer Stadt ganz in der Nähe eine sehr große Satanskirche gäbe und daß der Satanismus in dieser Stadt wild um sich griff. Unter der Leitung des HERRN hatte er immer wieder Leute zu Jesus geführt. Sie hatten aufgehört, Satan zu dienen, und hatten Jesus Christus zu ihrem HERRN und Heiland gemacht. Er half diesen Leuten auch, die Dämonen, die sie gebeten hatten, in ihnen zu wohnen, um magische Kräfte zu erlangen, wieder auszutreiben. In der Nacht, als Rebecca ihn zum erstenmal sah, war er von Satanisten entführt und zu einem ihrer Treffen geschleppt worden. Er wurde von der Gruppe auf die Bühne gebracht und gefoltert. Sie waren gerade dabei, ihn an ein Kreuz zu nageln, als eines der Mitglieder schrie, jemand hätte etwas Verdächtiges gesehen und die Polizei alarmiert. (Die Satanisten hatten einen Polizeifunkempfänger und hörten alle Funksprüche mit.) Während Bob gekreuzigt wurde, verlor er das Bewußtsein, und erwachte erst im Krankenhaus wieder.

Rebecca war höchst erstaunt. Sie hatte so etwas noch nie gehört. War das vielleicht die Erklärung für diese brütende Finsternis, die sie in diesem Krankenhaus fühlen konnte? Die nächsten Enthüllungen sollten schnell folgen.

Als sie ihren zweiten Einsatz auf der Intensivstation antrat, wuchs ihr Unbehagen immer mehr. Jede Nacht, wenn sie Bereitschaftsdienst hatte, oblagen alle Patienten, die sich auf der Intensivstation in einem kritischen Zustand befanden, ihrer Verantwortung. Während sie sich unter Gebet um die Patienten kümmerte, bemerkte sie, daß sehr viele von ihnen starben, ohne daß es ihrer Meinung nach dafür eine Erklärung gab.

Normalerweise gibt es eine geordnete, erkennbare Abfolge von Ereignissen im Verlauf einer Krankheit und beim Tod eines Patienten. Angenommen, jemand gerät aufgrund einer Blutung in einen Schockzustand (niedriger Blutdruck). Die Blutung wird durch eine Operation oder etwas anderes zum Stillstand gebracht, und der Blutverlust durch eine Bluttransfusion wieder ausgeglichen. Danach kann der Blutdruck nicht plötzlich wieder fallen, es sei denn, der Patient fängt erneut an zu bluten, oder andere Komplikationen, wie z. B. sehr starke Infektionen, kommen hinzu.

Viele Patienten jedoch, die Rebecca behandelte, hatten gerade einen stabilen Zustand erreicht, als sich ihr Befinden plötzlich ohne erkennbaren Grund verschlechterte. Entweder hörte ihr Herz plötzlich auf zu schlagen, oder die Atmung setzte aus, oder ihr Blutdruck fiel auf Null. Viele von ihnen starben innerhalb kürzester Zeit, obwohl medizinisch alles unternommen wurde, um sie zu retten. Rebecca verfolgte viele Autopsien dieser Patienten, und es verblüffte sie zusätzlich, wenn außer dem ursprünglichen Problem, wegen dem sie ins Krankenhaus gebracht worden waren, keine weitere Todesursache gefunden wurde.

Ein weiteres Problem, das sie sehr beschäftigte, war die Häufigkeit und der Ablauf sogenannter »akuter Intensivstationspsychosen«, wie es die Medizin nennt. Wenn Patienten die große Belastung einer kritischen Erkrankung durchmachen, werden sie für einige Tage auf die Intensivstation verlegt. Gewöhnlich brennt hier das Licht 24 Stunden am Tag, die Monitore laufen ständig und es gibt häufig kein Fenster, um hinauszusehen. Ein gewisser Prozentsatz dieser Leute wird dadurch verwirrt und bekommt Halluzinationen (d. h. sie sehen Dinge, die nicht wirklich da sind). In diesem Krankenhaus war jedoch die Rate dieser Intensivstationspsychosen um viele Male höher als in den zahlreichen anderen Krankenhäusern, in denen Rebecca als Krankenschwester bzw. Medizinstudentin gearbeitet hatte.

Rebecca sah sich vom HERRN geführt, sich Zeit zu nehmen, um mit vielen Patienten über das, was sie »sahen«, zu reden. Zu ihrer großen Überraschung erzählten ihr fast alle, daß sie Dämonen in ihren Zimmern gesehen hatten!

Sehr besorgt über alle diese Vorfälle, begann Rebecca die Häufigkeit der Sterbefälle und Intensivstationspsychosen bei den medizinischen Besprechungen, die allmorgendlich mit allen Medizinalassistenten und Krankenhausärzten abgehalten wurden, zu erwähnen. Niemand sonst schien besorgt zu sein oder ihr überhaupt zu glauben. Nach dem dritten Versuch, das Problem anzusprechen, wurde sie zum Büro des Direktors des Schulungsprogramms gerufen, wo man ihr sagte, sie hätte über dieses Thema den Mund zu halten, da sie nicht erfahren genug wäre, um zu wissen, wovon sie eigentlich redete. Als Rebecca darauf hinwies, daß sie zu ihrem Medizinstudium auch noch zehn Jahre Erfahrung als Krankenschwester hätte, wurde ihr gesagt, daß man sie aus dem Schulungsprogramm werfen würde, falls sie weiterhin Schwierigkeiten verursachen würde.

Ihre Morgengebete nahmen eine neue Intensität an, da sie ernstlich eine Offenbarung des HERRN darüber suchte, was hier vor sich ging. Der erste Durchbruch kam durch eine ihrer Patientinnen.

Pearl war eine ältere, farbige Frau aus dem Süden der Vereinigten Staaten, die sich seit ca. sechs Monaten in Rebeccas Behandlung befand. Pearl war eine feststehende Christin, und Rebecca hatte sie recht gut kennengelernt und liebgewonnen. Eines abends kam Pearl schwer krank ins Krankenhaus, und Rebecca nahm sie in die Intensivstation auf. Am nächsten Morgen, als Rebecca zur Visite auf die Intensivstation kam, erzählten ihr die Krankenschwestern, daß Pearl eine Intensivstationspsychose hätte. Rebecca war ziemlich überrascht, da sie wußte, daß Pearl eine gefestigte Christin war, eine Frau, die viel durchgemacht hatte und nicht so leicht in Panik geriet.

Als sie in Pearls Zimmer ging, fand sie sie weinend vor. Als sie nach dem Grund fragte, sagte Pearl, daß diese Nachtschwester sie umbringen würde, wenn sie nicht noch am selben Tag aus der Intensivstation wegverlegt werden würde. Dann erzählte ihr Pearl, wie die Nachtschwester, die sie zu betreuen hatte, hereingekommen wäre und mit ihr gesprochen hätte. Sie hätte ihr gesagt, daß keine Notwendigkeit bestünde, weiter um ihr Leben zu kämpfen, da sie doch so einfach in ihr nächstes Leben reinkarniert werden könnte (Wiedergeburt im Sinne der östlichen Religionen). Die Schwester erzählte Pearl auch, sie würde die »höheren Mächte« anrufen, damit sie kämen, um Pearl in ihr nächstes, »wunderschönes Leben« zu begleiten. Als die Schwester ihre Hände auf Pearl legte und in einer fremdklingenden Sprache redete, erkannte Pearl, daß es eine Beschwörungsformel war. Pearl wußte durch ihre Herkunft um Voodoo, Schwarze Magie und Dämonen, und sagte, sie hätte Dämonen in ihrem Zimmer gesehen. Sie bekannte Rebecca, daß sie zu schwach wäre, um weiterzukämpfen, und sicherlich sterben würde, wenn dasselbe in dieser Nacht noch einmal geschehen würde.

Rebecca war höchst erstaunt! Sie kannte Pearl gut genug, um zu wissen, daß sie nicht log, und sie war sich auch sicher, daß sie überhaupt nicht verwirrt war. Die Krankenschwester, von der Pearl sprach, war die leitende Schwester der Nachtschicht auf der Intensivstation. Sie war eine ältere Frau, nett, attraktiv und eine hervorragende Krankenschwester. Sie war pflichtbewußt, hatte viel Wissen und kümmerte sich darum, daß die Patienten eine gute Pflege bekamen. Sie war bei dem ärztlichen Personal und den anderen Schwestern hoch angesehen. Rebecca hatte sie immer als etwas kühl und zurückhaltend empfunden, hatte das aber immer auf die große Arbeitsbelastung geschoben. Sie konnte ihr, was die Arbeit betraf, nichts nachsagen.

Rebecca wußte, daß sie mit keinem ihrer Kollegen über das Problem sprechen konnte, weil alle sie für verrückt erklären würden. Genausowenig konnte sie die Krankenschwester anklagen, da sie keine Beweise hatte. Zu dieser Zeit wußte Rebecca wenig über Hexen und so gut wie gar nichts über Dämonen. Es gab nur eines, das sie tun konnte. Sie legte das Problem dem HERRN im Gebet vor. Jeden freien Moment, den sie an diesem Tag hatte, verbrachte sie in der Kapelle auf ihren Knien im Gebet. (Sie hatte die Kapelle immer für sich allein, da niemand sonst sie benutzte.) Am späten Nachmittag bestätigte es der HERR in ihrem Herzen, daß Pearl die Wahrheit sagte. Der HERR befahl Rebecca, während der ganzen Nacht an Pearls Bett zu sitzen, da Pearl zu krank war, um sie gefahrlos von der Intensivstation zu verlegen. Da Rebecca in jener Nacht keinen Bereitschaftsdienst hatte, war das möglich.

Was in dieser Nacht geschah, sollte Rebeccas Leben für immer verändern. Als sie an Pearls Bett saß und eigentlich nichts Außergewöhnliches erwartete, fühlte sie eine unmittelbare dämonische Bedrückung, wie sie es nie zuvor erlebt hatte. Helen, die für die Intensivstation verantwortliche Schwester, kam nicht ein einziges Mal während der ganzen Nacht in Pearls Zimmer. Rebecca spürte, wie eine unglaubliche, unsichtbare Macht auf sie zukam. Sie empfand, daß eine riesige, unsichtbare Hand versuchte, sie zu einem kleinen Fettfleck am Boden zu zerdrücken und ihr gesamtes Leben aus ihr herauszusaugen. Sie versuchte, das Gefühl auf wissenschaftliche Weise wegzuargumentieren, indem sie versuchte, sich selbst zu überzeugen, daß das alles nur ihre eigene Einbildungskraft wäre, aber es half alles nichts. Sie bemerkte, wie ihr Körper immer schwächer wurde, so daß sie kaum noch aufrecht sitzen konnte. Pearl empfand das genauso. So faßten sie und Pearl sich an der Hand, und Rebecca betete leise und bat den HERRN, sie mit einem Schild des kostbaren Blutes Jesu zu bedecken.

> »Und sie haben ihn [Satan] überwunden um des Blutes des Lammes und um des Wortes ihres Zeugnisses willen . . .« Offenbarung 12:11

In dieser Nacht fand ein gewaltiger Kampf statt, doch Pearl überstand ihn sicher, und Rebecca brachte sie am nächsten Tag aus der Intensivstation.

Die nächsten Enthüllungen kamen schnell. Rebecca unterwies einige Krankenschwestern, die sie zum HERRN geführt hatte, in einem wöchentlichen Bibelstudium. Eine dieser Krankenschwestern, Jean, fing eines Tages an, ihr von dem Satanismus zu erzählen, in den sie vor ihrer Bekehrung verwickelt worden war. Sie erzählte Rebecca, daß Helen sie als Medium ausgebildet hätte und daß sie bereits so weit gewesen wäre, in die Gruppe der Satanisten aufgenommen zu werden, als Rebecca ins Krankenhaus gekommen war und ihr vom HERRN erzählt hatte. Als Folge hatte sie Jesus als HERRN und Heiland angenommen und sich geweigert, noch irgend etwas mit Helen oder den anderen Hexen zu tun zu haben. Dennoch hatte Jean ganz offensichtlich große Angst vor Helen und deren Freunden.

Jean erzählte Rebecca, daß sie wüßte, daß Helen es als ihren »Dienst« ansähe, für die schwerstkranken Patienten der Intensivstation zu sorgen. Während sie sich um sie kümmerte, würde sie mit ihnen reden und ihnen erklären, daß es keinen Grund gäbe, warum sie um ihr Leben kämpfen sollten, da sie doch so einfach in ihr nächstes Leben reinkarniert würden und frei von Leiden sein könnten. Dann würde sie ihnen, mit oder ohne ihrer Zustimmung, die Hände auflegen und dämonische Geister, die sie als »höhere Mächte« bezeichnete, rufen, damit diese kämen und die Patienten in ihr nächstes Leben geleiteten. Meistens würde sich der Zustand dieser Patienten verschlechtern, und sie würden sterben. Jean hatte Angst, mit irgend jemand über dieses Problem zu reden, da Helen bei der Stationsschwester und anderen Verantwortlichen hoch angesehen war, und sie wußte, daß man ihr keinen Glauben schenken würde. Nachdem Jean Christus angenommen hatte, hatte sie veranlaßt, daß sie in eine andere Schicht wechselte, so daß sie nicht mehr mit Helen zusammenarbeiten mußte.

Jean erzählte Rebecca auch von der okkulten Gemeinschaft nahe der Stadt, die eines der größten Verteilungszentren der USA für okkulte Literatur, ein sehr großes Ausbildungszentrum für Hexen und auch eine Satanskirche besaß. Sie bestätigte Rebecca alles, was ihr der junge Pastor erzählt hatte. Sie selbst war voller Angst, daß ihr dasselbe wie ihm geschehen könnte. Niemand in der Umgebung schien die Gemeinschaft sehr ernst zu nehmen, aber das war natürlich genau das, was Satan wollte.

Aus verschiedenen anderen Quellen erfuhr Rebecca von dem Satanskult und von der Gemeinschaft, und daß weitere Schwestern und Ärzte des Krankenhauses im Okkultismus steckten. Wiederum brachte sie die Situation vor den HERRN und erhielt eine Bestätigung. Sie begann nun, die Bibel ernstlich zu studieren, um mehr über Satan und seine Dämonen zu erfahren. Sie lernte, daß Menschen von Dämonen besessen sein können und die Macht der Dämonen gebrauchen können, um alle möglichen Dinge zu tun. Zu diesem Zeitpunkt fing sie an, aktiv gegen Helen und die anderen Satanisten, die im Krankenhaus arbeiteten, in den geistlichen Kampf zu treten.

In ihren morgendlichen Gebetszeiten bat sie den HERRN, die dämonischen Mächte an diesem Ort und in den bestimmten Leuten, von denen sie wußte, daß sie damit etwas zu tun hatten, zu binden. Bevor Rebecca abends das Krankenhaus verließ, ging sie täglich durch die Intensivstation und andere Stationen, und nahm sehr leise, aber doch hörbar, Autorität über jeden dämonischen Geist an diesen Orten, der entweder schon dort war oder erst während des restlichen Tages oder der Nacht dorthin kommen würde, und band ihn in der Macht des Namens Jesu Christi. Sie bat den HERRN auch, einen besonderen Schild um die Patienten zu stellen, um sie vor den dämonischen Mächten zu schützen.

In vielen Nächten, in denen sie Bereitschaftsdienst hatte, wurde sie auf die Intensivstation oder auf andere Stationen gerufen, um nach Patienten zu sehen, deren Zustand sich verschlechtert hatte. Da Gott Rebecca die Fähigkeit gab, zu erkennen, welche Probleme das Ergebnis von dämonischer Beeinflussung waren, lernte sie es, sich auf Lukas 10:19 zu stellen:

>Siehe, ich gebe euch die Macht, auf Schlangen und Skorpione zu treten, und über die ganze Kraft des Feindes, und nichts soll euch irgendwie schaden.«

und Markus 16:17:

>Diese Zeichen aber werden denen folgen, die glauben. In meinem Namen werden sie Dämonen austreiben ...«

Oft stand sie an der Seite des Bettes eines Patienten und kämpfte leise im Gebet, indem sie die Dämonen band und ihnen befahl zu gehen, und einen Schild des Glaubens an Jesus Christus für den Patienten beanspruchte, während Helen (oder eine der anderen Schwestern, die Hexen waren) auf der anderen Seite des Bettes stand und alle dämonische Macht, die ihr zugänglich war, gegen Rebecca und gegen den Patienten aussandte. Natürlich gebrauchte Rebecca auch all ihr medizinisches Wissen, um zu versuchen, die Verschlechterung des Patienten aufzuhalten. Sie lernte jedoch schnell, daß all ihr medizinisches Wissen wenig half, wenn es nicht mit geistlichem Kampf im Gebet verbunden war.

Natürlich waren Helen, Satan und die anderen Hexen nicht gerade erfreut über Rebeccas Aktivitäten, und so nahm der Kampf zu. Rebecca versuchte die Geschehnisse mit einigen ihrer christlichen Mitarbeiter zu besprechen, aber sie weigerten sich, ihr zu glauben, und sagten, daß sie nur krank und übermüdet wäre und sich das alles nur einbildete.

Während der Kampf an Intensität zunahm, verschlimmerte sich Rebeccas neuromuskuläre Erkrankung. Sie kam in die Behandlung eines der besten Ärzte des Krankenhauses. Trotz all ihrer Gebete und aller medizinischen Anstrengungen, die für sie unternommen wurden, war sie dem Tode nahe und wußte das auch. Am letzten Tag ihres Medizinalpraktikums wurde sie schließlich zu krank, um weiterarbeiten zu können. Mehrere Spezialisten, die für ihren Fall zuständig waren, berieten sich und sagten ihr, daß sie ihrer Meinung nach nicht mehr lange zu leben hätte. Es gäbe nichts, was sie tun könnten. Sie fragten sie, ob sie in das dortige Krankenhaus aufgenommen werden oder nach Hause gehen wollte. Sie entschloß sich, nach Hause zu gehen. So verließ Rebecca diese Stadt und das Krankenhaus und dachte, daß sie es nie wiedersehen würde, doch ihr Herz war so schwer und betrübt über die vielen, vielen Menschen dort, die so verloren waren und von den Mächten der Finsternis gefangengehalten wurden.

Dann folgte ein qualvoller Monat, in dem ihre Krankheit weiter fortschritt und schließlich an einen Punkt kam, an dem sie zu schwach war, um laufen zu können, und nicht einmal mehr selbständig aus dem Bett kommen konnte. Aber bei alledem hatte sie einen völligen und wunderbaren Frieden. Jesus hatte alles in Seiner Hand, und das allein zählte. Während sie Nacht für Nacht wach lag, weil ihre Schmerzen so stark waren, daß sie nicht schlafen konnte, hatte sie wunderbare Gemeinschaft mit ihrem HERRN, und sie hoffte inbrünstig, daß es sein Wille wäre, sie bald heimzuholen.

Eines Tages, gegen Ende jenes langen Monats, kam der Pastor

ihrer Heimatgemeinde, Pastor Pat, um sie zu besuchen. Da er wirklich ein Mann Gottes war, hatte er die Tatsache, daß Rebecca sterben sollte, nicht einfach akzeptiert, sondern trug die Angelegenheit im Gebet vor Gott. Er kam, unterhielt sich mit ihr und erzählte ihr, daß der HERR ihm geoffenbart hätte, daß es nicht Sein Wille für Rebecca wäre, zu sterben.

Dann sagte er: »Ich weiß, es klingt verrückt, aber ich glaube, der HERR hat mir gezeigt, daß du von einer Gruppe sehr mächtiger Hexen angegriffen wirst. Deine Erkrankung hat sich so sehr verschlimmert, weil sie dämonische Mächte gegen dich aussenden. Ist das möglich? Bist du in Verbindung mit irgendwelchen Hexen gewesen, die du kennst?«

Plötzlich verstand Rebecca! Warum hatte sie nur die Verschlechterung ihres Gesundheitszustandes nicht mit dem geistlichen Kampf, den sie gegen die Satanisten dieses Krankenhauses geführt hatte, in Verbindung gebracht? Sie hatte bis jetzt noch nie mit Pastor Pat über ihre Erfahrungen gesprochen, so erzählte sie ihm jetzt alles, was im vergangenen Jahr geschehen war.

Mit großer Sorge durchschritt Pastor Pat das Zimmer, dann wandte er sich ihr zu und sagte: »Ich weiß, daß es nicht der Wille des HERRN ist, daß du stirbst. Ich habe nun gar keine Zweifel mehr daran, daß deine Krankheit eine direkte Folge von Hexerei ist. Wir müssen beten und die Macht dieser Hexen abblocken.«

Und wie er betete! Doch nicht nur der Pastor, sondern auch die Ältesten und ungefähr 200 Mitglieder seiner Gemeinde fasteten und beteten rund um die Uhr, eine ganze Woche lang. Sie legten Fürbitte für Rebecca ein und baten den HERRN, sie zu beschirmen und die Macht der Hexen, die gegen sie vorgingen, zu brechen.

Gegen Ende der Woche, als Rebecca eines Nachts im Bett lag und bereits am Rand der Bewußtlosigkeit schwebte, erinnerte der HERR sie an einen Auszug aus Watchman Nees Buch:

> »Wenn ein Christ nicht genau weiß, daß sein Werk beendet ist, und der HERR von ihm nicht mehr verlangt, daß er noch zurückbleibt, sollte er sich mit allen Mitteln dem Tod widersetzen. Wenn Symptome des Todes in seinem Leib auftreten, bevor seine Arbeit getan ist, sollte er ihm und seinen Symptomen entschieden widerstehen.

> Wenn wir durch die Beurteilung unserer Situation, unseres körperli-

chen Zustandes und unseres Gefühls schließen, daß unsere Zeit gekommen sei, so ist das ein Irrtum unsererseits. Wir müssen ausdrückliche Hinweise vom HERRN bekommen. Wie wir für Ihn leben, müssen wir auch für Ihn sterben. Jedem Ruf zum Abscheiden, der nicht vom HERRN kommt, muß widerstanden werden.

Um den Tod zu überwinden, müssen die Gläubigen ihre Haltung ihm gegenüber von Unterwürfigkeit in Widerstand verändern. Wenn wir unsere passive Stellungnahme ihm gegenüber nicht ablegen, werden wir den Tod nicht überwinden können, sondern werden von ihm verspottet werden und ein frühzeitiges Ende nehmen. Viele Gläubige halten heute fälschlicherweise Passivität für Glauben. Sie erklären, sie hätten Gott alles übergeben. Wenn es ihnen nicht bestimmt sei, zu sterben, werde er sie davor bewahren; wenn sie sterben sollten, dann wird er es wohl zulassen, daß sie sterben. Gottes Wille geschehe. Solche Aussagen scheinen richtig, aber ist das Glaube? Ganz und gar nicht! Es ist nichts anderes als Passivität. Wenn wir Gottes Willen nicht erkennen, können wir beten: ›Nicht mein, sondern dein Wille geschehe‹ (Lukas 22:42). Das heißt aber nicht, daß wir nicht gezielt beten sollen, indem wir unsere Anliegen vor Gott bringen. Wir sollten uns nicht passiv dem Tod unterwerfen, denn Gott weist uns an, aktiv mit seinem Willen zusammenzuarbeiten. Es sei denn, daß wir ganz gewiß sind, daß Gott unseren Tod will, dürfen wir nicht passiv dem Tod erlauben, uns zu bedrücken. Wir müssen vielmehr aktiv mit Gottes Willen zusammenarbeiten und dem Tod widerstehen.

Warum sollten wir eine solche Haltung einnehmen? Die Bibel behandelt den Tod als unseren Feind (1. Kor.15:26).«

Aus *Der Geistliche Christ* von Watchman Nee, Seiten 631–634

Während der HERR ihr den obigen Abschnitt in Erinnerung brachte, sprach der Heilige Geist leise zu Rebecca und sagte ihr, daß es nicht der Wille des Vaters für sie sei, zu sterben, und daß sie noch viel Arbeit zu tun hätte. Sie sollte aufstehen und anfangen, Satan zu widerstehen, und sich zu weigern, Krankheit oder Tod von ihm anzunehmen. Sie kämpfte eine Weile, weil sie im Innersten ihres Herzens nicht mehr leben wollte, sie wollte nicht länger kämpfen, sie wollte zu ihrem HERRN in den Himmel gehen und all den Frieden und die Freude haben, von denen sie wußte, daß sie dort auf sie warten würden. Aber die leise, sanfte Stimme des Heiligen Geistes war beharrlich.

Schließlich, unter vielen Tränen, stellte sie ihre Füße auf »Den Felsen«, fing an, Satan zurückzuweisen, und befahl ihm, im Namen Jesu zu gehen – außerdem würde sie die Krankheit, die er versuchte auf sie zu legen, nicht annehmen, genausowenig wie den Tod. Später zeigte der HERR Rebecca den Grund, warum Er in dieser Nacht durchbrechen und ihr zeigen konnte, daß es Sein Wille war, daß sie aufstand, kämpfte und dem Tod widerstand: Es lag einzig und allein an der mächtigen Fürbitte von Pastor Pat und den Leuten seiner Gemeinde.

Der Schaden an Rebeccas Muskeln war so groß, daß sie drei Monate brauchte, um sich zu erholen, doch der HERR ließ sie wieder zu Kräften kommen und heilte sie vollständig. So kehrte sie ins Memorial Hospital zurück, um die letzten zwei Jahre ihrer Ausbildung zu beenden. Nun war sie vorbereitet für die vom HERRN arrangierte Begegnung mit Elaine, der obersten Hexe, die den Versuch, sie zu töten, angeführt hatte.

KAPITEL 2

Elaines Weg

ELAINE BERICHTET:

Die Ehe meiner Mutter und meines Vaters war sehr zerrüttet. Mein Vater war ein Alkoholiker, der glaubte, er wäre eine Gabe Gottes an die Frauen. Er mißhandelte meine Mutter auf üble Weise. Als ich geboren wurde, stand er am Fuß ihres Bettes und sagte ihr immer wieder, daß er wünschte, ich wäre tot, bis sie schließlich eine Vase nach ihm warf.

Meine Geburt war normal, wie Hunderte von Geburten auf der ganzen Welt, die an diesem Tag stattfanden, abgesehen davon, daß ich mißgebildet auf die Welt kam. Ich hatte keine Nase, keine Oberlippe und keinen Gaumen in meinem Mund. Ich hatte eine ausgeprägte Hasenscharte und einen Wolfsrachen. Meine Mutter wollte mich gleich nach der Geburt sehen. Für sie war ich trotz meiner Mißbildung ein schönes Kind. Ihre erste Frage war: »Kann man das in Ordnung bringen?«

Sie lebte in absoluter Armut. Sie hatte kein Geld und auch keine Möglichkeit, etwas zu verdienen. Damals gab es auch noch nicht die Sozialeinrichtungen wie heute, doch meine Mutter war nicht der Typ, der aufgibt, nur weil er arm ist.

Es traf sich, daß in diesem Krankenhaus eine Krankenschwester namens Helen war. Sie hatte bei meiner Geburt geholfen. Helen kannte die Verhältnisse meiner Mutter und auch den Haß meines Vaters. Helen war nicht einfach nur eine gewöhnliche Krankenschwester, sie war zugleich auch eine mächtige Hexe und Mitglied in einem der mächtigsten, jedoch fast unbekannten Geheimbünde unseres Landes. Dieser Geheimbund nennt sich selbst »Die Bruderschaft« und ist ein Satansanbetungskult. Helen war zu dieser Zeit innerhalb des Kultes als »Kontaktperson« tätig. Ihr Kontakt mit meiner Mutter sollte sowohl mein ganzes weiteres Leben als auch das von Rebecca beeinflussen.

Am Tag nach meiner Geburt trat Helen mit einem Vorschlag an meine Mutter heran. Wenn meine Mutter Helen erlauben würde, mir ein klein wenig Blut abzunehmen, würde sie mit ihren »Freunden« Geld beschaffen und sich darum kümmern, daß ich die bestmöglichste operative und medizinische Behandlung bekäme. Meine Mutter verstand nicht, warum Helen das alles für sie tun wollte und anscheinend nur so wenig als Gegenleistung verlangte.

Sie konnte die Bedeutung dessen, was Helen ihr erklärte, nicht erfassen. Da es aber scheinbar keine andere Möglichkeit gab, die so dringend benötigte Hilfe zu erhalten, und Helen ihr wiederholt versicherte, daß mir nichts geschehen würde, willigte meine Mutter schließlich in den Vorschlag ein. Helen war eine attraktive junge Frau und schien ehrlich besorgt und aufrichtig bemüht zu sein, mir und meiner Mutter zu helfen.

Helen **verschwieg** meiner Mutter jedoch, daß mein Blut für sie ein sehr wichtiges »Geschäft« war. Den kleinen Behälter mit meinem Blut übergab sie einer anderen Frau namens Grace. Grace gehörte auch zu diesem Satanskult. Sie war eine sogenannte Hohepriesterin. Der Verkauf meines Blutes sollte Grace innerhalb des Kultes mehr Macht, mehr Handlungsfreiheit und eine höhere Position vermitteln. Helen erhielt durch diese Transaktion ebenfalls mehr Macht.

Das Blut wurde von Helen abgenommen und an Grace übergeben. Während einer Zeremonie trank diese dann mein Blut. Hierdurch nahmen sowohl Grace als auch Satan Besitz von mir und machten mich von diesem Augenblick an zu einem Aufenthaltsort für viele Dämonen. Auf Anweisung Satans sandte Grace viele Dämonen in mich hinein, die mein Leben, meine Persönlichkeit und meine Zukunft gestalten und formen sollten.

Meine Mutter war keine Christin und wußte auch nicht, daß ich durch das, was sie tat, gebrandmarkt, von Satanisten genauestens beobachtet und später selber in diesen Kult hineingezogen werden würde. Hätte meine Mutter dies alles gewußt, hätte sie niemals gesagt: »Ja, sie können ein bißchen von ihrem Blut haben.« Als ich später selbst Mitglied des Kultes war, habe ich eine Anzahl solcher »Geschäfte« miterlebt. Jedesmal tat mir das Herz weh, wenn ich daran dachte, welche Folgen dies für die Zukunft des Babys haben würde.

Satan hatte nun mit mir einen wertvollen Besitz. Ein neugeborenes Baby, in dem Dämonen und Geister eine Behausung hatten und sich ausweiten konnten und so in meinem Leben sehr mächtig und wirksam wurden. Als ich mir meiner selbst immer mehr bewußt wurde, merkte ich schon sehr bald, daß in mir etwas Besonderes und Eigenartiges vor sich ging, aber ich wußte nicht, was es war.

Vier Tage nach meiner Geburt nahm man mit meiner Mutter Kontakt auf und sagte ihr, daß man mich in eine Kinderklinik eines nahe gelegenen Großkrankenhauses bringen könnte. Dort sollten an mir einige Operationen vorgenommen werden, es waren nicht nur einige, sondern sogar sehr viele. Tatsächlich dauerte es sechzehn Jahre, bis mein Gesicht durch plastische Operationen geformt war. Außerdem mußte ich endlose Stunden an Sprach- und Gehörtherapien, Zahnbehandlungen etc. über mich ergehen lassen. Dies war der Beginn vieler Jahre voller Schmerzen, Einsamkeit und Ablehnung. Schmerzen, weil ich während des Heilungsprozesses nach jeder Gesichtsoperation Qualen durchstand; Einsamkeit, weil ich nicht wie die anderen Kinder war; Ablehnung als Reaktion auf meine Mißbildung. Ich hatte sehr wenige Freunde. Um mich selbst behaupten zu können, wurde ich sehr grob und angriffslustig und lernte zu kämpfen, ja sogar sehr gut zu kämpfen. Durch die Operationen wurde meine Schulzeit so oft unterbrochen, daß es schwierig für mich war, die wenigen Freundschaften, die ich schloß, aufrechtzuerhalten.

Den Kindern in der Schule schien es Spaß zu machen, mich anzustacheln, zu stoßen und umherzuschubsen und sich über mich lustig zu machen, bis ich es fast nicht mehr aushalten konnte. Wir zogen von Schule zu Schule, so daß ich niemals zwei Jahre hintereinander dieselbe Schule besuchte. Meine Eltern dachten, es würde mir helfen, wenn ich denselben Schülern nicht noch ein zweites Jahr ausgesetzt wäre. Aber ich traf immer und immer wieder auf die gleichen Kinder. Eine Schule glich der anderen, und die Reaktionen waren immer die gleichen. Ein qualvolles Jahr um das andere verging, und nichts änderte sich.

Meine Mutter hatte kurz nach meiner Geburt wieder geheiratet. Meine Eltern gingen nicht zur Kirche. Mir wurde es zwar nicht verboten, aber sie selbst gingen nicht. Einer wartete auf den anderen, und wie bei den meisten Menschen, die lange genug auf jemand gewartet haben, ohne den ersten Schritt zu tun, ist es eines Tages zu spät.

Ich selbst trat schließlich einer christlichen Jugendgruppe bei. Es war eine recht lebendige Gruppe in einer Pfingstgemeinde. Ich war damals sechzehn Jahre alt und wurde von dieser christlichen Jugendgruppe angenommen, weil ich singen, Gitarre und Schlagzeug spielen konnte. Ich hatte viele Begabungen auf musikalischem und künstlerischem Gebiet. Für kurze Zeit war ich damals recht glücklich.

Als ich heranwuchs, merkte ich, daß ich unerklärliche Kräfte hatte. Ich wußte nicht, was ich damit anfangen sollte, was das für Kräfte waren und woher sie kamen. Einige Leute sagten mir, daß ich besondere »Gaben« hätte. Ich hatte eine Tante, die sich viel mit Magie und Spiritismus beschäftigte. Sie ließ uns Kinder häufig zu sich kommen, um uns okkulte »Spiele« beizubringen. Ich war mit meinen Fähigkeiten beim Ouija-Brett, den Tarot-Karten etc. den anderen immer weit überlegen. Als ich ein Teenager war, bemerkte ich, daß ich eine schnell zunehmende Fähigkeit besaß, andere dahingehend zu beeinflussen, das zu tun, was ich wollte. Ich hatte auch ungewöhnliche Körperkräfte.

Ich erinnere mich an mein erstes Jahr in der Oberschule, als mich nach dem Turnunterricht ein lesbisches Mädchen anmachte und einige ihrer merkwürdigen Praktiken an mir ausprobieren wollte. Ich bekam einen unkontrollierten Zornausbruch und hätte sie beinahe in der Toilette ersäuft. Sie war viel größer als ich, aber ich hätte sie umgebracht, wenn nicht einige Erwachsene dazwischengegangen wären.

Die Oberschule besuchte ich ohne zu wechseln. Auch dort haben sich die Jugendlichen über mich lustig gemacht. In diesem Alter ist es das Schlimmste auf der Welt, wenn dich Gleichaltrige quälen und sich über dich lustig machen. Ich kam an den Punkt, wo ich cs nicht mehr länger aushalten konnte. In der 12. Klasse, als ich eines Tages gerade den Gang entlangging, kam der Kapitän der Fußballmannschaft und rief: »Schaut her, die häßliche Hasenscharte!« Ich erinnere mich, daß ich meine Bücher fallen ließ und auf ihn losstürmte. Das nächste, an das ich mich erinnere, ist, daß mich fünf Lehrer von ihm wegzerrten. Ich hatte ihn fast totgeschlagen. Seine Nase, sein Kiefer und einige andere Gesichtsknochen waren gebrochen. Ich hatte übernatürliche Kräfte. Jener Junge wog fast 90 kg, ich wog damals nur 45 kg. Dieser Kampf hinterließ bei mir nicht eine einzige Verletzung, nicht einmal an meinen Fäusten.

Meine Kraft erschien mir unheimlich, dennoch genoß ich sie. Es war die einzige Möglichkeit, ein wenig Frieden zu haben. Niemand konnte mich herumstoßen. Ich schaue jetzt mit gebrochenem Herzen darauf zurück, aber damals erschien es mir gerade recht, um etwas Ruhe zu haben. Aber aller Friede wurde, wie ich bald herausfinden sollte, durch eine Lüge Satans vernichtet, was ich lange, lange Zeit bedauern sollte und auch jetzt noch bedauere. Ich bin dankbar, daß Jesus mich die ganze Zeit hindurch liebte, obwohl ich es damals nicht erkannte. Ich liebte die Macht, die ich besaß. Ich wußte nicht, woher sie kam, aber ich wollte herausfinden, wie ich mehr davon bekommen konnte. In dieser Zeit lernte ich in meiner christlichen Jugendgruppe ein Mädchen namens Sandy kennen. Sie besuchte die gleiche Oberschule wie ich. Sandy war siebzehn, genau wie ich. Sandy war eine »Anwerberin« für den Satanskult und führte mich in dem Plan, den Satan für mein Leben hatte, einen Schritt weiter.

KAPITEL 3

Die Bruderschaft

ELAINE BERICHTET:

Sandy wurde meine Freundin, fast die einzige, die ich hatte. Ich traf sie in der Jugendgruppe der Gemeinde, wie ich schon erwähnte. Ich ging nicht in die Gemeinde, um etwas über den HERRN zu hören, sondern um mit anderen Jugendlichen zusammenzukommen. Sandy und ich arbeiteten bei verschiedenen Jugendprogrammen in der Gemeinde zusammen, und auch in der Oberschule waren wir viel beisammen, wir lernten gemeinsam und gingen aus, um etwas zu trinken.

Sandy war ein hübsches Mädchen. Sie war reicher als ich, sehr gut gekleidet und sehr beliebt. Es schien, daß ihr alles, was mich betraf, nicht sehr viel ausmachte. Ich war der Meinung, daß sie mich nur aus Mitleid zu ihrer Freundin gemacht hatte; ich wußte ja nicht, daß sie eine Anwerberin für die Bruderschaft war. Bald nach dem Vorfall mit dem Fußballspieler erzählte mir Sandy, daß sie besondere Fähigkeiten bei mir bemerkt hätte, die nur wenige Menschen hätten. Sie sagte mir, daß sie wüßte, wo ich lernen könnte, mehr von diesen Kräften zu erhalten.

Sie sagte auch: »Hör mal, ich weiß, daß du einsam und niedergeschlagen bist, aber ich denke, daß ich etwas habe, was dir helfen kann. Die Gemeinde, in die wir gehen, kümmert sich doch gar nicht um dich, und Gott kümmert sich auch nicht wirklich um dich. Wenn Er es täte, dann wärst du doch nicht in so einem Zustand auf die Welt gekommen.« Dann bot sie mir an, mit ihr zu einem »Jugendlager« zu gehen, das von der »Gruppe«, zu der sie und ihre Familie gehörten, organisiert wurde. Sie nannte es eine »Gemeindefreizeit«. Es fand im Sommer in einer kleinen Stadt, nur ein paar Kilometer entfernt, statt. Da die Ferien schon begonnen hatten, und ich nichts anderes zu tun hatte, entschied ich mich, hinzugehen.

Ich sagte meinen Eltern, daß ich zu einer Gemeindefreizeit gehen würde – es war ihnen sowieso egal, was ich machte. Ich hatte Angst, war aber doch begeistert. Ich dachte, ich hätte endlich eine Freundin gefunden, und dies sei vielleicht die Antwort sowohl auf meine Einsamkeit als auch auf meine Fragen nach der seltsamen Macht in mir. Sandy erzählte mir bereits bevor wir hinfuhren tagelang von dem Lager. Sie beschrieb es als den idealen Ort, wo ich angenommen, erwünscht und gebraucht werden würde. Meine Kräfte würden gebraucht und vervollkommnet werden, sagte sie mir. Ich könnte groß und berühmt werden, oder reich, was immer ich wollte, könnte ich haben. Während sie redete, fühlte ich, wie diese seltsame Kraft in mir anfing sich zu rühren und zu entwickeln.

Sandy erwähnte jedoch **weder** das Wort »Kult« noch sagte sie mir die Wahrheit über diese Gruppe. Ich will hier unterbrechen und einen kurzen Überblick über diese Gruppe geben.

Diese Gruppe, die sich selbst im geheimen »Die Bruderschaft« nennt, besteht aus Menschen, die direkt unter der Herrschaft von Satan stehen und ihn anbeten. Sie ist ein schnell wachsender und sehr gefährlicher Kult. Dieser hat in den Vereinigten Staaten zwei Hauptzentren – an der Westküste, hauptsächlich in dem Gebiet von Los Angeles – San Franzisko und ein anderes im mittleren Westen, wo ich lebte. Sie sind aufgeteilt in örtliche Gruppen, die Hexenzirkel genannt werden. Die Anzahl der Mitglieder in den Hexenzirkeln liegt zwischen fünf bis zehn bis zu einigen Tausend. Es handelt sich um denselben Kult, der in Hal Lindseys Buch »*Satan Is Alive And Well On Planet Earth*« und in Mike Warnekes Buch »*Der Agent Satans*« beschrieben wird. Er ist das amerikanische Gegenstück zu der englischen Gruppe, die Doreen Irvine in ihrem Buch »*Die Königin Der Schwarzen Hexen*« beschreibt.

Dieser Kult ist äußerst geheim. Es gibt keine schriftlichen Mitgliederlisten. Sogar die Verträge mit Satan, die von den Mitgliedern mit Blut unterzeichnet werden, werden von den Hohenpriestern und Hohenpriesterinnen verbrannt. (Bei den Mitgliedern niedrigeren Ranges ist dies nicht allgemein bekannt.) Die Satanisten verseuchen alle Gesellschaftsschichten – die Armen und Reichen,

Hochgebildete, Polizisten, Regierungsbeamte, Geschäftsleute und sogar einige sogenannte christliche Pastoren. Die meisten von ihnen gehören christlichen Gemeinden an und werden für »gute Bürger« gehalten, weil sie an kommunalen Aktivitäten teilnehmen. Das ist aber alles nur ein Deckmantel. Sie führen ein Doppelleben und sind darin sehr geschickt – meisterhafte Betrüger.

> »Und kein Wunder, denn der Satan selbst nimmt die Gestalt eines Engels des Lichts an; es ist daher nichts Großes, wenn auch seine Diener die Gestalt von Dienern der Gerechtigkeit annehmen;...«
>
> 2. Korinther 11:14–15

Bei ihren Treffen benützen alle einen Decknamen. Wenn sie sich dann auf der Straße treffen, weiß meistens keiner den richtigen Namen des anderen. Sie werden von Satan und seinen Dämonen streng gezüchtigt. Mehrmals jährlich werden Menschenopfer und einmal monatlich Tieropfer dargebracht. Die Menschenopfer sind meistens Babys, die von verschiedenen Kultmitgliedern unehelich geboren werden. Die Ärzte und Krankenschwestern innerhalb des Kultes sorgen für sie, so daß man sie nie in einem Krankenhaus sieht und weder ihre Geburt noch ihr Tod jemals irgendwo registriert werden. Die anderen Opfer sind Entführte, Kultmitglieder, die gezüchtigt werden, oder Freiwillige, die, wie ich vermute, mit sich selbst nicht mehr fertig werden. Viele Kultmitglieder sind kaltblütige und äußerst geschickte Mörder.

Jeder »Hexenzirkel« wird von einem Hohenpriester und einer Hohenpriesterin geleitet. Diese Leute erreichen ihre Stellung, indem sie sich auf verschiedene Weise bei Satan beliebt machen und immer mehr magische Kräfte erhalten. Innerhalb der Gruppe bekämpfen sich viele gegenseitig. Bei den Hexen gibt es eine Elitegruppe, welche sich »Die Schwestern des Lichts« oder »Die Illuminati« nennt.

Es gibt in den Vereinigten Staaten verschiedene okkulte Gruppen, die sich »Die Illuminati« nennen, jedoch meist nicht zu der Bruderschaft gehören. Eine Gruppe, die sich »Die Illuminati« nennt, besteht hauptsächlich aus Menschen, die direkt von den Druiden des alten Englands abstammen. Sie sind außerordentlich mächtig und gefährlich und stehen mit der Bruderschaft in Verbindung. Bei ihnen gibt es häufig Menschenopfer.

Die Schwestern des Lichts sind Ende des 18. Jahrhunderts von Europa in die Vereinigten Staaten eingewandert. Man kann ihren

Ursprung bis in die dunklen Zeitalter Europas zurückverfolgen, tatsächlich reichen ihre Wurzeln jedoch zurück zu den Zauberern des alten Ägyptens und Babylons, die so mächtig waren, daß sie zur Zeit Mose sogar drei der zehn Plagen, die über Ägypten kamen, nachmachen konnten (siehe 2. Mose 7). Diese Hexen sind unglaublich mächtig. Sie können Krankheiten hervorrufen und töten, ohne daß sie das Opfer jemals berühren, sogar über Tausende von Kilometern hinweg. Die Ausführenden sind natürlich Dämonen. Die Personen werden zu der Annahme verleitet, daß sie die Dämonen beherrschen, obwohl sie in Wirklichkeit von Satan und den Dämonen nur benutzt werden.

Innerhalb des Kultes werden unglaubliche Grausamkeiten begangen, von Menschen, die so sehr von den Dämonen in ihnen beherrscht werden, daß sie alle Gefühle der Liebe und des Mitleids verlieren und zu grausamen, menschenunähnlichen Wesen werden. Auf einiges hiervon werde ich später noch zurückkommen.

Das rapide Wachstum der Bruderschaft ist ein Zeichen der Endzeit, in der wir uns befinden, und eine unmittelbare Erfüllung biblischer Prophetie.

Ich lief geradewegs in diesen Kult hinein, als ich mit Sandy zu dem Sommerlager ging. Ich war sehr aufgeregt, als wir ankamen. Wenn man aufgeregt ist, entgeht einem vieles von dem, was man sieht und hört. Zuerst brachte man uns zu unseren Wohnheimen, und man gab uns das Gefühl, daß wir willkommene Gäste wären. Das Lager hatte viele Einrichtungen: Museen, Büchereien, verschiedene Häuser, in denen man zu Hellsehern, Hypnotiseuren, Handlinienlesern, Tarot-Karten-Legern, Voodoo-Experten etc. gehen konnte. Manche von diesen Leuten lebten dort ständig, manche nicht. An diesem Ort fanden die offiziellen Treffs des Kultes mit der unwissenden Bevölkerung statt.

Wir besuchten viele Kurse, in denen wir lernten, wie wir unsere »Kräfte« erweitern und anwenden könnten. Sandy führte mich zu meinem ersten Treffen mit den Schwestern des Lichts. Viel später fand ich heraus, daß sie mich während meiner ganzen Kindheit, von dem Moment an, als Helen mein Blut an Grace verkauft hatte, sorgfältig beobachtet hatten.

Ungefähr zwei Stunden vor der abendlichen Hauptversammlung nahm mich Sandy mit in die große Satanskirche, die sich auf dem Gelände befand. Die Sonne ging unter, und die ganze Kirche war dunkel bis auf 13 Kerzen, die vorne in der Kirche in einem Kreis auf dem Boden standen. Sie warfen unheimliche Schatten auf die 13 Gestalten, die ebenfalls auf dem Boden saßen, eine hinter jeder Kerze. Als wir näherkamen, konnte ich sehen, daß die Gestalten 13 Frauen waren, alle gleich gekleidet, und zwar in lange weiße Gewänder mit kapuzenartigen Hauben auf ihren Köpfen. Jede saß mit gekreuzten Beinen auf dem glänzend polierten Holzfußboden, den Rücken gerade, die Arme vor der Brust verschränkt, und starrte mit höchster Konzentration in die Kerze vor ihr.

Die Kerzen waren alle ungefähr 60 cm hoch und 8 cm im Durchmesser. Sie bestanden aus schwarzem Wachs und standen auf einem langen Papierstreifen, der mit einer feinen Schrift überzogen war. Das Wachs der Kerzen tropfte auf das Papier. Die Frauen trugen keinerlei Schmuck. Sie bewegten sich nicht, man hörte nur ihren ununterbrochenen leisen Singsang und das Gemurmel ihrer Anbetung Satans. Es war eine Kraft da, die mich faszinierte und mit Ehrfurcht erfüllte. Ich fühlte ein mächtiges Aufwühlen dieser unerklärlichen Kraft in mir, während ich sie bei ihrer zweistündigen Zeremonie beobachtete.

Am nächsten Abend zog es mich wieder zu dieser Zeremonie. Nur weil Sandy es mir gesagt hatte, wußte ich, daß dies die Schwestern des Lichts waren. Andere Kultmitglieder bezeichneten sie als »Mütter«, und nur wenige wußten, daß dies die Elitegruppe war. Männer erfuhren nie etwas über ihre Identität, denn sie waren von dieser Gruppe strengstens ausgeschlossen. Und doch sind sie das Kraftwerk und das Rückgrat des Kultes, ein strenggehütetes Geheimnis auch innerhalb des Kultes. Sie dulden keine Schwäche bei irgendeinem ihrer Mitglieder, wer schwach ist, wird vernichtet. Es sind wenig jüngere Frauen unter ihnen.

Am zweiten Abend kam nach der Zeremonie eine der Frauen auf mich zu. Sie sagte, daß sie mein Interesse bemerkt habe, von meinen außergewöhnlichen Kräften bereits wußte und es sehr gerne sehen würde, wenn ich ihr Ausbildungsprogramm besuchte. Sie waren ungezwungen und nett und versicherten mir, daß sie wie keine andere Gruppe meine Fähigkeiten verbessern und ausbauen könnten. Ich ließ mich ködern.

Zuerst erzählten sie mir, wie groß ich werden könnte, wie ich die Macht in mir benutzen könnte, um alles zu bekommen, was ich brauchte und was ich wollte. Diese Macht war von Satan, nicht von Gott. Sie waren die ersten, die mir das sagten, und sie sagten mir auch, daß Satan der einzig wahre Gott sei. Sie lehrten mich ihren Singsang und ihr Gemurmel. Wenn ich irgend etwas wünschte, sollte ich nur eine Kerze anzünden und meine Gebete darunter legen. Natürlich nicht nur meine eigenen Anliegen, denn ich sollte nicht selbstsüchtig sein. Ich konnte für den Aufstieg oder Sturz eines anderen beten, ganz egal, es mußte nur neben dem Namen dieser anderen Person auch mein eigener auf dem Papier stehen.

Schließlich kam der letzte Tag des Lagers, und ich machte mich fertig, heimzufahren. Plötzlich sah ich mich der Tatsache gegenüber, daß die ganze Freundlichkeit der Leute im Lager nur Fassade war und daß mein Dabeisein kein Spiel mehr war, noch daß es freiwillig war. Als ich mich mit Sandy zur Heimreise traf, sagte sie, daß sie gerade mit den Schwestern des Lichts darüber gesprochen habe, daß sie mir und einigen anderen, die »besonders begabt« sind, eine Sonderausbildung anbieten wollten. Sandy sagte, daß der Hohepriester und die Hohepriesterin mich kurz drüben in der Kirche sprechen wollten, bevor wir abreisten.

Ich ging zur Kirche hinüber und betrat sie zusammen mit einigen anderen. Nachdem wir eingetreten waren, sahen wir, wie sofort bewaffnete Wachen vor die Kirchentüre traten. Wir wurden aufgefordert, uns vor die kleine Gruppe vorne in der Kirche hinzustellen. Der Hohepriester erklärte uns dann, daß wir dazu auserwählt waren, der Bruderschaft beizutreten, was bedeutete, daß wir am folgenden Abend einen Vertrag mit Satan mit unserem eigenen Blut unterzeichnen mußten. Auf meine Frage nach dem Inhalt des Vertrages wurde mir gesagt, daß ich mich selbst mit Leib, Seele und Geist »unserem großen Vater Satan« übergeben würde, um dafür von ihm viel »Segen« zu empfangen. Man sagte uns auch, daß, falls wir nicht einwilligten, man gewisse »Überredungskünste« anwenden würde, damit wir unsere Meinung ändern würden. Ich sagte ihnen, daß ich einen solchen Vertrag unter keinen Umständen unterzeichnen würde. Nun übernahm die Hohepriesterin das Gespräch und teilte mir mit, daß ich keine Wahl hätte. Ich schaute ihr direkt in die Augen und sagte: »Geh zur Hölle! Du Hure! Ich glaube, ihr seid alle verrückt, ich werde nichts dergleichen tun.«

Sofort trat ein sehr großer Wächter, bewaffnet mit einer Maschinenpistole, hinter mich, packte mich am Handgelenk, drehte mir den Arm um und zog ihn mit solcher Gewalt nach oben, daß ich dachte, er wäre gebrochen. Er sagte mir, ich müßte meine Knie vor der Hohenpriesterin beugen und sie wegen meiner Respektlosigkeit um Verzeihung bitten. Wenn ich mich weigerte, würde er mich so lange schlagen, bis ich es täte. Empört rief ich: »Dann fang doch an, ich werde mich vor keiner Frau beugen!«

Er stürzte sich auf mich, und seine Faust traf mich mit voller Wucht an der Schläfe. Dann erinnere ich mich an nichts mehr, bis ich in einer kleinen 1,5 m x 1,5 m großen Zelle erwachte. Sie war völlig leer und hatte einen harten Holzboden. Die Tür hatte ein kleines Fenster auf einen Gang hinaus, so daß ich beobachtet werden konnte. Es war fast völlig dunkel. In diesem Raum war ich 24 Stunden lang. Die Zeit erschien mir wie Tage. Ich durfte nicht schlafen, ununterbrochen plärrten Lautsprecher. Ich hörte immer und immer wieder, daß aller Ruhm und alle Ehre und alle Huldigung Satan gebührt. Ich müßte Satan um Verzeihung bitten. Satan sei der Gott des Universums. Man sagte mir, daß meine Familie überwacht würde, und wenn ich mich nicht an die Vorschriften und Regeln halten und den Vertrag unterschreiben würde, dann würde man sie foltern und töten. Während der ganzen Zeit bekam ich weder zu essen noch zu trinken.

Am folgenden Abend führten mich zwei Wachen in einen anderen Raum, dort erwarteten mich zwei Frauen von den Schwestern des Lichts. Sie halfen mir beim Baden und hüllten meinen nackten Körper in ein weißes Satingewand. Meine Füße blieben nackt. Das Gewand reichte bis zum Boden und wurde in der Taille mit einer weißen Schnur zusammengehalten. Es hatte eine kapuzenähnliche Haube und lange weite Ärmel. Es hatte keinerlei Verzierungen. Die Frauen sagten mir, daß ich nicht mehr kämpfen sollte, denn ich könnte mein Geschick nicht ändern. Sie erzählten mir von den wunderbaren »Segnungen«, die ich von »meinem Vater Satan« erhalten würde, wenn ich mich ihm übergeben würde.

Ich wurde in einem geschlossenen Wagen, damit ich nicht sehen konnte, wohin wir fuhren, zu einem Treffen gebracht. Dieses Treffen war **nicht** in der Satanskirche des Lagers. Ich konnte nur einen kurzen Blick auf das Gebäude werfen, ehe man mich rasch hineinschob. Es hatte keine Fenster und lag tief in einem Wald. Es schien eine Art Vorratshaus einer Farm zu sein, aber ganz abgeschieden. Auf dem Holzfußboden war etwas Stroh.

An den Wänden ringsum waren viele stark flackernde Kerzen, die den Raum schwach erleuchteten. Die Kerzen waren in Dreiergruppen angeordnet: eine schwarze, eine rote und eine weiße. Es waren ungefähr 200 bis 300 Leute anwesend, die auf einfachen hölzernen Bänken saßen und nach vorne schauten. Dort war ein hölzernes Podium, an dessen Ecken Fackeln auf ungefähr 1,5 m hohen Stangen brannten. Vorne, in der Mitte der Plattform, war ein roh behauener Steinaltar, der aussah, als ob er auf Sägeböcken liegen würde. (Später erfuhr ich, daß das wirklich so war, um leicht beweglich zu sein.) Der Stein war grau mit vielen bräunlichen Flecken – die Flecken stammten von dem Blut der vielen Opfer, die auf diesem Altar dargebracht wurden, Menschen- und Tieropfer.

Trotz meiner Erschöpfung und Angst wurde ich von Erregung aufgewühlt, als ich die ungeheure, unsichtbare Macht in diesem Raum spürte, und als Reaktion auch die Macht in mir aufgewühlt wurde. Der Duft von Weihrauch erfüllte den Raum. Ich glaube, er war mit irgendeiner Droge vermischt, denn er machte mich schnell ziemlich benommen. Es herrschte absolute Stille im Raum, als die Gestalten mit ihren Gewändern und Kapuzen erwartungsvoll auf die leere Bühne schauten. Auf ein unsichtbares Signal hin fingen viele kleine Handschellen an zu klingeln, und der Hohepriester und die Hohepriesterin traten aus den Schatten heraus auf die Bühne.

Der Hohepriester und die Hohepriesterin trugen die gleichen Gewänder. Beide Gewänder waren aus schwarzem Satin, waren gleich geschnitten wie meines und waren an der Kapuze, an den vorderen Kanten und den langen, weiten Ärmeln rot eingefaßt. Sie wurden in der Taille mit einer goldenen Schnur zusammengehalten. Sie waren barfuß wie alle anderen auch. Jeder trug ein etwa 1 m langes Zepter. Das der Hohenpriesterin war golden. Oben war ein umgedrehtes Kreuz, und um den Griff wand sich eine Schlange bis hinauf zu diesem Kreuz. Das Zepter des Hohenpriesters war gleich, aber aus Silber. Die Zepter wurden ehrfürchtig in der Armbeuge getragen. Die Gegenwart des Hohenpriesters und der Hohenpriesterin wirkte gebieterisch, und ich wurde mir zum erstenmal so richtig der Macht bewußt, die sie besaßen, und ich beneidete sie.

Während der Veranstaltung waren im Raum selbst und auch draußen viele bewaffnete Wächter. Nun erlebte ich zum erstenmal eine richtige Kultveranstaltung. Alles frühere war Spiel und Scherz und Show gewesen.

Nach der Einführung wurde ich von den zwei Wachen vor den Altar geführt. Ich und die anderen wurden der Versammlung als neue Mitglieder vorgestellt, die »begierig« waren, beizutreten. Der Hohepriester richtete seine Aufmerksamkeit zuerst auf mich.

Er sagte: »Brüder und Schwestern von Satan, wir bringen euch dieses Kind, sie heißt Schwester Mutig (das war mein neuer Name). Wir bringen sie euch, weil sie gebeten hat, eine von uns zu werden, und nun sagen wir dir, unserem Herrn und Gott und Meister, dem Beherrscher und auch dem Zerstörer des Universums, Satan: dieses Kind, Schwester Mutig, übergeben wir dir, gemäß deiner Bitte, damit sie sei, was du von ihr möchtest. Wir haben ihr, gemäß deiner Zusage, deinen Segen versprochen.«

Dann gab man mir ein Messer, um mich in den Finger zu schneiden, aber ich weigerte mich. Sofort sauste eine Peitsche auf meinen Rücken nieder, so arg, daß ich mich vor Schmerz krümmte, aber ich war entschlossen, mich nicht vor ihnen zu beugen. Mit einem Schnippen ihrer Finger gab die Hohepriesterin der Wache ein Zeichen, mich nicht mehr zu schlagen. Mit einer Stimme, die vor Abscheu triefte, sagte sie mir, daß es noch ganz andere Möglichkeiten geben würde, um mir meinen Irrtum klarzumachen.

Mit Verwunderung beobachtete ich, wie der Hohepriester und die Hohepriesterin sich an entgegengesetzten Seiten eines großen Pentagramms (fünfzackiger Stern) aufstellten, der in der Mitte der Bühne auf den Boden gezeichnet war. Um das Pentagramm war ein Kreis gezogen, und auf den Spitzen des Sterns stand jeweils eine schwarze Kerze. Die Hohepriesterin entzündete alle Kerzen auf einmal, nur mit einer Handbewegung, ohne eine einzige zu berühren. Dann begann sie mit einer Beschwörung, in welche der Hohepriester mit einstimmte. Die Zuhörerschaft sang an bestimmten Stellen mit, wenn sie durch das Klingeln der kleinen Glocken dazu aufgefordert wurde.

Plötzlich wurde das Pentagramm von einem Meer von Rauch und blendendem Licht verschlungen. Sofort wurde der Raum von dem ekligen Gestank brennenden Schwefels erfüllt. Umgeben von Flammen erschien ein gewaltiger Dämon in körperlicher Gestalt inmitten des Kreises. Er war riesig, ungefähr 2,5 m groß. Er starrte mich drohend an und wand sich vor und zurück. Die Hohepriesterin (Grace) wandte sich an mich und sagte mir, daß dieser Dämon mich nehmen und zu Tode quälen würde, falls ich nicht gehorchen und den Vertrag unterzeichnen würde. Das reichte mir! Ich hatte mich noch nie so gefürchtet, gleichzeitig gelüstete es mich jedoch nach der Macht, die Grace (die Hohepriesterin) zur Schau stellte. Ich beschloß, genauso mächtig zu werden wie sie, damit ich mich an diesen Leuten für das, was sie mir angetan hatten, rächen konnte.

Als ich meine Bereitschaft, den Vertrag zu unterschreiben, signalisierte, kamen zwei Frauen und legten über mein weißes Gewand ein schwarzes. Das schwarze Gewand war aus Baumwolle, aber sonst wie das weiße. Das schwarze war ein Zeichen, daß ich nun kein Neuling mehr war. Ich nahm das angebotene Messer und schnitt mich tief in meinen Finger. Dann tauchte ich eine Gänsefeder in mein eigenes Blut, unterschrieb den Vertrag mit meinem Namen und bestätigte, daß ich mich mit Leib, Seele und Geist Satan übergab.

Sofort nachdem ich den Vertrag unterzeichnet hatte, durchfuhr mich eine geballte Ladung elektrischer Energie, die mich vom Kopf bis zu den Zehenspitzen durchströmte. Sie war so stark, daß sie mich zu Boden warf. Als ich auf dem Boden lag und versuchte, zu mir selbst zu kommen, bemerkte ich, daß Grace wieder einen Zauberspruch losließ. Ich rappelte mich auf und sah, daß sie einen anderen Dämon herbeigerufen hatte. Dieser kam zu dem Platz, an dem ich stand, und sagte, daß er in mir leben werde. Ehe ich Zeit hatte, irgend etwas zu sagen, packte er mich grob bei den Schultern. Ich merkte, wie sofort eine qualvoll brennende Hitze meinen Körper durchströmte und es wieder stark nach Schwefel roch. Inmitten dieses Schmerzes verlor ich das Bewußtsein und kam erst wieder zu mir, als ich rücksichtslos in den Wagen geladen wurde, der mich zum Lager zurückbrachte. Inzwischen war ich durch den Mangel an Schlaf, die Schläge, die ich bekommen hatte, durch Hunger und Durst so erschöpft und benommen, daß ich die Tragweite dessen, was mit mir geschah, gar nicht richtig verstand.

Ich blieb noch eine Woche im Lager, damit die auffälligsten Schnittverletzungen und blauen Flecken heilen konnten. Als ich heimkam, dachte und empfand ich, daß ich nun einer der mächtigsten Menschen auf der Welt war. Ich wußte, daß ich mehr Macht hatte, als sich die meisten Menschen vorstellen können. Ich dachte, daß nichts und niemand mir etwas anhaben konnte.

Was für ein Irrtum!

KAPITEL 4

Aufstieg zur Macht

ELAINE BERICHTET:

Ich war nun ein Mitglied der Bruderschaft, hatte einen neuen Namen und war das, was man unter der Bezeichnung »Hexe« versteht. Ungefähr einen Monat nachdem ich den Vertrag mit Satan unterzeichnet hatte, traf ich zum erstenmal die örtliche Hohepriesterin. Der Hexenzirkel in meiner Heimatstadt war ziemlich groß, er umfaßte ungefähr eintausend Personen. Die Hohepriesterin nahm mit mir Kontakt auf und lud mich zu sich nach Hause ein. Ich war sehr überrascht, zu einer solch hohen Persönlichkeit gerufen zu werden. Nur wenige Mädchen dürfen jemals zu der Hohenpriesterin kommen, außer wenn sie bestraft werden oder wenn sie einen besonderen Auftrag bekommen. Ihre Wohnung war luxuriös und sehr schön. Sie herrschte mit eiserner Hand. Sie sagte: »Du bist von Satan speziell auserwählt, sein Werk zu tun und Hohepriesterin zu werden, falls du dich qualifizieren kannst.«

Das ist im Satanskult eine sehr große Ehre. Man muß schon eine hohe Stellung haben, um zu dieser Ausbildung zugelassen zu werden. Die Hohepriesterin war eine ältere Dame. Sie war schon seit vielen, vielen Jahren Hohepriesterin. Obwohl sie schon alt war, war sie immer noch hübsch. Sie hatte eine freundliche Art, und dennoch war etwas sehr Kaltes an ihr. Sie wußte, daß ich ihren Platz einnehmen sollte. Wenn eine andere Hexe den Platz einer Hohenpriesterin einnimmt, wird diese immer getötet. Satan oder ein anderer hoher Dämon befiehlt ihr, eine andere Hexe auszubilden, die dann an ihre Stelle treten wird. Es bleibt ihr keine andere Wahl, als diesen Befehl auszuführen.

Ich fand es seltsam, daß sie mich für eine solche Stellung ausbilden sollte, da ich noch so jung und ein neues Mitglied war. Damals wußte ich noch nicht, daß die Dämonen, die ich bereits hatte, weitaus stärker waren als ihre, und daß Satan sie angewiesen hatte, mir genau zu erklären, wer meine Dämonen wären, wie man mit ihnen umginge und wie sie die Hohepriesterin selbst schließlich töten sollten.

In meinem tiefsten Herzen war ich nicht zum Töten bereit und würde niemals dazu bereit sein. Ich liebte das Leben und wollte diese Dame nicht verletzen, aber ich wußte, daß sie mich töten würde, wenn ich es nicht täte.

Während der nächsten zwanzig Monate wurde ich auf den verschiedensten Gebieten gründlich geschult. Meistens traf ich die Hohepriesterin in ihrer Wohnung oder an anderen Treffpunkten der Kultmitglieder, dann aber in einem Raum, zu dem diese keinen Zutritt hatten. Wir trafen uns oft, mindestens einmal wöchentlich.

Der Hauptinhalt meiner Ausbildung durch die Hohepriesterin bestand in Zauberformeln. Ich lernte, Geister heraufzubeschwören, um sie meine Anweisungen ausführen zu lassen. Sie lehrte mich, wie ich diese seltsame Kraft, die ich schon seit langem in mir spürte, anwenden und gebrauchen konnte. Sie erklärte mir, daß diese Macht von den Dämonen käme, die in mir wohnten. Sie lehrte mich auch, mich richtig zu verhalten und als Hohepriesterin Kultversammlungen zu leiten.

Auch die Schwestern des Lichts beteiligten sich an meiner Ausbildung. Sie waren hauptverantwortlich dafür, daß ich in meiner Ausbildung so schnell an Macht gewann. Von ihnen lernte ich viele Geheimnisse, die andere Hohepriesterinnen niemals erfuhren. Sie forderten mich auf, ihrer Vereinigung beizutreten, was ich jedoch ablehnte. Insgeheim hielt ich sie immer für sehr sonderbar.

Ich wurde auch in den Kampfsportarten ausgebildet. Ich konnte schon etwas Karate und Judo, aber nicht Kung-Fu. Ich wurde einem Chinesen mittleren Alters übergeben, der in allen drei Arten ein Meister war. Er war ein sehr bekannter Rechtsanwalt in meiner Heimatstadt. Er war nett zu mir, aber ein sehr strenger Lehrer. Ich lernte viel von ihm. Er bildete viele Kultmitglieder von der ganzen Umgebung aus. Er meinte, daß sehr viel in mir steckte und wollte, daß ich an öffentlichen Wettkämpfen teilnahm. Ich tat es jedoch nie und hatte auch kein Verlangen, es je zu tun.

Die Ausbildung in den Kampfsportarten war sehr hart und qualvoll. Ich rief besondere Dämonen in mich hinein, die mir die notwendigen Fähigkeiten verleihen sollten. Geist und Körper mußten trainiert werden, bis sie eine Einheit waren. Ich konnte sehr hoch in die Luft springen und auf meinen Füßen aufkommen, Saltos schlagen und jemand mit meinen Füßen und Händen vernichten. Ich wurde auch ein Experte im Gebrauch von Messern, Wurfobjekten, Schwertern, Gewehren, Pfeil und Bogen, Morgensternen und vielen orientalischen Waffen, die bei uns weniger bekannt sind. Dieses Training erhalten nicht nur die höhergradigen Mitglieder des Kultes, sondern auch die niedrigen, um als Wachen, Mörder, etc. eingesetzt zu werden.

Man lehrte mich viel über Satan, aber das meiste davon waren Lügen. Man erzählte mir von seiner Macht, von seiner Liebe zu mir, wie ich von Gott abgelehnt worden war, wie Satan mich liebte und mich als sein Eigentum haben wollte und daß ich unter allen Frauen auserwählt worden wäre, seine Hohepriesterin zu werden. Die Schwestern des Lichts erwähnten auch öfters die Möglichkeit, die regionale Braut Satans zu werden.

Es gibt in den Vereinigten Staaten nur fünf bis zehn regionale Bräute Satans gleichzeitig. In dieser Stellung wird einem große Ehre und viel Macht zuteil. Die Schwestern des Lichts versicherten mir, daß ich die Fähigkeit hätte, diese hohe Position zu erlangen. Sie redeten ständig von den Vorteilen, die mir dadurch entstehen würden. Ich war entschlossen, diese Position zu erringen.

Der erste Dämon, den ich wirklich sah, manifestierte sich in einer körperlichen Gestalt während der ersten Zeremonie, als ich den Vertrag unterzeichnete. Der nächste Dämon, den ich sah, war der erste, den ich selbst »heraufbeschworen« hatte. Während ich die entsprechende Zauberformel sprach, erschien er in einer Rauchwolke, die stark nach Schwefel roch. Die ganze Angelegenheit war sehr ausgefeilt und irgendwie theatralisch, doch der Dämon war sehr real. Wiederum war er in körperlicher Gestalt.

Er war riesig, ungefähr 2,5 m groß. Er hatte einen Körper, der große Ähnlichkeit mit einem Mann hatte, und doch war er anders. Er war ganz schwarz. Wir haben diese Kategorie von Dämonen als Schwarze Krieger bezeichnet. Er hatte feurige rote Augen, riesige Hände, und seine Rüstung war seine Haut. Sie bestand aus dicken, schwarzen, harten Schuppen, so ähnlich wie der Panzer einer Schildkröte. Jede Schuppe war ungefähr 15 Quadratzentimeter groß. Ich wußte, daß dies ein sehr mächtiger Dämon war, und hatte ihn nur herbeigerufen, um zu sehen, ob mir dies gelingen würde. Als er still dastand und mich anstarrte, sagte ich ihm, daß ich die »Auserwählte« sei. Seine Antwort war: »Ich weiß, wer du bist, und daß ich hierher geschickt wurde, um dich zu beschützen. Solange ich da bin, **und** solange du dem allmächtigen Satan, unserem Herrn und Gott, dienst, wird dir nichts geschehen.« Er hieß Ri-Chan. Er trug viele Kämpfe aus, sowohl für mich als auch gegen mich, wenn ich Satan ungehorsam war.

Danach sah ich viele Dämonen und sprach mit ihnen. Je mehr ich lernte, in die geistliche Welt zu sehen, um so mehr konnte ich Dämonen sehen und mit ihnen sprechen, ohne daß sie eine körperliche Gestalt annahmen. Ich bat sie nur noch selten, körperliche Gestalt anzunehmen, allenfalls zu bestimmten Anlässen, wenn ich ein niedrigeres Kultmitglied beeindrucken oder erschrecken wollte.

Der nächste wichtige Dämon, den ich herbeirief, war Mann-Chan. Das geschah in der Wohnung der Hohenpriesterin während einer meiner Trainingsstunden. Sie sagte mir, daß ich nun an dem Punkt meiner Ausbildung angelangt wäre, eine ganz besondere Zauberformel zu lernen. Sie erklärte mir die Wirkung dieser Zauberformel nicht, und ich fragte auch nicht danach. Ich wußte, daß dies ein wichtiger Tag war, denn es wurden besondere Vorbereitungen getroffen.

Zuerst zeichnete ich mit Kreide ein sehr großes Pentagramm auf den Fußboden und zog dann einen Kreis um dasselbe. (Der Kreis um das Pentagramm bewirkt, daß der herbeigerufene Dämon innerhalb des Kreises bleiben muß, bis man ihm erlaubt herauszukommen. Der Kreis soll die Hexe vor dem Dämon schützen. In Wirklichkeit aber tun die Dämonen, was sie wollen, und ich lernte schnell, sehr vorsichtig zu sein, damit ich keinen Dämon herbeirief, der stärker war als die Dämonen, die mich beschützten.) Sorgfältig stellte ich eine schwarze Kerze in jede Ecke des Pentagramms, dann eine viel größere schwarze Kerze in die Mitte. Alle sechs wurden angezündet. Ein Tisch mit einer Kochplatte darauf wurde in die Nähe des Pentagramms gestellt. Zuvor hatte die Hohepriesterin eine Flüssigkeit in einem Kessel vorbereitet. Der Kessel war mit geschändetem Weihwasser gefüllt. Es handelte sich dabei um Weihwasser aus einer katholischen Kirche, in das der Hohepriester uriniert hatte. Außerdem hatte er einen Hund getötet und das Blut in einen besonderen Krug laufen lassen, den ich zum

Haus der Hohenpriesterin bringen mußte. Sie gab mir dann einige Pulver und Kräuter. Das Wasser im Kessel wurde auf der Platte zum Kochen gebracht, gerade bevor ich mit der Beschwörung anfing.

Ich stellte keine Fragen, sondern befolgte die Anweisungen der Hohenpriesterin aufs Genaueste. Ich saß auf dem Boden, starrte auf die schwarze Kerze in der Mitte des Pentagramms und murmelte: »Oh, großer Satan, Macht und Erbauer und Schöpfer des Universums, ich bitte dich, gib mir einen Dämon, der mich leitet und der das Licht meines Lebens sein soll, der mir alle Weisheit und alles Wissen vermittelt. Mein Geliebter, oh Meister, gewähre mir meine Bitte!« In diesem Moment nannte mir die Hohepriesterin den Namen Mann-Chan.

Ich sagte dann: »Mann-Chan, komm, sei willkommen in meinem Körper, komm heraus aus deinem Versteck.« Ich nahm die Pulver, die Kräuter und das Blut und warf alles in den kochenden Kessel. Dampf stieg empor, und sofort war der Raum mit einem fürchterlichen Gestank erfüllt. Dann tauchte ich einen entweihten goldenen Kelch in den Kessel und füllte ihn. Ich stellte den Kelch vorsichtig auf den Tisch und wartete gespannt. Innerhalb von fünf Minuten hatte sich die Flüssigkeit im Kelch vollständig in Pulver verwandelt. Dann nahm ich den Kelch und warf das Pulver, das darin war, in die Flamme der großen Kerze in der Mitte des Pentagramms.

Sofort ertönte ein dumpfer Laut, und es entstand eine mächtige Flamme. Die Kerze verschwand in einem blendenden Licht. Als das Licht innerhalb der nächsten Sekunden schwächer wurde, konnte ich die Gestalt eines in meinen Augen unwahrscheinlich gutaussehenden jungen Mannes sehen. Er hatte pechschwarzes Haar, stechende, schwarze Augen, die Intelligenz ausdrückten. Schnell kniete ich neben dem Pentagramm nieder. Mit einem Lappen wischte ich die Kreide weg, um ihm den Weg durch das Pentagramm zu öffnen.

Der junge Mann, der in Wirklichkeit der Dämon Mann-Chan in körperlicher Form war, trat durch die Öffnung, die ich ihm gemacht hatte, aus dem Pentagramm heraus. Er redete mich in perfektem Englisch an, in einer sanften Art und, wie es schien, mit großer Liebe. Er sagte mir, daß er in mir wohnen würde, und versprach, daß mir nichts geschehen würde. Er sagte, daß er mir alle

Weisheit und alles Wissen geben würde, daß er mein Lehrer und Führer sein würde. Er bezeichnete sich als meinen »Erlöser«. Ich stimmte zu, ehrfürchtig ergriffen von seinem schönen Aussehen. Dann ging er direkt in mich hinein. Doch in dem Augenblick, als er eintrat, verwandelte sich die menschliche Gestalt in den Dämon, der er wirklich war. **ABSCHEULICH!**

Er war nackt; die Schönheit seines Gesichts hatte sich in fürchterliche Grausamkeit verwandelt. Die schönen schwarzen Locken wurden matt braun, grob, spärlich und stoppelig, wie Schweineborsten. Seine Augen wurden unglaublich dunkel und böse. In seinem geöffneten Mund konnte man scharfe, schmutzige, gelbe Fangzähne sehen. Er hatte sehr lange Arme, an seinen Händen waren stummelige Finger mit langen, spitzig zulaufenden Nägeln. Er stieß ein fürchterliches, gräßliches Triumphgelächter aus, als er direkt in meinen Körper hineintrat. Ich schrie laut. Zuerst bei seinem Anblick und dann vor Schmerzen bei seinem Eintritt. Es waren brennende, quälende Schmerzen, wie ich sie nie zuvor erlebt hatte. Es war, als ob mein Körper brannte. Ich meinte, ich würde sterben, und in diesem Moment wünschte ich es mir von ganzem Herzen. Als Ri-Chan meinen Schrei hörte, trat er vor, weil er meinte, ich würde von außen angegriffen. Mann-Chan sprach ihn jedoch an und sagte ihm, daß er es wäre und daß er sich beruhigen sollte. Als der Schmerz nachließ, sagte Mann-Chan, daß dies nur ein kleiner Vorgeschmack dessen gewesen wäre, was ich bekommen würde, wenn ich ihm jemals ungehorsam wäre. Er ließ mich auch wissen, daß er in mir bleiben würde und daß **nichts** und **niemand** ihn je dazu bringen könnte, mich zu verlassen!

Von diesem Augenblick an war Mann-Chan der Hauptdämon in meinem Leben. Er teilte sich mir mit, indem er Gedanken direkt in meinen Verstand legte. Ich teilte mich ihm mit, indem ich entweder laut oder mit meinem geistlichen Körper sprach. Damals hatte ich es noch nicht ganz begriffen, daß Mann-Chan meine Gedanken **nicht** lesen konnte. Er beherrschte mich und hielt alle Einfallstore für Satan und die anderen Dämonen offen, so daß sie kommen und gehen konnten, wie es ihnen beliebte, und auch, wie ich es wollte. Er wurde der Mittelpunkt meines Lebens. Ich opferte meine ganze Zeit und Kraft, um die Herrschaft über ihn zu gewinnen, doch er hatte mehr Herrschaft über mich, als ich über ihn. Oft schlug er mich bewußtlos und beherrschte meinen Körper völlig, er benützte ihn nach seinem Belieben und sprach häufig durch meinen Mund. Er kontrollierte mich, während ich aß und schlief, wie gut ich meine Arbeit machte, wie gut ich mit Leuten auskam – einfach mein ganzes Leben.

Durch ihn lernte ich, mit Dämonen umzugehen und wie man sie im geistlichen Kampf einsetzt, wie man sie benutzt, um den eigenen geistlichen Leib zu stärken, um sie bei Zeremonien, gegen andere Leute, andere Hexen, Kirchen und sogar Verkündiger des Evangeliums von Jesus Christus einzusetzen. Er verlieh mir die Fähigkeit, viele Sprachen zu beherrschen und mit großer Autorität und Macht aufzutreten und zu reden.

Aber Mann-Chan war nicht das Licht, das er versprochen hatte, noch war er das Wesen voller Liebe und Schönheit, das ich zuerst gesehen hatte. Er war böse und verdorben und verzehrte meine Seele und meinen Körper und verursachte mir immer wieder viel Leid und viele Schmerzen, weil ich Menschenopfer weder unterstützen, noch daran teilnehmen wollte. Von diesem Zeitpunkt an war mein Leben ein ständiger Alptraum. Ich führte ein Doppelleben: Ich war Mitglied des Satanskultes und gleichzeitig Mitglied einer sehr großen christlichen Gemeinde, in der ich lehrte und sang und alle möglichen Aktivitäten mitmachte. Ich war ständig zerrissen, keinen Augenblick frei, völlig gefangen.

Dann begannen viele Kämpfe mit anderen Hexen. Es wird auf verschiedene Arten gekämpft. Üblicherweise ruft die stärkere Hexe die Dämonen aus der schwächeren heraus und in sich hinein, so daß sie immer stärker wird, häufig mit dem Ergebnis, daß die schwächere Hexe zerstört wird, weil sie nicht mehr die Kraft hat, sich zu wehren. Dämonen kennen keine Treue. Sie gehen immer zu der stärkeren Person. Satans ganzes Reich beruht auf dem Prinzip der Konkurrenz; das ist genau das Gegenteil von Gottes Königreich, in welchem jeder dem anderen dient.

Der Kampf findet selten auf körperlicher Ebene statt, obwohl Hexen auch oft Dämonen benutzen, um den sichtbaren Leib einer schwächeren Hexe zu zerstören. Von einer Hexe wurde ich besonders angegriffen. Sie hieß Sarah. Ich versuchte, ihr zu erklären, daß ich sie töten müßte, wenn sie mich nicht in Ruhe ließe. Sie glaubte mir nicht, und schließlich entbrannte ein heftiger Kampf. Was ich sah, war absolut schrecklich. Ich sah, wie sie schwächer und schwächer wurde, während ich einen Dämon nach dem anderen aus ihr heraus- und in mich hineinrief. Zuerst kämpften ihre Dämonen gegen mich, und ich fühlte, wie mein eigener Körper emporgehoben und gegen Wände geworfen und wie mein Hals gewürgt wurde, ohne daß man eine sichtbare Hand sah. Sie jedoch sah Mann-Chan und Ri-Chan und viele andere Dämonen, die sich ihr entgegenstellten. Sie zerrissen ihren Körper. Schließlich sah sie ein, daß ich wirklich die Auserwählte war, daß ich Hohepriesterin werden würde und daß sie den Kampf verloren hatte. Sie zog sich rechtzeitig zurück, und ich danke Gott dafür. Sie landete für eine längere Zeit im Krankenhaus wegen all der Verletzungen, die sie in dem Kampf erlitten hatte. Jahre später erzählte sie mir, daß sie während des Krankenhausaufenthaltes Jesus als ihren Herrn und Erlöser angenommen hatte. Jetzt lebt sie völlig und mit ganzem Herzen für den Herrn. Glaubt mir, der Tausch ist wunderbar.

Ich traf Satan zum erstenmal kurz vor der Zeremonie, in welcher ich Hohepriesterin wurde. Er kam zu mir in der körperlichen Gestalt eines Mannes. Wir setzten uns und redeten miteinander. Er sagte mir, daß ich seine Hohepriesterin werden sollte und daß ich für ihn etwas Besonderes wäre. Er sagte auch, daß ein Opfer dargebracht werden müßte; für meine »Reinigung« müßte noch mehr Blut vergossen werden, nur so könnte ich seine Hohepriesterin werden. Ich haßte das, war aber erleichtert, zu erfahren, daß es wenigstens nur ein Tieropfer sein sollte.

Was ich sah, war ein außerordentlich gutaussehender Mann mit sehr leuchtender und sonniger Ausstrahlung. Er schien mich sehr zu lieben und absolut keine Gefahr für mich zu sein. Weder Mann-Chan noch Ri-Chan zeigten eine Gefahr an. Ich war von dem Treffen sehr beeindruckt. Tief in mir fühlte ich ein Verlangen nach ihm, und ich wünschte, daß er zurückkäme. Zum erstenmal in meinem Leben fühlte ich mich wirklich geliebt. Wie sehr irrte ich mich doch. Satan haßte mich bis in mein Innerstes. Er wollte mich nur zu seinem eigenen Vorteil benützen und plante, mich dann zu töten.

Während meiner zweijährigen Ausbildung besuchte ich die Kultzusammenkünfte sehr regelmäßig. Die Treffen fanden in Scheunen, Kirchen, Häusern, Hütten, an allen möglichen Orten statt. Wenn Satan persönlich zugegen war, zog es mich mehr und mehr zu ihm, wie es eine Motte zum Licht zieht. Er wußte sehr gut, daß ich ihm in die Falle gegangen war.

Kurz bevor ich Hohepriesterin wurde, sah ich zum erstenmal, wie ein Mensch geopfert wurde. Wir waren in einer alten Scheune, und mindestens tausend Leute waren anwesend. Man nahm ein kleines Baby. Es wurde ausgewählt, weil die Mutter es für eine große Ehre hielt, wenn das Kind geopfert würde. Die Behörden erfahren nie etwas von diesen Babys, weil sie meistens unehelich sind, zu Hause geboren werden, die Mutter zu keiner Vorsorgeuntersuchung geht, und weder die Geburt noch der Tod des Babys je gemeldet wird.

Das Baby wurde auf einem Steinaltar, der die Form eines auf dem Kopf stehenden Kreuzes hatte, festgebunden. Ich werde niemals seine furchtbaren Schreie vergessen, als der Hohepriester ein scharfes Messer in die Brust des Babys stieß und das lebende Herz herausriß. Man ließ es ausbluten, dann tranken zuerst der Hohepriester und die Hohepriesterin sein Blut, danach alle, die wollten. Viele taten es, um weitere und stärkere Dämonen zu bekommen, oder auch weil sie glaubten, daß solche Opfer die Fruchtbarkeit förderten und daß Kinder, die unter diesen Umständen gezeugt wurden, besonders stark und intelligent und im Satanismus mächtig werden würden.

Ich konnte nicht davonlaufen. Ich war in der Menge gefangen. Mich packte das Entsetzen. Ich war leer, kalt und verzweifelt. Ich konnte mir nicht vorstellen, warum Satan solche Opfer wollte. Reichte das Blut von Christus nicht aus? Man erzählte uns ständig von der Niederlage Christi am Kreuz und daß Er Satans letztes Opfer gewesen wäre. Ich mußte jedoch lernen, daß Satans Verlangen nach Blut und Zerstörung unersättlich war.

Mein letzter und endgültiger Kampf mit der Hohenpriesterin fand mit ausdrücklicher Genehmigung Satans statt. Es war während einer großen Zusammenkunft in der Kirche, in der ich zum erstenmal die Schwestern des Lichts getroffen hatte. Satan war anwesend, und mit einem einzigen Kopfnicken gab er mir die Erlaubnis, sie anzugreifen. Der Kampf ging hin und her, war aber kurz, denn sie war sehr alt. Der Kampf dauerte nur ungefähr 20 Minuten. Ich habe sie nicht getötet. Ich konnte einfach nicht, weil mir das Leben sehr, sehr wertvoll war. Sie gab auf, als sie sah, daß sie zu schwach wurde, um weiterzukämpfen. Im darauffolgenden Jahr beging sie Selbstmord.

Dann fand die Zeremonie statt, in welcher ich Hohepriesterin wurde. Das Blutopfer für diesen Anlaß war ein Cocker-Spaniel. Man brachte mich in den vorderen Teil der Kirche. Es waren viele, viele Leute anwesend, weil es eine sehr wichtige Zeremonie war, sogar Satan selbst war gegenwärtig. Ich trug ein weißes Gewand, das golden und rot eingefaßt war. Auf meinem Kopf trug ich eine Krone aus reinem Gold. Dann unterzeichnete ich mit meinem eigenen Blut einen weiteren Vertrag, der mich zu einer Hohenpriesterin Satans erklärte. Als ich das Papier unterzeichnete herrschte in dem ganzen Raum Totenstille. Auf ein Kopfnicken Satans hin erhob sich der Hohepriester und erklärte mich zur neuen Hohenpriesterin. Er gab bekannt, daß ich nicht angerührt werden dürfte, weder von irgendwelchen Kultmitgliedern, Dämonen, Hohenpriestern, noch von irgendeiner Hexe oder einer Hohenpriesterin eines anderen Hexenzirkels, denn ich wäre die »Auserwählte«. Die Menge geriet in Ekstase, schrie, sang und tanzte. Satan selbst schien überaus freudig zu sein. Wieder war er in der körperlichen Gestalt eines sehr gutaussehenden, jungen Mannes; eines Mannes mit starker Ausstrahlung und großer Autorität, ganz in leuchtendes Weiß gekleidet.

Die Versammlung verneigte sich vor mir und pries mich als die große Königin, als die Königin Satans, dem »Gott und allmächtigen Herrn«, daß ich für immer an seiner Seite sein würde und befähigt wäre, ihnen alle seine Wünsche und Befehle zu übermitteln. Mir war, als wäre ich zum erstenmal in meinem Leben wirklich angenommen. Ich war sehr stolz, fühlte mich sehr geehrt und sehr, sehr mächtig, ich dachte, niemand, nicht einmal Satan selbst, könnte mir etwas antun.

Ich wurde auf den Steinaltar gehoben, wurde entkleidet, und Satan hatte mit mir Geschlechtsverkehr, um zu bestätigen, daß ich seine Hohepriesterin war. Die Versammlung drehte durch. Viele waren berauscht von Drogen und Alkohol, und das Treffen verwandelte sich in eine Sexorgie. Dann gab Satan das schrecklichste Triumphgelächter von sich, das ich je in meinem Leben gehört hatte. Mein Körper wurde kalt und starr. Ich erinnere mich, daß ich mich schuldig fühlte, verletzt und voller Schmerzen. Die Kälte und Leere, die ich in jener Nacht spürte, werde ich nie mehr vergessen.

»Und es geschah, als die Menschen begannen, sich zu vermehren auf der Fläche des Erdbodens, und ihnen Töchter geboren wurden, . . . in jenen Tagen waren die Riesen auf der Erde, und auch danach, als die

Söhne Gottes zu den Töchtern der Menschen eingingen und sie ihnen Kindern gebaren . . .«   1. Mose 6:1, 2 + 4

KAPITEL 5

Leben als Hohepriesterin

ELAINE BERICHTET:

Als ich meine Pflichten als Hohepriesterin eines großen und einflußreichen Hexenzirkels übernahm, hatte ich viele Privilegien, **aber auch** viele Konflikte. Es gab Konflikte mit Satan und mit vielen anderen Kultmitgliedern, weil ich mich einfach weigerte, viele Dinge zu tun oder dabei mitzuwirken.

Meine wichtigste Aufgabe war, zusammen mit dem Hohenpriester der Organisation, die monatlichen Kultversammlungen zu planen. Unsere organisatorischen Zusammenkünfte fanden gewöhnlich ein paarmal im Monat statt und wurden äußerst geheimgehalten. Der Hohepriester und ich trafen uns mit den 13 wichtigsten Hexen und 13 bedeutendsten Zauberern aus dem Hexenzirkel. Wir hielten Beratungen ab. Meistens waren die Zusammenkünfte in einer großen, reichen Wohnung, die so eingerichtet war, daß alle an einem riesigen Tisch Platz fanden. Der Hohepriester und ich saßen am Kopfende des Tisches, auf der einen Seite saßen die Hexen und auf der anderen die Zauberer in der Reihenfolge ihres Ranges. Satan sorgte dafür, daß immer ein paar dabei waren, die bei uns unerwünscht waren. Diese Leute waren als Werwölfe bekannt; sie sonderten sich immer ab, waren immer wachsam und zugleich bedrohlich. Sie waren als Menschen anwesend und verwandelten sich nicht in ihre anderen Gestalten, es sei denn Satan befahl es, meist aus disziplinarischen Gründen. Wir berührten sie nicht und redeten auch nicht mit ihnen. Sie gehörten ausschließlich Satan, sie waren ihm total ausgeliefert; keiner aus dem Kult mochte sie, und alle fürchteten sie. In erster Linie waren sie Wächter und hatten auf strenge Disziplin zu achten. Satan und seine Dämonen gebrauchten sie, um sicherzugehen, daß alle anderen sämtliche Befehle ausführten.

Die Ratsversammlung plante die Zusammenkünfte und kümmerte sich auch um die geschäftlichen Dinge des Hexenzirkels. Der Hohepriester und/oder die Hohepriesterin empfingen die Befehle entweder direkt von Satan oder durch ihre Dämonen. Wir versuchten immer, die Versammlungen möglichst dramatisch und aufregend zu gestalten – dazu gehörte auch, daß genügend Drogen und Alkohol verfügbar waren. Ich kaufte weder Drogen noch Alkohol, mit solchen Geschäften hatte ich nichts zu tun. Das besorgten Kultmitglieder, die sowieso in solche Dinge verwickelt waren. Es mangelte niemals an solchen Leuten. Auf solche Sachen habe ich mich nie eingelassen. Die höheren Mitglieder des Kultes sind immer sorgfältig darauf bedacht, sich auf nichts einzulassen, das sie mit dem Gesetz in Konflikt bringen könnte, **noch** nehmen sie jemals Drogen oder Alkohol im Übermaß zu sich. Sie wagen nicht, ihren Verstand zu vernebeln, weil es zu viele Leute gibt, die gerne ihre Stellung einnehmen würden.

Wir trafen uns auch mit den höheren Vertretern anderer okkulter Gruppen des Gebietes. Es gibt viele satanische Gruppen, die nicht zur Bruderschaft gehören und nicht einmal von ihr wissen. Diese Gruppen werden jedoch von der Bruderschaft sorgfältig überwacht und kontrolliert.

Eine der Pflichten, bei denen ich mich entschieden weigerte, irgend etwas damit zu tun zu haben, waren die Opfer, Tieropfer wie Menschenopfer. Aus diesem Grund wurde ich von Satan und den Dämonen oft hart bestraft. Die anderen Kultmitglieder konnten mir nichts antun, weil ich zuviel Macht hatte, so wurde ich von Satan und seinen Dämonen bestraft. Gewöhnlich waren es körperliche Strafen. Ich wurde von den Dämonen oft über die Maßen gequält. Ich hatte viele Krankheiten, einschließlich viermal Krebs mit all dem Grauen der Chemotherapie. Aber ich weigerte mich, in dieser Sache nachzugeben. Ich konnte ganz einfach keinem anderen Menschen das Leben nehmen.

Ihr jungen Leute, hört mir bitte zu: **JEDES** Einlassen mit dem Okkultismus ist eine Falle! Es gibt keinen **billigen** Weg, um wieder herauszukommen. Satan kann euch dieselben und noch schlimmere Dinge zufügen wie mir. Ich bete täglich, daß Gott euch, die ihr gefangen seid, zeigt, daß ihr herauskommen **könnt**. Auch wenn ihr den Vertrag schon unterschrieben habt, hat euch Satan noch nicht. Der Vertrag **kann** mit dem Blut Jesu Christi bedeckt werden. Ihr könnt von dem Vertrag entbunden werden, wenn ihr Jesus bittet, in euer Leben zu kommen, euch zu vergeben und euch von euren Sünden reinzuwaschen und euer Herr und Erlöser und Meister zu werden. Satan will **immer** euer Verderben, Jesus möchte euch Leben geben.

An einigen Zusammenkünften hatte ich Gefallen. Manchmal kamen wir einfach zusammen, um zu reden und Spiele zu machen, um unsere Kräfte zu messen, indem wir zum Beispiel eine Kerze auf der gegenüberliegenden Seite des Zimmers anzündeten, ohne sie zu berühren, etc. Ich machte zahlreiche Reisen nach Kalifornien, um an Wettkämpfen und Versammlungen teilzunehmen. Dies gefiel mir gewöhnlich sehr gut.

Ich flog in einem Privatflugzeug von einem Privatflughafen aus, der nahe der Stadt war, in welcher ich den Kult kennenlernte. Niemand außerhalb und nur wenige innerhalb des Kultes kannten diesen Ort. Er ist gut getarnt und schwer bewacht. Gewöhnlich nahmen mich der Hohepriester und ein paar der höheren Hexen und Zauberer mit. Es war immer eine große Sache. Wir kamen zusammen, um Gedanken auszutauschen und Wettkämpfe auszutragen, um zu sehen, wer am mächtigsten war. Durch diese Wettkämpfe gewann ich Macht, so daß ich im Nationalrat einen Sitz bekam, die Regionalbraut Satans wurde und schließlich die Stellung der höchsten Braut Satans in den Vereinigten Staaten erlangte.

Der Aufenthalt dauerte durchschnittlich eine Woche, und die Konferenzen waren gewöhnlich vor einem Schwarzen Sabbat, an welchem dann eine Schwarze Messe abgehalten wurde (Osterwochenende). Ich fand immer eine Ausrede, um vor der Schwarzen Messe abreisen zu können. Wir hatten ein besonderes Anwesen in den Hügeln Kaliforniens, vor den Toren von Los Angeles. Dort war ein riesiges Landhaus, das eigens für den Kult erbaut worden war. Ich schätze, daß es dreißig oder mehr Schlafzimmer hatte. Es hatte viele schöne, farbige Glasfenster, auf welche eigens okkulte und dämonische Symbole gemalt waren. Innen war es verschwenderisch und schön ausgestattet. Es enthielt einen riesigen Festsaal und daran anschließend einen Ballsaal. Natürlich gab es auch Swimmingpools, Tennisplätze, Golfplätze etc. Es sah aus wie das Klubhaus eines Millionärs. Es hatte drei Kellergeschosse mit mächtigen Gewölben, die Büchereien mit alten okkulten Schriften und Erzählungen enthielten. Es gab dort Stahlkammern mit Gold und Silber und Geld aus allen Ländern der Welt. Das ganze Gebiet lag versteckt hinter Bäumen und war schwer bewacht, sowohl auf dem Land als auch aus der Luft.

Bei meinem Aufenthalt dort fand der härteste Wettkampf statt, den ich je mitgemacht hatte. Ich war damals die höchste Braut des Landes. Es war ein internationaler Wettkampf. Der Leiter war ein Hoherpriester, der sich von den anderen, die sonst dort waren, unterschied. Er war groß, ein dunkler, gutaussehender junger Mann, aber er strahlte eine Macht aus, die allen Angst einjagte und ihn unbeliebt machte. Er leitete den Wettkampf, und es war ihm offensichtlich egal, wenn Leute getötet wurden, welche die Aufgaben, die ihnen gestellt wurden, nicht lösen konnten. Er hatte stechende, schwarze Augen, die durch Mark und Bein gingen. Er herrschte mit eiserner Hand, und sogar ich gab mein Bestes, um ihm aus dem Weg zu gehen. Die Aufgaben wurden immer schwieriger, um die Macht der Wettbewerbsteilnehmer aufzuzeigen. Ich erinnere mich, daß ich mit einem Fingerschnalzen eine Katze in ein Kaninchen und wieder zurück verwandeln mußte. Die tatsächlichen physischen Veränderungen wurden von Dämonen ausgeführt und endeten in dem sofortigen Tod des Tieres. Am letzten Tag war ich die einzige Teilnehmerin, die übriggeblieben war, und trotzdem hörte der Hohepriester nicht auf, mich anzutreiben. Es blieb mir nichts anderes übrig, als seinen Anforderungen zu entsprechen. Die letzte Aufgabe hätte mich töten können, wenn meine Dämonen nicht so mächtig gewesen wären.

Ich mußte mich vor einen Mann mit einer großkalibrigen Pistole in einer Entfernung von weniger als 6 m hinstellen. Ich ließ meine Hand vorne an meinem Körper hinuntergleiten und benützte die herbeigerufenen Dämonen als Schild. Sofort feuerte der Gangster die sechs Schuß des Magazins auf mich ab. Er konnte mich überhaupt nicht verfehlen. Es braucht nicht erwähnt zu werden, daß die Dämonen ein wirksamer Schild waren, die Kugeln fielen zu meinen Füßen auf den Boden und wirbelten herum. Als der Siegerin dieses Wettbewerbs wurde mir viel Beifall und Ehre zuteil.

Eine goldene Krone wurde auf mein Haupt gesetzt, und die anderen Kultmitglieder verneigten sich vor mir und huldigten mir. Solange ich noch dort war, wurde ich wie eine Königin behandelt. Ich bekam die schönsten Kleider, die ich mir nur vorstellen konnte, ich wurde gebadet, ich wurde frisiert und von oben bis unten bedient. Es wurden Partys veranstaltet, bei denen ich stets einen gutaussehenden Begleiter hatte, der gleichzeitig auch mein Leibwächter war. Wir besuchten in Los Angeles die exklusivsten Restaurants. Mein Begleiter kostete mein Essen, damit man mich nicht vergiften konnte. Wir gingen zum Surfen und zum Reiten. Während dieser Zeit durften die Mitglieder nicht gegeneinander kämpfen, weil es eine große und hohe Zeit des Lobpreises Satans sein sollte. Ich war damals sehr stolz, aber der HERR demütigte mich bald darauf.

Während dieses letzten Aufenthaltes in Kalifornien geschah etwas, das mich auf den Weg brachte, der zu Christus führen sollte, und ich fing an, den Anspruch Satans, daß er mächtiger als Gott sei, zu bezweifeln. Der Hohepriester rief einige von uns zu sich und sagte uns, daß in der Nähe eine Familie sei, die Satan zu schaffen machte. Sie hatten eine Anzahl Kultmitglieder zum Feind, Jesus Christus, bekehrt und waren eine richtige Plage. Satan hatte befohlen, sie zu töten. Der Hohepriester sagte uns, daß wir alle zusammen in unseren Geistkörpern hingehen (Astralprojektion) und sie töten sollten. Wir setzten uns in einem Kreis vor unsere Kerzen, verließen bewußt unseren Körper und gingen im Geist zu jenem Haus, um diese Leute umzubringen. Mir gefiel die Sache gar nicht, aber ich hatte keine Wahl. Wenn ich nicht gehorcht hätte, wäre ich getötet worden.

Zu unserem großen Erstaunen wurden wir an der Grenze des Grundstücks aufgehalten. Das ganze Gelände war von mächtigen Engeln umgeben. Die Engel standen Seite an Seite und hielten sich an den Händen. Sie hatten lange weiße Gewänder an und standen so eng beisammen, daß sich ihre Schultern berührten. Sie hatten weder Rüstung noch Waffen. Wie sehr wir uns auch anstrengten, keiner von uns konnte durchkommen. Alle Waffen prallten von ihnen ab, ohne sie zu verletzen. Zuerst lachten sie über uns, daß wir so kühn wären, uns heranzunahen und zu versuchen, durchzudringen. Die anderen Kultmitglieder wurden von Augenblick zu Augenblick wütender. Plötzlich verwandelte sich das Angesicht der Engel, und ihre Augen blickten so grimmig, daß wir alle rückwärts auf den Boden fielen. Eine sehr demütigende Erfahrung, möchte ich hinzufügen!

Ich werde es nie vergessen – als ich auf dem Boden saß und zu ihnen aufschaute, blickte mir ein Engel direkt in die Augen und sagte mit der liebevollsten Stimme, die ich je gehört hatte:»Möchtest du nicht bitte Jesus als deinen HERRN annehmen? Wenn du so weitermachst wie bisher, wirst du getötet werden. Satan haßt dich in Wirklichkeit, aber Jesus liebt dich so sehr, daß Er für dich gestorben ist. Überlege es dir, ob du nicht dein Leben Jesus übergeben willst.« Für mich war dies das Ende der Schlacht. Ich weigerte mich, noch länger zu versuchen, hindurchzukommen. Ich war erschüttert. Die anderen versuchten es noch etwas länger, aber keiner war erfolgreich. Ich bezweifle, daß die Familie jemals etwas von dem Kampf erfahren hat, der draußen stattfand. Sie waren vollkommen geschützt! Wir nannten diese besondere Art von Engeln Kettenengel. Absolut nichts kann hindurchkommen. Im geheimen war ich dankbar, daß wir nicht durchgekommen sind, und die Kettenengel haben mich sehr zum Nachdenken gebracht.

Trotz dieses Erlebnisses mit den Engeln dauerte es noch einige Jahre, bis ich mich dem HERRN Jesus zuwandte. Es gelüstete mich immer noch nach immer mehr Macht, und ich weigerte mich, anzuerkennen, daß diese Macht mich zerstörte und meine Seele auf ewig in die Hölle verdammte.

KAPITEL 6

Die Hochzeit

ELAINE BERICHTET:

Als Hohepriesterin hatte ich viele Vorrechte, die mir auch in meinem täglichen Leben sehr zugute kamen. Dennoch strebte ich nach noch mehr Macht. Einige Jahre nachdem ich Hohepriesterin geworden war, erreichte ich mein Ziel und wurde eine regionale Braut Satans. Viele Hohepriesterinnen bezeichnen sich selbst als Braut Satans, und in einem gewissen Sinn sind sie es auch, aber einige auserwählte Frauen werden seine Bräute auf eine weitaus ausschließlichere Art. Es gibt in den Vereinigten Staaten gleichzeitig nur fünf bis zehn, normalerweise nur fünf von ihnen. Das ist die höchste und »angesehenste« Position, die eine Frau im Satanismus erreichen kann. Satan wählt aus einem großen Gebiet des Landes eine Frau aus. Diese Frau wird als die mächtigste, angesehenste und beliebteste der ganzen Gegend betrachtet. Diese auserwählten Frauen sitzen auch im Nationalrat, der für alle Satanisten in diesem Land zuständig ist und der auch auf internationaler Ebene aufgrund des hohen Wohlstandes in den USA große Macht besitzt.

Satan selbst kam zu mir, um mir zu sagen, daß er mich für diese große Ehre auserwählt hätte. Er zeigte sich mir in der körperlichen Gestalt eines sehr gut aussehenden Mannes, wirklich genau so, wie ich mir den »vollkommenen Mann« vorstellte. Er erzählte mir, daß er mich auserwählt hätte, weil er mich mehr liebte als alle anderen, und weil er meinen Mut und meine Fähigkeiten mochte und respektierte. Er benahm sich sehr verliebt und romantisch, erklärte mir seine Liebe und stellte mir die schöne Zeit vor Augen, die wir zusammen verbringen würden. Er versprach, mir noch mehr Macht und viele andere Privilegien zu geben.

Ich fühlte mich geehrt und war begeistert, besonders weil ich hoffte, nun endlich wirklich geliebt zu werden. Ich hielt mich für die mächtigste und angesehenste aller Frauen. Ich dachte, daß mich Satan wegen meiner Fähigkeiten und wegen meiner Liebe für ihn, die von Jahr zu Jahr gewachsen war, auserwählt hatte. Damals erkannte ich noch nicht, daß Satan meine Liebe nur zu seinem eigenen Vorteil ausnutzte. Er gebrauchte mich, um andere Leute dazu zu bringen, seinen Willen zu tun, und gebrauchte meine Liebe zu ihm, um mich zu verderben. Alle seine Liebeserklärungen waren Lügen!

Die Zeremonie fand in einer großen Stadt ganz in der Nähe statt. Für diesen Anlaß wurde von dem Kult eine der größten und schönsten presbyterianischen Kirchen der Stadt gemietet. Ich bin sicher, daß die Eigentümer der Kirche keine Ahnung hatten, für welchen Zweck ihre Kirche gemietet wurde. Ich richtete es so ein, daß ich drei Tage über das Wochenende dienstfrei hatte. Die Zeremonie fand an einem Freitagabend in der ersten Vollmondnacht statt. Ich wurde sorgfältig bewacht, und alle meine Wünsche wurden erfüllt. Ich war furchtbar aufgeregt und in Hochstimmung!

Als ich mich mit meinen Begleitern der Kirche näherte, hatte ich kurz den Eindruck, daß eine schwere Dunkelheit über der Kirche hing, doch ich schob dieses Gefühl beiseite und dachte an die Liebe und die Bewunderung, die ich Satan entgegenbrachte.

Man brachte mich in ein Zimmer abseits des Altarraumes der Kirche, und ich wurde für dieses festliche Ereignis sorgfältig hergerichtet und gekleidet. Zu der Zeit war mein Haar lang, blond und lockig. Die Frauen schmückten mich mit frischen Blumen, die sie in mein Haar hineinflochten. Man zog mir ein langes, weißes Gewand an, eine Art Robe, mit goldenen Borten, die kreuz und quer über meine Brust liefen. Über meinem Herzen und meiner Schamgegend war ein roter Fleck. Auf meinem Haupt hatte ich eine Krone aus reinem Gold. Ich trug einen Strauß aus Gras, Disteln und giftigen Beeren, die mit einem schwarzen Band zusammengebunden waren.

Als ich vor dem Altarraum stand und hineinspähte, war ich überrascht und fühlte mich sehr geehrt, daß nicht nur Leute aus den umliegenden Staaten und aus Kalifornien anwesend waren, sondern auch eine Anzahl älterer Mitglieder des Kultes aus der östlichen Welt. Es war wirklich eine große Ehre. Die große Orgel erfüllte den Altarraum mit einer schaurigen Musik. Satans goldener Thron war zu der Kirche gebracht und vorne auf einer Plattform aufgestellt worden. Das Startsignal für die Zeremonie war das plötzliche Erscheinen Satans in körperlicher Gestalt auf dem Thron.

Er erschien wieder als Mann, weiß gekleidet, mit einer juwelenbesetzten, goldenen Krone. Die ganze Versammlung erhob sich mit einem Ruf und brachte Satan ihre Verehrung dar. Auf ein Zeichen Satans hin wandten sich alle Köpfe nach hinten, und ich begann, das Kirchenschiff entlangzuschreiten. Ich wurde vom Hohenpriester begleitet, gefolgt von den Schwestern des Lichts. Als ich das Kirchenschiff durchschritten hatte, blieb ich vor Satans Thron stehen, verbeugte mich vor ihm und huldigte ihm. Dann befahl er mir aufzustehen. Währenddessen stand er von seinem Thron auf, kam herab und trat neben mich. Der Hohepriester vollzog die Trauung. Die Zeremonie bestand hauptsächlich aus Gesang, Chorälen und Lobeshymnen auf Satan. Die Schwestern des Lichts standen während der ganzen Zeremonie in einem Halbkreis hinter uns und sangen und summten leise vor sich hin.

Die Zeremonie dauerte fast zwei Stunden; ich mußte während der ganzen Zeit stehen. Wieder unterzeichnete ich einen Vertrag mit meinem eigenen Blut. Dann gab man mir eine Flüssigkeit in einem goldenen Kelch zu trinken. Ich weiß nicht, woraus diese Flüssigkeit bestand, doch ich vermute, daß sie Drogen enthielt, denn ich fühlte mich hinterher ganz beschwingt. Sicherlich wurde dadurch die Klarheit meines Geistes zerstört. Man sagte mir, daß der Vertrag bindend wäre. Es gäbe absolut kein Entkommen. Satan würde nicht an Scheidung glauben!

Satan selbst hat nichts von **seinem** Blut gegeben, auch hat er nichts von dem Trank genommen. Als Grund nannte er, daß er »sich für mich rein halten« müßte. Aber ich mußte trinken, um mich für ihn zu reinigen. Er war so schön, wie ich ihn noch nie gesehen hatte. Er trug einen schneeweißen, mit Gold verzierten Smoking. Sein Haar war für diese Gelegenheit wie leuchtendes Gold, und seine Haut hatte eine schöne bräunliche Farbe. Seine Augen waren finster, und seine Liebeserklärungen an mich und sein Lächeln schienen sich in seinen Augen nie widerzuspiegeln. Ich aber wollte einfach glauben, daß er mich wirklich liebte und daß er wirklich mein Mann wäre. Er behandelte mich mit größtem Respekt. Er streichelte meine Wange, mein Haar, meine Arme. Er sagte mir, wie sehr ich ihm gefiele, wie mächtig ich für ihn wäre, und daß ich das werden könnte, was er sich schon immer erhofft hätte, die Mutter seines Sohnes, »Christus«, des Erlösers der Welt. Ich ließ mich von seinen Verführungen total täuschen.

Satan gab mir einen schönen, breiten, goldenen Hochzeitsreif, welcher auf der Innenseite die Inschrift trug: *»Seht, die Braut des Fürsten dieser Welt.«*

Obwohl Satan sich mir gegenüber nicht feindselig verhielt, tat er es doch gegenüber anderen. Jeder, der sich ihm näherte, um ihn zu berühren oder sich vor ihm zu verbeugen, wurde gestoßen, geschlagen oder weggetrieben.

Sofort nach der Zeremonie nahmen mich die Schwestern des Lichts, bekleideten mich mit einem exquisiten Gewand und gaben mir einen Samtumhang, der mit reinem Gold eingefaßt war. Eine Limousine brachte uns zum Flughafen, wo wir zusammen mit einigen Hohenpriestern und Hohenpriesterinnen ein luxuriöses Privatflugzeug bestiegen, das uns nach Kalifornien brachte. Das Hochzeitsessen wurde unterwegs im Flugzeug serviert.

Satan aß nichts, er nippte lediglich an einigen der sehr teuren Weine und Champagner, die gereicht wurden. Er sprach sehr wenig. Als wir schließlich die Villa in den kalifornischen Bergen erreichten, war ich von den Drogen, die ich bekommen hatte, ziemlich benommen. Wir wurden mit viel Pomp und Getue in ein großes Appartement geführt. Im Schlafzimmer stand ein großes, goldenes Bett. Hinterher war ich dankbar für die Drogen, die man mir gegeben hatte, denn als wir allein waren, verschwand das schöne Aussehen Satans, und der Geschlechtsverkehr, den wir hatten, war brutal.

Als ich am nächsten Morgen aufwachte, war Satan nicht mehr da. Die vielen Wunden, die mir in der Nacht zugefügt worden waren, schmerzten furchtbar. Ich war dankbar, daß er sich an diesem Wochenende nicht mehr sehen ließ. Während ich dort war, wurde ich wie eine Königin behandelt. Man pflegte mich von Kopf bis Fuß, und alle meine Wünsche wurden erfüllt. Am Sonntag wurde ich dann heimgeflogen.

Meine neue Stellung brachte mir viele Vorteile. Ich war mächtiger als alle Hexen und Zauberer, ja sogar mächtiger als die Hohenpriester. Ich war unberührbar. Ich erlangte noch mehr Macht und neue Dämonen. Nur eine Hexe war töricht genug, mich anzugreifen. Ein Blick genügte, und ich preßte sie in die Wand. Ich preßte sie buchstäblich in die Wand hinein, so daß sie herausgeschnitten werden mußte. Sie trug viele Knochenbrüche und andere Verletzungen davon. Weder sie noch irgendein anderes menschliches Wesen haben jemals wieder versucht, mir etwas anzutun.

Ich stieg schnell zu der Stellung der obersten Braut auf, und meine Verantwortung nahm zu. Ich wurde eine von Satans Vertreterinnen auf internationaler Ebene. Ich machte viele Reisen nach Kalifornien, wo ich mit amerikanischen Regierungsmitgliedern und auch mit ausländischen Würdenträgern zusammentraf. Ausländische Regierungsvertreter kamen in die Villa nach Kalifornien mit der Bitte um Geld für Waffen etc. Die meisten wußten, daß sie es mit Satan zu tun hatten, nur einige wenige wußten es nicht. Große Geldbeträge wechselten den Besitzer. Meistens sprach Mann-Chan durch mich, denn er beherrschte die Muttersprache eines jeden Gesprächspartners perfekt. Mann-Chan übersetzte mir auch, was diese Leute sagten. Ich selber konnte die vielen verschiedenen Sprachen nicht sprechen, doch Mann-Chan beherrschte sie alle.

Ich reiste auch öfters in andere Länder. Ich war in Mekka, Israel, Ägypten, sogar im Vatikan in Rom, wo ich mich mit dem Papst traf. Alle meine Reisen hatten das Ziel, die Programme Satans mit den Satanisten in anderen Ländern zu koordinieren, und auch mit Regierungsmitgliedern zusammenzutreffen, um mit ihnen über finanzielle Hilfen für ihre Länder zu sprechen. Einige wußten nicht, daß ich eine Satanistin war, und dachten, daß ich zu irgendeiner mächtigen und reichen Organisation gehörte. Leute, die Geld wollen, stellen nicht allzu viele Fragen. Der Papst wußte sehr wohl, wer ich war. Wir arbeiteten eng mit Katholiken (besonders mit Jesuiten) und mit hochrangigen Freimaurern zusammen.

Während dieser Zeit traf ich viele der bekannten Rockmusik stars. Sie alle haben Verträge mit Satan unterzeichnet, um dafür Ruhm und Reichtum zu erlangen. Die Entwicklung der Rockmusik in den Vereinigten Staaten wurde sorgfältig von Satan geplant und von seinen Dienern Schritt für Schritt ausgeführt.

Trotz meiner hohen Stellung und meiner großen Macht lebte ich in ständiger Angst. Ich hatte keinen Frieden und fühlte mich gefangen. Mein größtes Problem war das unvorstellbar Böse, das innerhalb des Kultes aufrechterhalten wurde, zum einen die Züchtigung, doch vor allem die Menschenopfer!

KAPITEL 7

Züchtigung in der Bruderschaft

ELAINE BERICHTET:

Die anderen Kultmitglieder betrieben Sex frei und hemmungslos und einfach zu jeder Zeit. Ebenso den Sex mit Kindern. Ein sehr hoher Anteil der Kinder im Kult werden schon sehr jung regelmäßig sexuell belästigt. Die Kultmitglieder suchen sich als Sexpartner meistens solche, die mit ihnen auf der gleichen Machtebene stehen. Fast jede Zeremonie und jedes Treffen endet mit einer Sexorgie. Die einzelnen Mitglieder können gewöhnlich daran teilnehmen, wenn sie wollen.

Es wurde auch Geschlechtsverkehr mit Dämonen praktiziert, die man in ihrer körperlichen Erscheinung sehen, hören und fühlen konnte. Das geschah meistens bei Treffen und Sabbaten, bei denen viele Drogen genommen wurden. Dämonen zwangen Personen zu sexuellem Verkehr, meist solche, die Satan oder den Dämonen ungehorsam waren und so dafür bestraft wurden. Oft wurde ein Mann gezwungen zuzusehen, wie mehr als ein Dämon brutalen Geschlechtsverkehr mit seiner eigenen Frau hatte. Das war ein sehr wirksames Züchtigungsmittel.

Furcht ist eine Taktik, die mehr als jede andere gebraucht wird. Furcht vor dem Tod, Furcht, daß die Familie vor deinen eigenen Augen gefoltert wird. Es wurden sowohl Menschen als auch Dämonen gefoltert. Oft wurden Dämonen gezwungen, körperlich zu erscheinen, um dann von anderen, stärkeren Dämonen gefoltert und in Stücke gerissen zu werden, und das nur deshalb, weil sie in kleineren Dingen ungehorsam gewesen waren. Die Bilder und Laute bei diesen gräßlichen Szenen brannten sich in das Bewußtsein jedes Anwesenden ein. Den Zuschauern wurde dann gesagt, daß dies nur ein Beispiel dafür sei, was ihnen geschehen würde, falls sie es wagen würden, Satan oder den Dämonen nicht zu gehorchen.

Bei vielen Zeremonien, besonders bei den bedeutenden, bei denen Menschenopfer dargebracht wurden, nahmen die Dämonen oft eine sichtbare, menschliche Gestalt an. Manchmal war es schwierig zu unterscheiden, wer nun ein Dämon und wer ein Mensch war. Die Augen der Dämonen sind jedoch kalt und leblos, ihre Berührung gleicht der von feurigen Kohlen, und dennoch scheint kein Leben in ihnen zu sein.

Eine bevorzugte Taktik, absoluten Gehorsam zu erzwingen, ist das Foltern von Angehörigen, besonders von Kindern. Eltern werden gezwungen zuzusehen, wie ihre Kinder totgeschlagen, brutal sexuell belästigt oder wie sie regelrecht enthäutet werden. **Falls** das Kind überlebt, können es die Eltern in kein Krankenhaus bringen, denn sie würden sonst wegen Kindsmißhandlung ins Gefängnis geworfen werden. Sie könnten es nie beweisen, daß sie das Kind nicht gefoltert haben – denn da würden dann immer andere Satanisten als Zeugen auftreten und behaupten, daß sie gesehen hätten, wie die Eltern das Kind mißhandelt hätten. Selbst Ärzte im Kult würden sie nicht behandeln, es sei denn, die Eltern könnten es sich leisten, horrende Geldsummen zu bezahlen.

Eine andere beliebte Züchtigungsmethode ist das Opfer. Kurz vor jedem Menschenopfer herrscht atemloser Schrecken und Angst, weil jedes Mitglied der Versammlung darauf wartet zu erfahren, wer nun derjenige ist, der geopfert wird. Viele der Opfer sind Leute, die ungehorsam waren, oder versucht haben, aus dem Kult zu entkommen.

Es gibt Werwölfe, Zombies, Vampire und andere Wertiere. Ich habe viele von ihnen gesehen. Dies ist ein Geheimnis, das von Satan sehr streng gehütet wird. Niemand hat diese Wesen unter Kontrolle, außer Satan und seine höchsten Dämonen. Sie werden meistens zur Züchtigung eingesetzt. Ich werde nie den Vorfall vergessen, als Satan während eines Treffens einen Werwolf hinter einem Mann herjagte. Der Mann sprang auf und rannte davon mit dem knurrenden Werwolf hinter ihm her. Er hatte keine Chance, dem Tier-Menschen zu entkommen. Als er dies erkannte, drehte er sich um, zog eine großkalibrige Pistole heraus und schoß den ganzen Inhalt des Magazins direkt auf den Werwolf ab. Dieser zauderte nicht einmal für einen Moment. Er riß den Mann in Stücke. Niemand in der Versammlung wagte es, sich zu rühren oder einen Laut von sich zu geben, aus Angst, daß der Werwolf als nächstes gegen ihn selbst angesetzt werden würde.

Diese Kreaturen sind Menschen, die von ganz bestimmten mächtigen Dämonen besessen sind, welche fähig sind, die notwendigen körperlichen Veränderungen im menschlichen Körper zustande zu bringen. Einige alte christliche Schriften aus dem finsteren Mittelalter geben genaue Beschreibungen über diese Wertiere in Europa ab. Ich habe außer den alten satanischen Schriften, die in den Gewölben der Hauptvilla Satans in den Hügeln Kaliforniens aufbewahrt werden, nie etwas Schriftliches gefunden, das sie genau beschreibt. Die Wertiere werden von allen im Kult sehr gefürchtet und gehaßt. Sie sind Einzelgänger, hundertprozentig an Satan verkauft. Ich befürchte, daß ihre Zahl während der Trübsalszeit sehr stark zunehmen, und Satan sie offen zur Züchtigung einsetzen wird.

Eine andere häufige Züchtigungsmethode sind Krankheiten, die durch Dämonen verursacht werden, sowie Unfälle, Entlassungen aus einem Arbeitsverhältnis etc. Von Dämonen verursachte Krankheiten sind sehr beliebt, weil wenige Ärzte die richtige Diagnose stellen können, und die betroffene Person eines sehr schmerzhaften und langsamen Todes stirbt, während die Ärzte meinen, daß sie sich die Symptome alle nur einbildet.

Die meisten Kinder, die von Eltern aus dem Kult geboren werden, werden Satan geweiht, was in etwa mit der Weihe von Babys in christlichen Gemeinden verglichen werden kann. Bei der Zeremonie wird das Kind im Blut eines geopferten Tieres »getauft«. Diese Kinder sind schon vor ihrer Geburt von Dämonen besessen. Das geht immer so weiter von Generation zu Generation, es sei denn, die Eltern sind bereit, Jesus Christus als HERRN und Meister ihres Lebens anzunehmen, um all diese Sünde mit Seinem Blut reinwaschen zu lassen.

Jesu Blut ist so mächtig, und sein Werk am Kreuz ist so vollkommen, daß sogar Werwölfe gerettet werden können, wenn sie nur wollen. Jesus kann auch heute noch Tote auferwecken, genauso wie damals, als Er als Mensch auf dieser Erde war. Diese Menschen, die unter Satans Herrschaft stehen, sind tot. Heute danke ich Gott dafür, daß ich vollkommen befreit bin, ich gehöre Jesus, Ihm allein, und weder Satan noch einer seiner Leute können mich davon abhalten zu erzählen, was in Satans Reich geschieht, egal was sie mir antun.

Wenn du, lieber Leser, ein Mitglied der Bruderschaft bist, so kannst auch **du** von dieser Bindung befreit werden. Du mußt nicht in diesem Reich, das voller Bosheit, Finsternis und Angst ist, bleiben. Jesus kann und wird dich frei machen. Du mußt Ihn nur bitten, deine Sünden mit Seinem Blut abzuwaschen und dein HERR und Meister zu werden. Warte nicht, denn es bleibt wenig Zeit. Jesus wird bald wiederkommen. Dir bleiben nicht mehr viele Tage übrig. Beeile dich, solange noch Zeit ist. Willst du zurückgelassen werden, wenn Jesus kommt und die Seinen heimholt? Ich bitte dich, vertraue dich Ihm jetzt an!

KAPITEL 8

Die Schwarze Messe
und Menschenopfer

ELAINE BERICHTET:

Über das Thema Menschenopfer zu reden, sind, wenn überhaupt, dann nur sehr wenige Exmitglieder bereit, weil sie die rechtlichen Folgen befürchten, die es nach sich ziehen könnte. Ich tue es nur deshalb, weil es mir der HERR befohlen hat. Sie sind ein fester Bestandteil und Brauch in der Bruderschaft. Ich habe den größten Teil meines Lebens in Krankenhäusern und Operationssälen verbracht, weil ich mich hartnäckig geweigert habe, Satan in dieser Sache nachzugeben. Ich habe mich schlichtweg geweigert, an Menschenopfern teilzunehmen.

Da meine Macht äußerst schnell zunahm, erreichte ich schon sehr bald eine Stellung, in der ich selbst entscheiden konnte, was ich tun wollte und was nicht. Das galt aber nur, soweit es andere Menschen betraf. Ich war mächtiger als die anderen Satanisten, deshalb konnten sie mich nicht anrühren. Satan und seine Dämonen konnten das jedoch sehr wohl. Weil ich mich geweigert hatte, Satan in dieser Sache zu gehorchen, wurde ich von Dämonen bei vielen, vielen Gelegenheiten auf brutalste Art und Weise gezüchtigt und gefoltert. Ich hatte viermal Krebs, verbunden mit vielen Operationen und all den Schrecken der Chemotherapie. Dieser Krebs kam direkt von Satan, als Strafe für meine Weigerung, an Menschenopfern teilzunehmen. Ich zweifle nicht daran, daß ich wahrscheinlich bald getötet worden wäre, wenn der HERR nicht Gnade mit mir gehabt und mich aus Satans Gefangenschaft befreit hätte.

Die Gebräuche und Zeremonien bei Menschen- und Tieropfern sind etwas unterschiedlich, je nach den verschiedenen Gebieten, in denen sie praktiziert werden. In den vergangenen Jahren wurde besonders an der Westküste eine große Anzahl junger Leute durch Rockmusik, okkulte Phantasie-Rollenspiele und natürlich durch viel Mund-zu-Mund-Propaganda in den Satanismus hineingezogen. Diese unabhängigen Gruppen haben gewöhnlich sehr viel mit Drogen zu tun, schützen sich sehr wenig und sind sorglos und unverfroren bei allem, was sie tun. Sie stehen nicht direkt mit der Bruderschaft in Verbindung. Viele von ihnen wissen gar nicht, daß die Bruderschaft überhaupt existiert. Diese Gruppen sind so leichtsinnig, daß sie bei ihren diversen Verbrechen, wie zum Beispiel bei rituellen Kindsmißhandlungen, Menschenopfern etc. gefaßt werden. Zu der Zeit, als ich dem Satanismus den Rücken zukehrte, wuchs die Sorge unter den Leitern der Bruderschaft über den Leichtsinn dieser Leute. Satan wird jedoch immer dreister, so daß es ihn tatsächlich überhaupt nicht kümmert und ihm sicher ganz egal ist, wie viele dieser Leute für ihre Verbrechen, die sie begangen haben, im Gefängnis landen. Satan **weiß**, daß ihm nicht mehr viele Jahre bleiben, und er tut, was er kann, um auf dieser Erde noch möglichst viel Unheil anzurichten.

In den Vereinigten Staaten gibt es jedes Jahr acht »Heilige Tage«, an denen gewöhnlich Menschenopfer dargebracht werden (Menschenopfer können auch an anderen Tagen aus anderen Gründen dargebracht werden, z. B. als Strafe oder in Verbindung mit Fruchtbarkeitsriten etc.). Kleinere Hexenzirkel, die nicht die nötigen Möglichkeiten haben, schließen sich bei diesen Anlässen größeren Hexenzirkeln in der Nähe an. Die »Heiligen Tage« sind Weihnachten, Ostern, Halloween (der Abend vor Allerheiligen), Erntedankfest und so nahe wie möglich am Frühlings-, Sommer-, Herbst- und Winteranfang (Satan möchte jede Jahreszeit, die Gott uns in seiner Gnade gegeben hat, entweihen).

Seit der Einführung durch die Druiden in England ist Halloween ein besonders heiliger Tag, an dem Satan Menschenopfer dargebracht werden. So ist es bis heute geblieben. Die plötzliche gewaltige Zunahme schädlicher Stoffe und Gegenstände, die bei den zahlreichen Halloween-Festen als »trick-or-treaters«*) benutzt

---

*) »Trick-or-Treat«-Nacht: Amerikanischer Brauch, am ehesten mit unserem St. Martin vergleichbar. Kleine Kinder gehen verkleidet mit Laternen von Tür zu Tür und rufen »Trick or Treat«. Dieser Brauch geht auf die Druiden zurück. Sie gingen an Halloween von Schloß zu Schloß und von einer Leibeigenenfamilie zur anderen und spielten »Trick or Treat«. Das Schloß hatte dann eine Prinzessin oder eine andere Frau als Menschenopfer preiszugeben. Wenn der »Treat« (deutsch: »Vergnügen«, »Feier«, »Handel«) den Druiden gefiel, ließen sie eine Laterne mit einer brennenden Kerze aus menschlichem Fett vor der Tür zurück, um die im Haus Lebenden in dieser Nacht vor einem Tod durch Dämonengewalt zu schützen. Wenn nun ein Unglücklicher die Forderungen der Druiden nicht erfüllen konnte, dann kam »Trick« (deutsch: »Streich«, »Falle«) dran. Ein Hexagramm wurde an die Haustüre gemalt. In dieser

werden, ist kein Zufall. Dieser Brauch wurde gezielt von Satanisten eingeführt. Die Kinder, die bei diesen Festen verletzt oder getötet werden, sind **Opfer für Satan**.

Den Kultmitgliedern wird beigebracht, daß der Sinn dieser Opfer darin bestehe, sie zu »reinigen«, damit sie Satans Segnungen empfangen könnten. Jeder, der das Blut des Opfers trinkt oder sein Fleisch ißt, erhält neue Dämonen, und infolgedessen mehr Macht. Das Trinken von Blut ist ein wichtiger Bestandteil aller satanischen Veranstaltungen. Das ist kein Zufall, Satan ist ständig darauf aus, alle Prinzipien Gottes zu entweihen.

> »Und jedermann aus dem Haus Israel und von den Fremden, die in ihrer Mitte als Fremde wohnen, der irgendwelches Blut ißt, – gegen die Seele, die das Blut ißt, werde ich [Gott spricht] mein Angesicht richten und sie aus der Mitte ihres Volkes ausrotten. Denn das Leben des Fleisches ist im Blut . . .« 3. Mose 17:10–11

Wie alle Kultveranstaltungen finden auch Menschenopferungen nie zweimal am gleichen Ort statt. Die meisten Mitglieder erfahren den Ort der Zusammenkunft erst ein paar Stunden vor Beginn. Opferungen werden immer an den bestverstecktesten und abgelegensten Plätzen abgehalten. In großen Städten wird dies manchmal zum Problem, doch gewöhnlich stehen immer genügend leere und verlassene Lagerräume oder Gebäude zur Verfügung. Selten hält die Bruderschaft eine Menschenopferung im Freien ab, außer wenn sie ein sehr einsames und abgelegenes Gelände oder ein Sumpfgebiet finden. Das trifft nicht für die jüngeren, dreisteren, drogensüchtigen Leute zu. Sie kümmern sich nicht allzusehr um Sicherheitsvorkehrungen, weshalb die Bruderschaft dafür sorgt, daß viele von ihnen von der Polizei entdeckt und verhaftet, oder, um Schwierigkeiten zu vermeiden, einfach ausgeschaltet werden. Die Bruderschaft sorgt auch dafür, daß sie für geisteskrank erklärt werden, so daß man sie nicht ernsthaft mit dem Satanismus in Verbindung bringt.

Innerhalb der Bruderschaft werden spezielle Komitees gebildet und beibehalten, die sich um die notwendige Ausrüstung kümmern und hinterher die Aufräumungsarbeiten übernehmen. Satanisten, die selber Polizisten sind, gehören fast immer zu diesen Komitees. Sie sind dafür verantwortlich, daß alle gerichtlichen

Nacht starb dann jemand in diesem Haus durch die Macht der Dämonen.
Quelle: Spellbound? Im Zugriff eines Bannspruchs, Chick Publications

Nachforschungen verhindert werden. Die Ausrüstung, wie z. B. der Altar und in großen Städten Satans goldener Thron, werden mit einfachen Lieferwagen transportiert. Sie können schnell aufgestellt und wieder abgebaut werden. Die Leichen entfernt man meistens durch Verbrennung. Babys können relativ leicht zerkleinert werden – sogar in einem Müllschlucker –, und oft werden sie auf diese Weise beseitigt. Gelegentlich werden die Leichen gleich an Ort und Stelle verbrannt; wenn das nicht durchführbar ist, so bereitet es meistens keine Schwierigkeiten, die Einrichtungen einer in der Nähe gelegenen Leichenhalle zu benützen. Auch Krematorien in Tierkrankenhäusern und Tierheimen werden oft hergenommen. Die außerordentlich gewissenhafte und sorgfältig durchorganisierte Arbeit der Vorbereitungs- und Aufräumungskomitees ermöglichte es, daß die Durchführung von Menschenopferungen so viele, viele Jahre lang vor der Öffentlichkeit verborgen bleiben konnte.

Die Sicherheitsvorkehrungen bei solchen Zeremonien sind immer sehr streng. Der Polizeifunk wird während der ganzen Zeremonie abgehört. **Jeder**, der Zeuge einer solchen Menschenopferung gewesen ist und hinterher den Kult verlassen will, riskiert dabei sein eigenes Leben. Der **einzige** Ausweg ist die Kraft Jesu Christi, und sogar dann ist es nicht leicht. Die Dämonen bewachen jeden sehr genau, der je auch nur das Geringste mit der Durchführung von Menschenopferung zu tun hatte.

Ich beschreibe nun hier einen Schwarzen Sabbat (auch Schwarze Messe genannt), zu dessen Teilnahme ich gezwungen wurde. Ich war damals noch minderjährig, noch keine Hohepriesterin und regelrecht eine Gefangene. Der Schwarze Sabbat findet einmal im Jahr statt und zwar immer bei Vollmond und am Osterwochenende. Die meisten Wettkämpfe, die ich in Kalifornien besuchte, waren gerade vor Ostern und fanden ihren Höhepunkt an Ostern im Schwarzen Sabbat. Ungeachtet dessen, daß es mir fast Kopf und Kragen kostete, gelang es mir jedesmal, gerade noch vor dem Beginn der Zeremonie zu entkommen. Satan sorgte dafür, daß ich diese Rebellion teuer zu bezahlen hatte, aber das war mir egal.

Ich war zu der Zeit dieses schrecklichen Wochenendes noch sehr jung, eigentlich noch ein Kind, aber die Erinnerungen daran quälen mich immer noch und werden es auch weiterhin tun. Ich war seit weniger als einem Jahr ein Mitglied des Kults. Die Hohepriesterin teilte mir mit, daß eine sehr wichtige Zeremonie stattfinden sollte, und daß ich das »Vorrecht« hätte, »eingeladen« zu sein, aber sie ließ gleichzeitig auch keinen Zweifel daran, daß ich keine andere Wahl hätte, ich **müßte** teilnehmen. Nur wer eingeladen ist, nimmt teil, und den Eingeladenen bleibt nichts anderes übrig, als teilzunehmen. Nur wenige wagen es, sich Satans Haß zuzuziehen, indem sie die Teilnahme verweigern, weil sie Angst haben, dann wahrscheinlich ein Opfer bei der nächsten Schwarzen Messe zu werden. Ich durfte nicht allein gehen, sondern wurde von meiner »Meisterin« (der Hohenpriesterin) und einigen anderen Hexen mitgenommen.

Das Treffen fand in einer sehr großen, abgelegenen Scheune statt, die für diesen Zweck grob hergerichtet worden war. Ich vermute, daß mehrere tausend Leute aus der ganzen Umgebung da waren. Die meisten hatten bereits Drogen genommen, bevor sie ankamen, und bei Beginn des Treffens wurde allen Getränke gereicht, die Drogen und Alkohol enthielten. Ich vermied es immer, von diesen drogenhaltigen Getränken zu nehmen, weil ich wußte, wie gefährlich es war, seinen Verstand zu benebeln. Es gab zu viele, die mich um meine Stellung als Hohepriesterin beneideten. Die hohen Kultmitglieder nahmen nie etwas von diesen drogenhaltigen Getränken und verachteten die, die es taten.

Ich wußte nicht, was an diesem Abend vor sich gehen würde, als ich mit meinen Begleiterinnen die Scheune betrat. Es war Freitagabend, Karfreitag. Das Treffen sollte bis zum Sonntag dauern. Ich sah, daß die Scheune an einer Seite eine Bühne hatte. Auf der Bühne stand ein Thron aus purem Gold. Dieser Thron war für Satan. Es war offensichtlich ein wichtiger Anlaß, da Satan sogar persönlich erscheinen sollte. Später sollte ich noch erfahren, daß Satan forderte, daß diese Opferungen auf Bruchteile von Sekunden genau geplant wurden, und eine exakte Absprache zwischen den einzelnen Hexenzirkeln des ganzen Landes stattfand, da Satan immer nur an einem Ort gleichzeitig sein kann. Die Planung mußte ganz exakt sein, damit er bei jedem Treffen dabeisein konnte. Er ist **nicht** allgegenwärtig wie Gott.

Als der Hohepriester und die Hohepriesterin die Bühne betraten, fiel eine absolute Stille über die Menge. Eine so angespannte Stille, daß man eine Nadel hätte fallen hören können. Es war eine Stille der Angst. Jeder befürchtete, selbst als Opfer ausgewählt zu werden. In diesem Moment wurde Satan von niemandem mehr verherrlicht oder verehrt.

Eine Welle der Erleichterung ging durch die Menge, als man das schreiende und um sich schlagende Opfer durch eine Seitentür auf die Bühne zerrte. Das Hauptopfer an Ostern ist immer ein Mann. Gelegentlich werden auch Frauen, Kinder oder Tiere zusätzlich geopfert, aber der Höhepunkt ist die Opferung eines Mannes. Oft wird einige Tage vor der Zeremonie ein Tramper mitgenommen und bis zum Treffen sorgfältig bewacht. In den Augen Satans und der Menge wird dieser Mann zu Jesus, und Satans angeblicher Sieg über Jesus am Kreuz wird gefeiert.

Ich beobachtete mit äußerstem Entsetzen, wie eine Krone mit riesigen langen Dornen in den Kopf des jungen Mannes gepreßt wurde. Die Dornen drangen so tief ein, daß sie seinen Schädel durchstachen. Dann wurde er entkleidet und mit Peitschen, an deren Enden Metallstücke waren, geschlagen. Er wurde mit Nägeln und glühenden Feuerhaken gemartert. Schließlich wurde er an ein hölzernes Kreuz genagelt, welches dann aufgerichtet und in ein Loch im Boden gestellt wurde, das sich genau in der Mitte vor der Bühne befand. Ich werde den Gestank des gefolterten und verbrannten Fleisches nie mehr vergessen, die Schreie des Opfers, wie es sich vor Qualen krümmte, wie es um Gnade flehte. Die Menge brüllte wie eine Horde wilder Tiere, wobei die unmenschlichen Stimmen vieler Dämonen inmitten der Menge mitschrien. Sie spotteten und spendeten Beifall, als das Kreuz aufgerichtet und in das Loch gesenkt wurde. Inzwischen war Satan erschienen. Er saß auf seinem Thron und nickte zustimmend. Der Hohepriester urinierte auf das Opfer, und Mitglieder der Versammlung warfen Kot, während alle Satans vermeintlichen Sieg feierten und sich dann vor ihm niederbeugten und Satan anbeteten.

Satan erschien wie gewöhnlich in menschlicher Gestalt, komplett in strahlendes Weiß gekleidet. Seine Augen waren jedoch glühend rot wie eine Flamme. Als der Hohepriester einen langen Nagel durch den Kopf des Mannes trieb und ihn damit ans Kreuz nagelte und tötete, warf Satan seinen Kopf zurück und stieß ein Heulen, einen Schrei und ein gräßliches Gelächter des Sieges aus. Die Menge drehte durch, kreischte, schrie und tanzte in wilder Ekstase über den »Sieg«. Sie erklärten laut, daß der Sieg und die Macht und die Ehre ihrem Vater Satan gebührte. Satan verschwand kurz danach, um bei dem nächsten Opfer des Schwarzen Sabbats anwesend sein zu können.

Nach seinem Verschwinden verwandelte sich das Treffen in eine Sexorgie, Mensch mit Mensch und Dämon mit Mensch. Es wurde jede nur denkbare sexuelle Perversion praktiziert. Man ließ das Opfer ausbluten, mischte das Blut mit Drogen und Alkohol, gab es dem Hohenpriester und der Hohenpriesterin zu trinken und reichte es dann in der Menge herum. Viele der Anwesenden gingen hin, um die Leiche zu schänden. Die Nacht verging, und noch immer dauerte dieser von Drogen, Dämonen und Alkohol stimulierte Wahnsinn der Menge an. Schließlich wurde der Körper vom Kopf getrennt und zerkleinert, und Teile davon wurden mit Drogen und anderen Substanzen gemischt. Die, die noch mehr Macht wollten, aßen etwas von dieser Mischung. Am dritten Tag, als die Leute anfingen, wieder nüchtern zu werden, gingen sie in Gruppen zu zweit oder zu dritt nach Hause. Alle erklärten dabei, daß ihr großer und herrlicher Vater Satan schon wieder einen weiteren Sieg über den Feind Jesus Christus errungen hätte.

Welch ein Hohn sind diese Schwarzen Messen! Satan **weiß**, daß sie ein Hohn sind! Die Zeremonie soll symbolisch für den Tod Christi stehen. Satan verkündigt, daß Jesus Christus letztlich für ihn geopfert worden wäre, daß er Christus besiegt hätte, indem er Ihn ans Kreuz nagelte. Satan lügt! Er weiß, daß **er** am Kreuz besiegt wurde, nicht Jesus, und auch alle Dämonen wissen das. Aber die Leute wissen es nicht. Ich gehöre zu den Glücklichen, die herausgefunden haben, daß alles nur Lüge ist. Es ist alles eine unbeschreibliche, schreckliche Lüge. Ich versichere **dir**, dem Leser, der **du** noch ein Satanist bist, der **du** Jesus noch nicht als deinen HERRN und Meister angenommen hast, **Satan hat nicht am Kreuz gesiegt**!

Gottes Wort faßt es am treffendsten zusammen:

> »... als er die Gewalten und die Mächte völlig entwaffnet hatte, stellte er sie öffentlich bloß. In ihm (bezieht sich auf den Tod Jesu am Kreuz) hielt er über sie einen Triumph.« Kolosser 2:15

Jesus lebt! Satan hat auf keinen von uns ein Anrecht. Wir können von jeder Bindung an Satan befreit werden. Wir müssen nur Jesus bitten, uns frei zu machen. Er hat bereits den Preis dafür bezahlt. Willst du Jesus nicht heute noch fragen? Morgen kann es zu spät sein.

KAPITEL 9

Die Wende

ELAINE BERICHTET:

Die erste wirkliche Wende in meinem Leben kam ein Jahr nachdem ich die regionale Braut Satans geworden war. Meine Traumwelt, in der ich glaubte, daß mich jemand wirklich liebte – nämlich Satan selbst –, wurde grausam zerschlagen.

Anscheinend mußte ich Satan geringfügig beleidigt haben, es war wirklich so eine Bagatelle, daß ich mir selbst dessen gar nicht bewußt war. Als ich eines Tages allein zu Hause war, erschienen plötzlich vier riesige Dämonen in körperlicher Gestalt. Alle vier sahen gleich aus, sie waren finster, ungefähr zwei Meter groß und ähnlich wie Ri-Chan ganz mit schwarzen Schuppen bedeckt. Sie hatten boshafte Gesichter, lange Fangzähne und noch längere Fingernägel, die wie scharfe Rasierklingen aussahen.

Ohne jede Warnung kamen sie und griffen mich an. Sie zerkratzten mich mit ihren langen Nägeln und zerfetzten mein Fleisch. Sie schlugen mich und warfen mich von einem zum anderen wie einen Gummiball. Ich schrie und weinte und bat sie, doch aufzuhören mir weh zu tun. Ich bat sie, mir doch zu sagen, warum sie so mit mir umgingen, aber sie antworteten mir mit keinem Wort. Sie knurrten nur und stießen ein gräßliches Gelächter aus. Mann-Chan und Ri-Chan, meine Wächter, standen einfach daneben und machten keinerlei Anstalten, mir zu helfen oder zu erklären, warum mir das angetan wurde. Ungefähr nach einer halben Stunde verschwanden sie so schnell, wie sie gekommen waren.

Ich blieb zurück, am Boden liegend, völlig erschöpft und mit großen Schmerzen. Mein Rücken war zerfetzt und ich war von Kopf bis Fuß voller riesiger blauer Flecken. Die Möbel standen alle durcheinander und überall waren Blutspuren von mir. Als ich so dalag, schluchzend und keuchend, und versuchte, mich wieder einigermaßen zu fangen, trat Satan durch die geschlossene Tür herein. Wie gewöhnlich erschien er in seiner Lieblingsgestalt, als außerordentlich stattlicher junger Mann. Er stand da und schaute auf mich herab. Dann warf er seinen Kopf zurück und lachte! Er lachte einfach weiter, als ich so dalag und ihn schluchzend fragte, warum die Dämonen mich so grausam gequält hätten. Er gab mir keine andere Antwort als die, daß ich eben gezüchtigt worden wäre. Weiter fügte er hinzu, daß die Dämonen dabei eine gute Arbeit geleistet hätten. Ohne mir auch nur ein bißchen zu helfen, verschwand er wieder.

Mir blieb keine andere Antwort als die, daß Satan mich haßte und ein Lügner war. Diese Erkenntnis verwundete mein Herz tiefer als irgendeine Wunde meines Körpers. Ich mußte nun mich und die Wohnung so gut es ging saubermachen. Zu dieser Zeit war ich bereits Krankenschwester, und ich mußte meine ganzen Fähigkeiten und all mein Wissen aufwenden, um nur überleben zu können. Ich konnte niemanden um Hilfe bitten, da ich ja nicht erklären konnte, was mir zugestoßen war. Da war niemand, der sich auch nur soviel um mich gekümmert und vorbeigeschaut hätte, um zu sehen, was mit mir los wäre, oder der mir geholfen hätte. Als meine Wunden schließlich abgeheilt waren, blieben keine Narben zurück. Satan achtete sehr darauf. Er hinterließ keinen Beweis, den ich möglicherweise später gegen ihn hätte verwenden können.

Spätestens ab da wußte ich ohne jeden Zweifel, daß Satan mich nicht liebte, wie er immer behauptete, sondern daß er mich haßte und verachtete. Ich erkannte auch, daß mich die Dämonen nur für ihre eigenen Zwecke benutzten. Mann-Chan und die anderen Dämonen verpetzten mich für jede Kleinigkeit, die ich getan hatte. Wenn sie dagegen etwas angestellt hatten, habe ich sie viele Male gedeckt, um Satans Zorn von ihnen abzuwenden. Sie waren so untreu gegen mich!

Zu der Zeit entschloß ich mich, den Kult wenn irgend möglich zu verlassen, obgleich es noch einige Jahre dauerte, bis Gott mir den Weg zeigte. Ich fühlte mich vollkommen gefangen. Dämonen waren überall um mich herum und in mir. Damals glaubte ich auch noch, daß sie meine Gedanken lesen könnten. Deshalb wagte ich es kaum, auch nur an einen Austritt zu denken, und natürlich konnte ich nicht darüber sprechen, sonst hätten es die Dämonen gleich gewußt. Ich wußte nicht, wo ich Hilfe hätte bekommen können. Wo in aller Welt würde ich die Macht finden, mit der ich Satan und seine Dämonen überwinden würde, vorausgesetzt ich würde überhaupt noch so lange leben, um es versuchen zu können? Ich mußte ständig vortäuschen, im Kult bleiben zu wollen. Ich wußte, daß letztendlich Satan und die Dämonen meine Vernichtung planten. Wenn Mann-Chan oder einer der anderen Dämonen dahintergekommen wäre, was ich mir für Gedanken machte, hätte das für mich den sicheren Tod bedeutet, und zwar einen sehr qualvollen.

Zwei Jahre nach dieser Züchtigungsepisode begann mich eine Arbeitskollegin einzuladen, mit in ihre Gemeinde zu kommen. Ich weigerte mich ständig. Ich hatte genug andere Sorgen, als auch noch mit dieser »Fanatikerin« mitzugehen. Dann besuchte Satan mich wieder in der Gestalt dieses stattlichen jungen Mannes. Er legte seine Arme um mich und benahm sich sehr liebevoll. Er sagte, daß er, mein Ehemann, ganz furchtbar beleidigt worden wäre und daß nur ich ihn rächen könnte.

Er wußte von Esthers (meine Arbeitskollegin) Einladungen, mit ihr in ihre Gemeinde zu gehen. Er wollte, daß ich dort hinginge und diese Gemeinde zerstörte, weil diese Leute es wagten, zu behaupten, daß er, Satan, nicht nur lebendig und wohlauf, sondern auch böse sei und daß man gegen ihn kämpfen sollte und das auch **könnte**. Ich sollte ein Mitglied dieser Gemeinde werden und sie dann spalten und zerstören. Er wollte, daß ich nach dem Achtpunkteplan vorginge, den seine Diener (einschließlich mir) auf der ganzen Welt bereits so erfolgreich angewendet hatten und noch anwenden, um christliche Gemeinden zu zerstören (diese acht Punkte werden ausführlich in Kapitel 17 behandelt).

Ich startete zwei Versuche, um dort hinzugehen. Das erste Mal gelang es mir nicht einmal, das Auto zu verlassen, weil die Kraft Gottes dort so stark war. So etwas hatte ich noch nie zuvor erlebt. Das zweite Mal gelang es mir, bis zur Tür zu kommen, aber es war mir einfach unmöglich, die Türklinke zu ergreifen. Wieder war die Kraft und die Gegenwart Gottes zu mächtig. Die Dämonen in mir fühlten das genauso und weigerten sich schlichtweg, dort hineinzugehen. Ich weiß nicht, ob ich jemals hineingegangen wäre, wenn mich Esther nicht noch einmal bei der Arbeit angesprochen hätte. Sie fragte mich, ob ich den Mut hätte, zu kommen! Esther kannte mich bis dahin gut genug, um zu wissen, daß ich eine Mutprobe nicht abschlagen würde.

So ging ich schließlich doch hin und setzte mich in die letzte Reihe. Esther hielt Ausschau nach mir, und als sie mich kommen sah, gab sie mir ein Zeichen, daß ich zu ihr in die erste Reihe kommen sollte, doch ich weigerte mich. Daraufhin kam sie, setzte sich zu mir und sagte: »Auch gut, Gott ist in der letzten Reihe genauso wie in der ersten!« Ich schätzte dies jedoch überhaupt nicht!

Ausgerechnet an diesem Abend predigte ein junger Mann, der sich um die Stellung des Pastors bewarb. Den Dämonen und mir blieb nichts anderes übrig, als die Predigt durchzustehen, und ich war doch ein so verstockter Kirchgänger. Zu allem Übel steuerte der Prediger auch noch nach dem Gottesdienst schnurstracks auf die letzte Reihe zu, wo Esther und ich saßen, und redete mir zu, mein Leben Jesus zu übergeben. Ohne ein Blatt vor den Mund zu nehmen, sagte ich ihm, daß ich Jesus nicht wollte und nicht bräuchte. Er lächelte nur und sagte: »Sie haben doch bestimmt nichts dagegen, wenn ich für Sie bete?« Gerade noch zur rechten Zeit erinnerte ich mich daran, daß ich dieser Gemeinde beitreten und sie zerstören sollte, und es gelang mir, meine erste Antwort zu unterdrücken und zu murmeln: »Nein, ich habe nichts dagegen.«

Zu meinem Schrecken legte er dann seine Hand auf meine Schulter und begann auf der Stelle laut für mich zu beten! Ich konnte es nicht ausstehen, von jemandem berührt zu werden, und schon gar nicht von ihm! Den Dämonen erging es genauso! Ich wand mich, doch das schien ihn nicht zu beeindrucken, denn er betete einfach weiter. Nachdem er aufgehört hatte, verließ ich so schnell wie möglich die Gemeinde. Doch ich war nicht unberührt geblieben. Auf dem Nachhauseweg sagte ich dem HERRN, daß er diesen jungen Mann den Pastor der Gemeinde werden lassen müßte, falls es Ihn wirklich gäbe und Er wollte, daß ich Sein Eigentum würde. Am darauffolgenden Sonntag wählte ihn die Gemeinde zum Pastor. Das geschah fast ein ganzes Jahr bevor ich meinen Teil des Versprechens einlöste.

Während dieses Jahres hatte ich ein weiteres *Schlüsselerlebnis,* welches mich klar erkennen ließ, daß Satan log und daß es **sehr wohl** eine größere Macht als die seine gab und daß Jesus die Antwort sein müßte. Kurz nachdem ich angefangen hatte, die kleine Gemeinde zu besuchen, kam Satan zu mir. Offensichtlich war er sehr verärgert. Er erzählte mir, daß in seinem ihm »besonders lieben« Krankenhaus in einer nahe gelegenen Stadt eine »junge superschlaue Ärztin« wäre. Diese Ärztin käme ihm nicht nur gewaltig in die Quere, indem sie »überall predigte und betete«, sondern hätte es doch tatsächlich gewagt, einige seiner besten Hexen bei ihrer Arbeit in dieser Einrichtung zu stören.

Satan befahl mir, zusammen mit den obersten Hexen des Landes einen nationalen Vernichtungsfeldzug gegen diese Ärztin zu planen. Es war ihm gleich, wie wir es anstellen würden, aber diese Ärztin **müßte** getötet werden, und zwar so schnell wie möglich. Erst zwei Jahre später erfuhr ich, daß Rebecca die Ärztin war, gegen die dieser massive Angriff gerichtet war, bei dem sie durch Schwarze Magie getötet werden sollte. Mich schaudert bei dem Gedanken, was passiert wäre, wenn wir Erfolg gehabt hätten. Gott sei dafür gepriesen, daß es uns nicht gelang.

Pflichtbewußt ging ich zum Telefon und rief Helen an, die damals die leitende Hexe in diesem speziellen Krankenhaus war. Ich berichtete ihr von Satans Befehl und delegierte es an sie weiter, das übrige zu organisieren. Während der nächsten Monate dachte ich kaum noch an diese Angelegenheit, außer daß ich regelmäßig die nötigen Zauberformeln sprach. Nach ungefähr sechs Monaten wurde mir plötzlich bewußt, daß jedesmal, wenn ich eine Beschwörungsformel gegen diese Ärztin aussprach, die Dämonen unverrichteter Dinge zu mir zurückkamen, weil sie nicht in der Lage waren, durchzudringen. Das gefiel ihnen überhaupt nicht! Es war eine Komplikation, die ich gerade damals nicht gebrauchen konnte! Ich war verwirrt, denn so etwas war mir noch nie zuvor passiert. Ich sprach mit niemand über dieses Problem, weil es verhängnisvoll für mich gewesen wäre, wenn ich zugegeben hätte, daß meine Kraft versagt hatte.

Ungefähr drei Wochen bevor ich Jesus in mein Leben aufnahm, erhielt ich einen Telefonanruf von Helen. Diese Ärztin, die vor vier Monaten das Krankenhaus todkrank verlassen hatte, war gerade an diesem Tag zurückgekommen, um ihre Arbeit wieder aufzunehmen. Sie war nicht nur zurückgekehrt, sondern sie war völlig geheilt! Ich war schockiert. Wie konnte so etwas sein? Ich begriff dann, daß eine Macht, die größer war als alles, was ich bisher erlebt hatte, uns wehrte, und ich erinnerte mich wiederum an jene Kettenengel in Kalifornien. Diese Ärztin mußte die gleiche Macht besitzen wie jene Familie. Ich erkannte, daß diese Macht Jesus Christus war.

Am gleichen Tag tauchte Satan noch einmal auf, höchst unglücklich, wie mir schien, um mich zu fragen, warum wir versagt hätten. »Weißt **du** es nicht?« fragte ich. »Doch« erwiderte er, »aber ich will wissen, ob du es auch weißt.«

»Nun, ich nehme an, daß uns jemand durch Gebet abgeblockt hat.«

»Das ist richtig«, war seine barsche Antwort, dann verschwand er.

Während dieser ganzen Zeit war ich regelmäßig in diese kleine Gemeinde gegangen. Sehr bald bemerkte ich, daß ich keine Macht hatte, sie zu zerstören. Diese Leute kamen mir bei jedem Trick, den ich ausprobierte, auf die Schliche, dennoch hörten sie nicht auf, mich zu lieben und für mich zu beten. Ich verliebte mich in sie. Diese Leute waren ernsthaft. Sie liebten den HERRN so sehr, daß es ihnen gleich war, wer ich war, woher ich kam, wie ich mich kleidete oder sprach. Ihre einzige Sorge galt meiner Seele. Sie war ihnen so wichtig, daß sie nicht aufhörten zu beten und zu beten.

An einem Sonntagabend beteten sie mich regelrecht nach vorne zum Altar, wo ich schließlich sagte: »Jesus, ich möchte Dich haben, und ich brauche Dich, bitte vergib mir und komm in mein Herz und in mein Leben.« Was für ein Kampf war das! Mann-Chan und die anderen Dämonen versuchten, meinen Mund verschlossen zu halten. Sie schrien unaufhörlich in meinem Inneren, daß man mich angelogen hätte, daß Gott gar nicht existierte und daß Jesus in Wirklichkeit tot wäre. Aber ich wußte, daß sie Lügner waren, und so hörte ich nicht auf sie.

Nun hatten Mann-Chan und die anderen Dämonen alle Hände voll zu tun. Das erste, was sie taten, war, daß sie sofort davonflogen und Satan erzählten, was ich getan hatte. Und dann flogen wirklich die Fetzen!

Noch in der gleichen Nacht, als ich heimgekommen war, kam Satan, um mit mir zu reden, aber nun war alles auf einmal so ganz anders. Normalerweise wäre Satan zu mir gekommen und hätte seine Hände auf meine Schultern gelegt oder mich in den Arm genommen. Doch diesmal stand er in einigem Abstand von mir. Ich konnte sehen, daß er viele, sehr mächtige Dämonen bei sich hatte, doch auch sie blieben auf Abstand. Satan kochte vor Wut! Er schrie mich an:

»Was, zur Hölle, bildest du dir ein, tun zu können?!!«

»Ich verlasse dich«, erwiderte ich.

»Das kannst **du** nicht!«

»Zur Hölle damit, ›ich kann es nicht‹, ich habe es soeben einfach getan!«

»Du bist meine Braut, ich habe dich erworben, und wenn du nicht tust, was ich dir sage, bringe ich dich um. Du kommst aus diesem Vertrag nicht heraus!«

»Ich sterbe viel lieber für Gott, als noch länger deine Braut zu bleiben. Dieser Vertrag gilt nicht mehr, weil er mit Jesu Blut bedeckt ist. Du kannst mir nichts bieten außer Lügen und Zerstörung!«

»Ich werde dir sehr schnell beweisen, daß du die falsche Entscheidung getroffen hast.«

»Du ∗ §‡? ∗ ! Verschwinde sofort aus meinem Haus!«

»Da siehst du es, du bist gar kein Christ!«

»Wieso?«

»Christen fluchen nicht.«

Daran hatte ich nicht gedacht, doch ich war ja auch erst seit ein paar Stunden Christ und war gewöhnt, außerhalb der Gemeinde so zu reden, wie es mir paßte.

»Was willst du denn, ich weiß, daß ich Christ bin, weil ich Jesus gebeten habe, mir meine Sünden zu vergeben und in mein Herz zu kommen, **und** ich weiß, daß Er das auch getan hat!«

»Das bildest du dir bloß ein, es ist gar nicht wirklich passiert.«

Inzwischen war ich so ärgerlich geworden, daß ich vorhatte, auf Satan zuzugehen, um ihm einen Schlag auf die Nase zu verpassen, aber aus irgendeinem Grund konnte ich meine Füße nicht bewegen. Mittlerweile war Satan so erzürnt, daß er mir Drohungen entgegenschleuderte. Doch plötzlich durchflutete mich ein warmes Gefühl des Friedens, und zum erstenmal hörte ich unmißverständlich, wie der HERR zu meinem Herzen und zu meinem Geist sprach. Er sagte:

»Fürchte dich nicht, mein Kind, **ICH BIN** hier, er kann dir nichts antun.« Wiederum befahl ich Satan zu gehen, doch diesmal gebrauchte ich den Namen Jesu, und im Nu war er verschwunden.

Ich schätze, daß Satan während der folgenden zwei Wochen ungefähr 20mal zu mir kam. Manchmal war er sehr charmant und versuchte den Liebhaber zu spielen, aber gewöhnlich war er wütend. Er versuchte, mich dazu zu überreden, meine Meinung zu ändern. Er sagte mir, daß Jesus tot wäre. Er drohte mir mit vielen Dingen, doch nicht einmal kam er in meine Nähe. Er und auch die Dämonen blieben immer auf Distanz.

Oft kamen viele Dämonen auf einmal, die offensichtlich vorhatten, mich zu quälen, genauso wie es jene vier in der Vergangenheit einmal getan hatten, aber immer blieben sie kurz vor mir stehen, schauten verwirrt und erschreckt drein und machten kehrt, ohne noch etwas zu sagen. Nach und nach wurde mir bewußt, daß ich einen besonderen Schutz vom HERRN haben mußte. Obwohl mich Mann-Chan die ganze Zeit über plagte, schien es ihm unmöglich zu sein, mich herumzuzerren, wie er es früher getan hatte, und nun beherrschte ich ihn mehr, als er mich beherrschen konnte.

Trotz des besonderen Schutzes, den ich hatte, gelang es Mann-Chan doch, mich sehr, sehr krank zu machen, und innerhalb von zwei Wochen landete ich in einem Krankenhaus einer anderen Stadt, nicht in meiner Heimatstadt. Damals erkannte ich noch nicht, daß der HERR das zugelassen hatte. Hier sollte der lange Weg meiner völligen Befreiung von den Dämonen beginnen, und ich sollte schließlich zu einer ganzen und völligen Hingabe an Jesus als HERRN, Meister und Erlöser gelangen. So landete ich als Patient in einem fremden Krankenhaus, in einer fremden Stadt. Innerhalb von zwei Wochen, nachdem ich Jesus angenommen hatte, verlor ich fast alles, was ich als Satanist bekommen hatte. Aber Preis dem HERRN, Er hatte alles in Seiner Hand, und ich begann mein neues Leben mit Jesus **und** traf so endlich die Person, die ich unbedingt hatte töten wollen: Rebecca.

KAPITEL 10

Die Begegnung

ELAINE BERICHTET:

Innerhalb von zwei Wochen von dem Tag ab, an dem ich Jesus an Stelle von Satan zu meinem Herrn und Meister gemacht hatte, wurde ich sehr krank. Ich floh in eine andere Stadt, und zwar genau in die Stadt, in der sich das Memorial Hospital befand. Ich brach während der Arbeit zusammen und wurde mit dem Krankenwagen in die Notaufnahme gebracht. Ich kannte in dieser Stadt keinen Arzt und war deshalb ein sogenannter »Klinikpatient«. Das hatte zur Folge, daß ich dem Medizinalassistenten und dem Krankenhausarzt, die in dieser Nacht Bereitschaftsdienst hatten, zugewiesen wurde. Ich war schwer krank, hatte große Schmerzen und fühlte mich sehr einsam und verängstigt. Als ich in diesem Zustand auf der unbequemen Liege in der Notaufnahme lag, trat Rebecca in mein Leben.

Ich war schockiert. Erstens war ich noch nie von einer Frau, die Ärztin war, behandelt worden. Zweitens war sie jung und sehr hübsch. Überdies strahlte sie etwas aus, das ich nicht genau ausmachen konnte, doch spürte ich es sehr stark. Die Dämonen in mir verspürten es auch, doch mochten sie es ganz und gar nicht. Ich spürte regelrecht, wie sie anfingen sich zu drehen und zu winden, und wie sie murrten, um mir mitzuteilen, daß ich mich mit dieser Person auf gar keinen Fall einlassen dürfte. Obwohl ich mich sehr elend fühlte, schienen meine Augen, während sie so dastand und mit mir redete, von dem Kragen ihres weißen Kittels gefesselt zu werden. Dort trug sie einen goldenen Anstecker mit der Aufschrift »Jesus ist Leben«. Schließlich überwand die Neugier meine Schüchternheit, und während ich meine Hand hob, um sie zu berühren, fragte ich:

»Sind Sie eine Christin?«

»Ja«, antwortete sie lächelnd, »und Sie?«

Ich nickte. »Ich wurde vor zwei Wochen Christin.«

»Wie schön für Sie!« sagte sie freundlich. »Das ist die wichtigste Entscheidung, die man jemals treffen kann.«

Dann hörte ich zum zweiten Mal diese ruhige, warme Stimme in mir; sie sagte: »Hör gut zu, was diese junge Frau sagt, sie ist meine Dienerin, und sie wird dich vieles lehren, was du wissen mußt.« Ich wußte nun schon, daß dies die Stimme des HERRN war, aber ich war noch zu ängstlich und unsicher, um ihr ganz zu vertrauen. Es dauerte noch viele Monate, bis ich soweit war, dem HERRN und auch Rebecca zu vertrauen.

Rebecca nahm mich in dieser Nacht ins Krankenhaus auf. Zu meiner großen Enttäuschung stellte ich am nächsten Morgen fest, daß sie nicht mein behandelnder Arzt wurde. Ich wurde einem jungen Mann, der ihr unterstellt war, zugewiesen, der mir total unsympathisch war. Ich möchte hinzufügen, daß dies auf Gegenseitigkeit beruhte. Er glaubte mir weder, daß ich Schmerzen hatte, noch daß ich überhaupt krank war. Aufgrund der Gleichgültigkeit dieses jungen Mannes verbrachte ich viele Tage und Nächte in Schmerzen und Tränen.

Am zweiten Tag nach meiner Aufnahme kam Rebecca vorbei, um mit mir zu reden. Sie brachte eine Bibel mit und gab sie mir. Wiederum war ich schockiert. Ärzte spazieren doch nicht einfach herum und geben ihren Patienten Bibeln! Wenigstens nicht aus meiner Erfahrung. Sie gab mir nicht nur eine Bibel, sondern auch Anweisungen, wie und was ich lesen sollte, dann betete sie noch mit mir! Ihre erste Anweisung war, den Jakobusbrief zu lesen. Als ich dieses Buch las, wurde ich immer zorniger, denn ich bekam immer wieder Gewissensbisse. Den Dämonen gefiel es auch nicht. Als Rebecca am nächsten Tag vorbeikam, waren wir alle total übel gelaunt. Ich war sogar so ärgerlich, daß ich die Bibel nach ihr warf. Sie wich lediglich aus, hob sie wieder auf, lachte und sagte:

»Was ist los? Hat das Wort Gottes einige wunde Punkte getroffen? Hier ist nun das nächste, das Sie lesen sollten . . .«

Sowohl die Dämonen als auch ich selbst waren furchtbar wütend, weil unser Zorn sie überhaupt nicht zu berühren schien. Das war das erste von vielen Treffen, die noch folgen sollten, bei denen ich mit Rebecca die Bibel durchforschte.

Langsam begann ich geistlich zu wachsen. Die Dämonen waren völlig außer sich darüber. Danach blockierten mich die Dämonen fast immer und sprachen an meiner Stelle mit Rebecca. Sie waren alles andere als höflich, weil sie versuchten, sie von mir fernzuhalten. Jeden Tag dachte ich, daß ich sie nicht mehr wiedersehen würde, doch sie hörte nicht auf zu kommen und mir immer mehr zu erzählen.

REBECCA BERICHTET:

Als ich Elaine das erstemal begegnete, hatte ich keine Ahnung, wer sie war, noch wußte ich etwas von ihrer Verwicklung in den Satanismus. Ich kaufte ihr die Bibel auf einen Befehl des HERRN hin. Damals hatte ich auch noch nicht erkannt, daß ich meistens mit den Dämonen in Elaine sprach, anstatt mit Elaine selbst. Sie war ekelhaft! Oder, besser gesagt, die Dämonen waren es. Sie machte mich richtig ärgerlich, weshalb ich ihr auch die Anweisung gab, zuerst den Jakobusbrief zu lesen, denn in diesem Brief steht mehr als genug darüber, die Zunge im Zaum zu halten.

Elaines erster Krankenhausaufenthalt dauerte sechs Wochen. Wir haben alle möglichen Untersuchungen an ihr vorgenommen, konnten aber dennoch nicht herausfinden, was ihr fehlte. Ich wußte noch nichts von Krankheiten, die von Dämonen verursacht werden, und alle meine Gebete, in denen ich um Führung für ihren Fall bat, schienen absichtlich unbeantwortet zu bleiben. Die anderen Ärzte kamen zu dem Schluß, daß ihr im Grunde nichts fehlte, doch ich hatte keinen Frieden über dieser Diagnose. Trotzdem wurde sie schließlich entlassen.

Als ich zwei Tage später Wochenendbereitschaft hatte, kam Elaine in die Notaufnahme. Ich war wieder für sie zuständig, bis mein Medizinalassistent am kommenden Montag zurückkommen würde. Sie klagte wieder über genau dieselben Schmerzen und Krankheitssymptome. Es war eine schwierige Situation. Ich nahm ihr ihre Krankheit wirklich ab, doch wußte ich überhaupt nicht, was ihr fehlte. Sie stellte mir eine Frage, die für mich eine Herausforderung war:

»Dr. Brown, warum bin ich immer noch krank? Ich war sogar bei den Ältesten und bat sie, mich mit Öl zu salben und Gott um

Heilung für mich zu bitten. Warum antwortet Er nicht? Habe ich etwas verkehrt gemacht?«

Das war eine echte Herausforderung. Ich hatte keine Ahnung, was in ihrem Körper vor sich ging, und seltsamerweise zeigte mir auch der HERR, trotz aller meiner Gebete um Führung, nichts. Ich teilte Elaine mit, daß ich nicht wüßte, warum der HERR es vorzog, sie nicht zu heilen, daß ich aber sicher wäre, daß Er einen ganz bestimmten Grund dafür hätte. Ich füllte das Einweisungsformular aus, in der Meinung, daß ich ihren Fall an meinen Medizinalassistenten und an einen Spezialisten weiterleiten könnte und mir deshalb um sie keine Sorgen mehr zu machen bräuchte. Der HERR **und** Elaine hatten jedoch andere Pläne!

ELAINE BERICHTET:

Bis zu meiner zweiten Einweisung unter die Obhut von Rebecca war ich im Krankenhaus relativ sicher gewesen. Satan und seine Dämonen sind nicht allgegenwärtig wie der HERR, und deshalb verbreiten sich Neuigkeiten in seinem Reich oft nicht übermäßig schnell. Niemand wußte in diesem Krankenhaus darüber Bescheid, daß ich mich von Satan abgewandt und mich Christus zugewandt hatte. Aber dieses zweite Mal war der Sachverhalt ein anderer. Viele der Ärzte und Krankenschwestern waren Satanisten, und die Neuigkeit hatte sich herumgesprochen. Ich sollte getötet werden, weil ich Satan verraten hatte. Ich kämpfte ununterbrochen um mein Leben. Da ich viel stärker war als alle anderen Satanisten dort, gewann ich ziemlich leicht.

Ich wußte nicht, daß ich meine Kräfte nicht mehr anwenden durfte. Satan und seine Dämonen ließen es aber zu, weil sie genau wußten, daß ich, solange ich es tat, geistlich nicht wachsen würde. Rebecca erzählte ich von alledem natürlich nichts. Ich vertraute ihr noch nicht, doch sie war so anders als alle Ärzte, die ich bisher getroffen hatte, so daß ich entschlossen war, sie als meine zuständige Ärztin zu behalten.

Als mich am nächsten Tag der Spezialist aufsuchte, erkannte ich ihn sofort. Er war einer der hiesigen, höhergestellten Satanisten. Ich mochte ihn noch nie. Ich fing absichtlich einen Streit mit ihm an, und meine Dämonen schlugen ihn gründlich zusammen. Er war nach diesem ersten Kampf körperlich so schwer verletzt, daß er drei Tage lang nicht mehr zur Arbeit ins Krankenhaus kommen konnte. Es dauerte nur eine Woche, bis er mich so haßte und fürchtete, daß er sich weigerte, mich weiter zu behandeln. Genau das wollte ich. Mit dem Medizinalassistenten lag der Fall anders. Er war kein Satanist, aber auch kein Christ. Ich war ihm bereits unsympathisch, doch war er an die Regeln seines Schulungsprogrammes gebunden, und so mußte er mich behandeln.

Ich machte ihm das Leben schwer, so, wie er es mir schwergemacht hatte. Ich benutzte meinen Astralleib, um in seine Wohnung zu gehen, und schrieb mit einem schwarzen Tintenstift seine Wände von oben bis unten mit **sehr** unhöflichen Texten voll, dann unterschrieb ich mit meinem Namen. Ich bewarf ihn mit Geschirr, wenn er zu Hause war, und zog mehrere Male den Stecker seines Kühlschrankes aus der Steckdose, so daß alle Lebensmittel darin verdarben. Jedesmal wenn er versuchte, jemandem die Botschaften an den Wänden zu zeigen, wurde ich von einem meiner Dämonen im voraus benachrichtigt. Ich ließ dann diesen Dämon die Wände vollständig reinigen, ehe jemand anders die Schrift sehen konnte. Der Medizinalassistent erkannte sehr schnell, daß er niemand sagen konnte, was bei ihm vor sich ging, da ihn sonst alle für verrückt erklärt hätten. Er haßte und fürchtete mich bald so sehr, daß auch er sich innerhalb von zwei Wochen weigerte, meinen Fall weiter zu behandeln. Nun blieb nur noch Rebecca übrig. Sie strahlte eine solche Liebe aus, die ich zwar nicht verstehen konnte, von der ich mich aber sehr stark angezogen fühlte. Meine Liebe zu ihr wuchs sehr schnell, und tief in meinem Inneren wußte ich, daß sie die einzige war, die wußte, wie ich befreit werden könnte.

REBECCA BERICHTET:

Meine Erleichterung darüber, daß ich Elaines Fall aus der Hand gegeben hatte, war von kurzer Dauer. Knapp zwei Wochen nach ihrer Einweisung kam der Medizinalassistent zu mir und erklärte, ihm wäre es egal, was für Konsequenzen es nach sich ziehen würde, aber er wollte nichts mehr mit Elaine zu tun haben. **Außerdem** kam der Spezialist bereits nach der ersten Woche und sagte, ihm wäre es gleich, was ich mit Elaine machte, er jedenfalls wüsche seine Hände in Unschuld. Er würde sie nicht mehr behandeln. Ich war am Ende! Ich wußte doch auch nicht, was ich mit ihr machen sollte!

Als ich Elaine Tag für Tag aufsuchte, schien es uns, daß wir nur einen bestimmten Punkt in ihrem geistlichen Wachstum erreichten und dann durch irgend etwas blockiert wurden. Meistens war sie einfach total widerwärtig. Ich hatte keine Ahnung, daß es die Dämonen in ihr waren, die mich verjagen wollten. Ich wußte nicht einmal, daß sie Dämonen hatte! Ich war von Zeit zu Zeit immer wieder so frustriert, daß ich am liebsten aufgegeben und ihr gesagt hätte, daß ich ihr nicht mehr weiter helfen könnte. Jedesmal, wenn ich an diesen Punkt kam, ließ der HERR es zu, daß Satan mich so versuchen konnte, daß ich auf die Nase fiel und versagte. Dann mußte ich demütig um Vergebung bitten. Dabei sagte Er mir dann jedesmal: »Sieh doch, wieviel Geduld ich mit dir haben muß, kannst du nicht auch Geduld für mein Kind Elaine aufbringen?« Natürlich blieb der HERR immer Sieger. So bat ich den HERRN erneut, Seine Liebe für Elaine in mein Herz zu gießen, und ging am nächsten Tag wieder zu ihr.

Nach drei Wochen wurde es mir schließlich sehr bedenklich, und ich verbrachte ein ganzes Wochenende in Gebet und Fasten, um den HERRN zu bitten, mir doch den Schlüssel für Elaines Fall zu geben. Am späten Sonntagabend sprach der Vater zu mir und sagte: »Du hast mit Elaine noch nie über ihre tiefe Verstrickung in den Okkultismus gesprochen.« Alles schien nun so einfach. Ich hätte die Symptome schon längst erkennen müssen, aber Satan hatte meine Sinne verblendet.

Am Montagmorgen ging ich zu Elaine und sagte ihr, daß es ein Gebiet gäbe, über das wir noch nicht gesprochen hätten.

»Über was denn?«

»Über deine tiefe Verstrickung in den Okkultismus.«

Sie war offensichtlich schockiert. Eine Minute lang starrte sie mich sprachlos an.

»Woher weißt du das?«

»Ich habe dieses Wochenende gefastet und gebetet und den Vater gefragt, er möge mir doch den Schlüssel für deinen Fall zeigen. Von Ihm weiß ich es.«

Ich sagte ihr, daß sie als Christin jede Verstrickung in den Okkultismus dem HERRN als Sünde bekennen und Ihn bitten müßte, ihr zu vergeben. Dann müßte sie Ihn weiter bitten, alles wegzunehmen und die Einfallstore mit Seinem kostbaren Blut zu verschließen. Dagegen sträubte sie sich jedoch total. Schließlich sagte ich ganz verzweifelt:

»Elaine, ich werde mit dir nicht fertig. Aber ich weiß, wer dazu in der Lage ist: Der HERR. Ich gehe jetzt zu Ihm und gebe dich in Seine Hände, damit Er an dir arbeitet.« Mit diesen Worten ließ ich sie sitzen und ging.

ELAINE BERICHTET:

Noch nie war ich in meinem ganzen Leben so schockiert gewesen, wie an jenem Tag, als Rebecca ganz ruhig hereinkam und mich nach meiner Verstrickung in den Okkultismus fragte. Ich wußte, daß es nur zwei Quellen gab, von denen sie diese Information erhalten haben konnte. Die eine Quelle war Satan, die andere Gott. Dies brachte eine wirkliche Wende in meinem Leben. Das Gebet von Rebecca, in dem sie den HERRN bat, mit mir »fertigzuwerden«, wurde mit Sicherheit erhört. Von da an betete Rebecca täglich dieses Gebet für mich. Oh, wie ich sie dafür haßte, doch der HERR durchbrach allen dämonischen Einfluß, und langsam begann ich in den folgenden Tagen und Wochen zu begreifen, daß ich als Christ Jesus sowohl zum **Herrn** als auch zum Erretter über mein ganzes Leben machen mußte.

Ich vertraute Rebecca mehr und mehr, und meine Liebe zu ihr wuchs in dem gleichen Maß. Ich erkannte ihre tiefe Hingabe an den HERRN und versuchte, ihr Leben nachzuahmen. Sie zeigte mir, daß der Vertrag mit Satan, den ich vor Jahren mit meinem eigenen Blut unterzeichnet hatte, durch das Blut Jesu wirklich völlig ausgelöscht war. Der Kampf war weder für mich noch für Rebecca leicht. Aber durch die Gnade Gottes ging es geistlich jeden Tag ein Stückchen weiter, und damit begannen sich auch meine körperlichen Probleme zu bessern. Schließlich kam der Tag, an dem mir Rebecca sagte, der HERR hätte ihr gezeigt, daß es für mich an der Zeit wäre, zu lernen, auf meinen eigenen Füßen Satan außerhalb des Krankenhauses entgegenzutreten. So wurde ich nun endgültig entlassen.

KAPITEL 11

Der geistliche Kampf beginnt

REBECCA BERICHTET:

Einen Monat lang, nachdem Elaine aus dem Krankenhaus entlassen worden war, machte ich bei ihr Krankenbesuche. Dann verpaßte uns Satan einen Dämpfer. Eines Nachts rief mich Elaine zu Hause an, und ich merkte sofort, daß sie außer sich war. Wir beide hatten an diesem Tag einen Brief von der Bruderschaft erhalten.

In meinem Brief war genauestens aufgeführt, was ich in den letzten beiden Wochen getan hatte, bis hin zu meinen Einkäufen im Lebensmittelgeschäft. Sie kannten meine Adresse und meine Telefonnummer. Sie drohten mir, daß sie mich holen und opfern würden, falls ich noch einmal mit Elaine sprechen oder sie besuchen würde. In Elaines Brief stand, daß sie bei der kommenden Schwarzen Messe geopfert werden würde, falls sie mich je wieder besuchte oder mit mir sprach, und falls sie nicht bereit wäre, zurückzukommen, zu bereuen und Satan wieder zu dienen. Eine Zeile in unseren Briefen war dem Schreiben, das der Feldherr des Königs von Assur an König Hiskia geschickt hatte, sehr ähnlich. Sie lautete: »Ihr seid beide töricht, wenn ihr glaubt, daß euer Gott euch von unserem Prinzen der Finsternis retten kann!« (Vgl. Jesaja 36 und 37.)

»Was sollen wir tun?« fragte Elaine. Sie wollte jede Verbindung mit mir abbrechen, in der Hoffnung, daß mir dann der Kult nichts antun würde; ich war jedoch sicher, daß dies nicht der Wille des HERRN war. Ich war erschüttert und teilte ihr mit, daß ich die Sache im Gebet vor den HERRN bringen und Ihn fragen müßte, was Er von uns wollte. Ich wußte, daß wir nicht einfach davonlaufen konnten. Vor Satan kannst du dich nirgends verstecken. Wir beide, Elaine und ich, wußten nur zu gut, daß diese Leute fähig waren, ihre Drohungen auch wahr zu machen. Ich erinnerte mich an den jungen Pastor, der in ihre Hände gefallen war, und den sie beinahe zu Tode gemartert hatten. Ich wußte auch, was mich erwartete, wenn sie meiner habhaft werden würden. Vor nicht allzulanger Zeit hatte mir der HERR eine Vision gegeben, in der eine Jungfrau von dieser Gruppe geopfert wurde. Der Tod ist eine wirkliche Erlösung für das Opfer!

Ich legte das Problem dem HERRN im Gebet hin. Er antwortete mir, Er wolle, daß Elaine sofort zu mir zöge, da sie noch nicht genug Glauben hätte, um alles allein durchzustehen. Ihr Mann hatte sie verlassen und war bei den Satanisten geblieben. Wegen ihrer lang andauernden Erkrankung und ihres Krankenhausaufenthaltes, war ihre Tochter vorübergehend bei ihrer Stiefschwester, so daß sie jetzt allein war. Der Vater sagte mir, daß sie eher Selbstmord begehen würde, als dem Kult in die Hände zu fallen. Sie wußte nur zu gut, was sie erwarten würde. Doch Elaine bei mir aufzunehmen bedeutete, den Kampfplatz in meine eigene Wohnung zu verlegen.

Ich war zwei Tage lang buchstäblich krank vor Angst, als ich um die Entscheidung rang. Im Grunde genommen bin ich **kein** Märtyrertyp! Ich könnte die körperlichen Qualen, die mich bestimmt erwarteten, wenn ich in die Hände der Bruderschaft fallen würde, nicht ertragen. Doch hätte ich es auch nicht ertragen, wenn Elaine gefoltert worden wäre, denn ich hatte sie inzwischen sehr lieb gewonnen. Ich dachte auch daran, daß ich nun schon zwei Jahre lang den HERRN täglich gebeten hatte, mir zu erlauben, für dieses Gebiet in den Riß zu treten. Ich wußte, daß es, da ich nun im Riß stand, notwendig sein könnte, daß der HERR Satan erlaubte, seine Hand an mich zu legen, so wie er es durch die Jahrhunderte hindurch seit Stephanus, dem ersten christlichen Märtyrer, tat.

Ich wußte, daß es zwecklos war, die Polizei einzuschalten, denn in unserer Gegend waren viele Polizisten Mitglied der Bruderschaft. Elaine und ich waren hilflos angesichts einer so großen und gut ausgebildeten Armee, wie Satan sie hatte. Gleichzeitig wußte ich jedoch, daß ich dem Willen des Vaters nicht ungehorsam sein konnte, ohne Jesus zu verleugnen. In der zweiten Nacht wurde ich schließlich ganz ehrlich dem HERRN gegenüber. Ich warf mich langgestreckt auf mein Angesicht, schluchzte und weinte und sagte zum Vater:

»Vater, Vater, ich habe so furchtbare Angst. Ich kann körperliche Folter nicht ertragen oder mit ansehen, wenn Elaine gefoltert wird.

Ich kann aber auch Jesus oder Dich ganz einfach nicht verleugnen. Ich kann es nicht! Ich werde Deinen Willen tun, aber bitte hilf mir, ich fürchte mich so!«

An diesem Punkt erfuhr ich die Hilfe des HERRN. Ich fürchtete mich zwar nicht weniger, aber irgendwie hatte ich die Kraft, loszugehen und meine Aufgaben anzupacken. Am nächsten Tag rief ich Elaine an und erklärte ihr, daß ich am Nachmittag nach der Arbeit kommen und sie holen würde, denn sie müßte zu mir kommen und bei mir einziehen. Sie war empört, hielt mich für total verrückt und lehnte es ab. Ich sagte ihr jedoch, daß dies der Wille des Vaters wäre und daß sie keine andere Wahl hätte, **wenn** sie wirklich Jesus nachfolgen und ihm dienen wollte. So zog Elaine an diesem Tag bei mir ein, und seitdem wohnten wir zusammen und dienten dem HERRN gemeinsam.

Wir hatten noch zwei Wochen hin bis zu der Nacht, in der die Schwarze Messe der Bruderschaft stattfinden sollte. Sie waren wütend über Elaines Umzug und zeigten uns dies durch alle möglichen Anschläge auch sehr deutlich. Telefonanrufe zu jeder Tages- und Nachtzeit, Schläge gegen die Hauswand und an die Türen mitten in der Nacht, Steine, die nachts durch die Fenster flogen, ja sie schossen sogar Löcher in die Hauswand.

In der Zwischenzeit spürte ich, daß es wirklich ein geistlicher Kampf war. Nur Gott konnte dagegen ankämpfen. Ich las und studierte zusammen mit Elaine die Geschichte von König Joschafat in 2. Chronik 20. Eine große Armee war gegen König Joschafat ausgezogen. Es war aussichtslos, diese Armee zu bezwingen. So brachten er und alle seine Leute das Problem im Gebet vor den HERRN, und der HERR antwortete ihnen, daß es **Sein** Kampf wäre und daß **Er**, der HERR, sie beschützen würde. Ich sagte Elaine, daß unsere einzige Hoffnung wäre, fest in dem Glauben zu stehen, daß der HERR diese Schlacht für uns schlagen würde. Falls Er dies nicht täte, müßten wir einfach darauf vertrauen, daß Er uns die Kraft geben würde, zu ertragen, was Er für uns vorgesehen hatte. Falls Er der Gruppe erlauben würde, uns zu foltern, so war es mein Gebet, daß Gott uns – egal was sie uns auch immer antun würden – die Kraft geben möge, Jesus nicht zu verleugnen. Was immer auch die Sache für einen Ausgang nehmen würde, ich wußte, daß ich Elaine beistehen und ihr in ihrem Glauben bis zum Ende Rückhalt geben sollte.

Ich erzählte meinen Eltern nichts von alledem, denn ich wollte das Risiko nicht eingehen, den Zorn der Bruderschaft auch auf sie zu lenken. Wir hatten wirklich niemand, an den wir uns um Hilfe hätten wenden können, außer den HERRN allein. Meiner Mitbewohnerin mußte ich jedoch sagen, was los war, und sie war so verängstigt, daß sie für diese zwei Wochen auszog.

Während die zwei Wochen verstrichen und die Belästigungen zunahmen, setzten Elaine und ich uns immer wieder hin und lasen diese Stelle aus 2. Chronik. Einen Tag vor der Schwarzen Messe der Bruderschaft saß ich in der Krankenhausbibliothek, als eine der christlichen Medizinstudentinnen vorbeikam und eine Karte in meinen Schoß fallen ließ. Es standen einige Bibelverse darauf. Sie sagte, sie wüßte nicht, warum sie mir das geben sollte, aber seit drei Tagen hätte ihr der Vater ständig aufs Herz gelegt, die Verse niederzuschreiben und mir zu geben. Ich habe diese Karte immer noch. Genau die folgenden Verse waren zu lesen:

»Fürchtet euch nicht und seid nicht niedergeschlagen . . . Denn der Kampf ist nicht eure Sache, sondern Gottes. Nicht ihr werdet dabei kämpfen müssen. Tretet hin und seht die Rettung des Herrn, die Er euch verschafft.«   2. Chronik 20:15 + 17

Das waren genau die Verse, auf die Elaine und ich uns gestellt hatten. Das Gefühl, das ich in diesem Moment hatte, werde ich wohl nie beschreiben können. Zum erstenmal wußte ich ohne jeden Zweifel, daß der Vater die Schlacht für uns schlagen würde und daß wir sicher waren. Und so war es dann auch.

In der Nacht, die die Bruderschaft vorgesehen hatte, blieben Elaine und ich bis Mitternacht auf, hörten Schallplatten an und sangen dem HERRN Lobpreislieder. Als die Uhr zwölf schlug, lief gerade die Platte mit Bill und Gloria Gaither. Das Lied, das sie sangen, hieß »Es ist vollbracht«. Wir standen auf und priesen Gott, weil es wirklich vollbracht **war**. Er hatte sein Wort gehalten. Er hatte für uns gekämpft. Wir waren unbeschadet geblieben. Wir gingen dann zu Bett und schliefen den Rest der Nacht in völligem Frieden.

Am Tag nach dem Schwarzen Sabbat der Bruderschaft ging der Kampf erst richtig los. Die Dämonen in Elaine machten nun kein Hehl mehr aus ihren Absichten, sie zu töten. Bis zu diesem Tag hatte Elaine hartnäckig geleugnet, daß Dämonen in ihr waren, doch an diesem Abend wurde sie plötzlich ergriffen und zu Boden geworfen und hatte fürchterliche Brustschmerzen, wie wenn sie einen Herzinfarkt hätte. Ich wußte nicht, was ich tun sollte, so schrie ich zum HERRN um Hilfe. Er half, und der Schmerz war vorbei.

»Elaine, das muß ein Dämon gewesen sein! Warum gibst du es nicht endlich zu?«

»Ja, es war Mann-Chan. Er versuchte, mir einen Herzinfarkt zu verpassen.«

»Wer ist Mann-Chan?«

»Mann-Chan ist der Dämon, der jahrelang mein Führergeist war. Satan hat ihm befohlen, mich zu töten.«

Ich wußte zu dem Zeitpunkt noch sehr wenig über den Kampf gegen Dämonen, doch dachte ich mir, daß man ihnen genauso widerstehen müßte, wie der HERR mich gelehrt hatte, Satan zu widerstehen – das heißt laut und im Namen Jesu. Ich erzählte Elaine davon und sagte ihr, sie sollte ihm laut im Namen Jesu befehlen, aufzuhören und wegzugehen. Elaine fand diesen Vorschlag beschämend und weigerte sich glattweg, Mann-Chan laut anzureden. In den nächsten Tagen warf Mann-Chan Elaine immer wieder zu Boden. Sie weigerte sich jedesmal, den Mund aufzumachen, und so befahl ich ihm schließlich im Namen Jesu aufzuhören, und er hörte auf.

Ich wußte, daß auch Elaine lernen mußte zu kämpfen. Der HERR würde nicht erlauben, daß ich endlos für sie kämpfte. Ich geriet nun mit Elaine wegen ihrer Halsstarrigkeit aneinander, die es ihr all die Jahre ermöglicht hatte, zu überleben, doch nun war sie fehl am Platz. Am dritten Tag schließlich, als Mann-Chan Elaine wieder einmal angriff, führte ich sie in äußerster Verzweiflung zur Haustür. Ich öffnete die Tür und sagte:

»Wenn du dich jetzt nicht demütigst und tust, was der HERR sagt, und Mann-Chan laut ansprichst, dich gegen ihn stellst und ihn bekämpfst, wird er dich töten. Geh jetzt hinaus, irgendwohin, wo dich niemand hören kann, und komm nicht zurück, bevor die Sache erledigt ist! Wenn du ihm erlaubst, dich umzubringen, dann möchte ich nicht, daß das mitten in meinem Wohnzimmer passiert!«

Sie ging, und sofort überfiel mich ein furchtbarer Schrecken. Was hatte ich getan? Wenn er sie nun wirklich tötete? Das lag mir doch vollkommen fern. War ich zu hart zu ihr gewesen? Ich fiel auf meine Knie und betete inständig für sie. Während ich betete, kam Elaine schon wenige Minuten später ins Haus zurück. Ich war ungeheuer erleichtert, als ich sah, daß sie noch heil war.

»Nun, was ist geschehen?«

»Ich tat, was du gesagt hast, und befahl ihm zu gehen, und er ging.«

Von jetzt ab nahm der Kampf zu. Ri-Chan und viele andere Dämonen begannen nun, sie zu plagen. Innerhalb einer Woche wußte ich, daß sie getötet werden würde, wenn die Dämonen nicht ausgetrieben würden. Ich hatte noch nie so richtig mit Dämonenaustreibung zu tun gehabt und war mir nicht sicher, was ich tun sollte. So rief ich Pastor Pat an einem Mittwochmorgen an und erklärte ihm die Lage. (Ich wandte mich nicht an den Pastor der Gemeinde nahe des Krankenhauses, die ich besuchte, weil ich mir nicht vorstellen konnte, daß er mir hätte helfen können. Später zeigte sein Verhalten, daß mein Eindruck vom HERRN richtig war.) Ich teilte ihm meine Befürchtung mit, daß Elaine sterben müßte, wenn sie nicht noch am gleichen Tag befreit werden würde. Er riet mir, sie noch am selben Abend mit zum Gebetstreffen zu nehmen. Wir würden uns dann anschließend mit den Dämonen befassen, so wie der HERR es führte.

Es war ein heftiger Kampf, bis ich Elaine endlich soweit hatte, in die Gemeinde mitzugehen, weil die Dämonen in ihr alles taten, um mich davon abzuhalten, sie mitzunehmen. Ich mußte sie regelrecht zum Auto tragen und sie dann dort angurten. Niemand, außer dem HERRN, wird je ermessen können, was Elaine durchmachte, bis der Gebetsabend zu Ende war. Die Dämonen rissen und zerrten von innen an ihrem Körper und versuchten, sie zu töten, bevor sie ausgetrieben werden konnten. Ich bewunderte sehr Elaines Mut und Entschlossenheit, befreit zu werden. Sie beklagte sich nicht ein einziges Mal über die Qualen, die sie ertragen mußte.

Nach dem Gebetsabend bat Pastor Pat Elaine und mich sowie zwei Älteste der Gemeinde, mit ihm in sein Arbeitszimmer zu kommen. Ich denke nicht, daß einer der Ältesten vorher schon einmal bei einer Austreibung zugegen gewesen war. Pastor Pat dagegen schon. Er begann mit einem Gebet. Er bat den HERRN, den

Raum mit Seinen Engeln zu versiegeln, so daß nichts eindringen und keiner hinausgehen könnte, bis das Werk, zu dem wir zusammengekommen waren, vollendet wäre. Elaine und ich schauten uns an. Ich wußte, daß sie das gleiche dachte wie ich: »O WEIJA!! WIE WIRD DAS WOHL ENDEN?«

Nach dem Gebet wandte sich Pastor Pat an Elaine und bat sie zu bestätigen, daß sie Jesus zum Erlöser, HERRN und Meister in ihrem Leben gemacht hatte, daß sie Satan und alles, was von ihm käme, ablehnte und es ihr Verlangen wäre, daß die Dämonen sie verließen. Sie tat es. Nun war der Kampf entbrannt. Die Dämonen zeigten sich und sprachen durch Elaine. So etwas hatte ich noch nie erlebt. Ihre Augen, ihre Stimme und ihr ganzes Gesicht veränderten sich. Den ersten Dämon werde ich nie vergessen. Plötzlich sagte eine tiefe Männerstimme:

»Ich bin Yaagogg, der Todesdämon. Ihr seid alle Narren, ihr könnt nicht gewinnen, denn wir **werden** diese widerwärtige Verräterin **töten**. Sie gehört Satan, und er wird nicht erlauben, daß sie noch weiterlebt.«

Pastor Pat zuckte nicht einmal mit der Wimper.

»Du lügst, du übler Geist! Elaine ist jetzt heiliger Boden, sie gehört dem HERRN, und du weißt das nur zu gut! Ich gebiete dir, im Namen Jesu, fahre aus von ihr!«

Der Kampf dauerte acht Stunden. Viele, viele Dämonen zeigten sich, wurden gezwungen, sich mit Namen zu nennen und wurden ausgetrieben. Es war ein schönes Erlebnis. Der Heilige Geist hatte die Lage völlig in seiner Hand, und wir alle arbeiteten reibungslos zusammen, während Er mal den einen und dann den anderen von uns gebrauchte. Wir alle spürten die Gegenwart des HERRN in diesem Raum. Wir befahlen den Dämonen in der Autorität des Namens Jesu, aus Elaine herauszukommen. Wir lasen Abschnitte aus der Bibel laut vor, sangen dem HERRN Loblieder und beteten und priesen Jesus für Seinen vollständigen Sieg über Satan. Die Dämonen litten besonders unter unserem Lobpreis und schienen dann schnell an Kraft zu verlieren. Die meisten fuhren mit einem heftigen Husten aus.

Was für eine Zeit der Freude und des Jubels war das, als die Austreibung endlich vorbei war. Wir alle standen da, weinten, klatschten in die Hände und priesen den HERRN in einer völligen und schönen Einheit. Obwohl wir erschöpft waren, priesen Elaine und ich den HERRN voller Freude auf dem ganzen Heimweg.

Die Wochen, die auf Elaines erste Befreiung folgten, waren angefüllt mit Entscheidungen, die sich auf unser beider Leben auswirken sollten. Der HERR sprach zu mir gleich zu Beginn der Woche. Er fragte mich, ob ich bereit wäre, Ihm mein Leben auf ganz neue Weise hinzugeben, damit Er mich gebrauchen könnte, wie **Er** es wollte, um direkt gegen Satan zu kämpfen und »in den Riß zu treten«, damit viele Seelen gerettet werden könnten, besonders von Mitgliedern der Bruderschaft. Der HERR teilte mir weiter mit, daß mich Leiden und Verfolgung erwarteten, wenn ich diesen Weg einschlagen würde. Auch müßte ich die Pläne für meine Karriere aufgeben. Er zeigte mir, daß ich einsam sein und abgelehnt werden würde und daß ich am Ende meine Arbeit als Ärztin ganz aufgeben müßte, aber Er würde immer bei mir sein. Er sagte mir auch, daß ich meine ganze Familie verlieren würde, was dann auch wirklich geschah.

Es war eine große Entscheidung. Ich hatte schon immer eine Vorliebe für Onkologie, und gerade einen Monat zuvor war ich zu einem Schulungsprogramm für Onkologie an einem der angesehensten Institute der USA zugelassen worden. Onkologie ist ein Spezialgebiet in der Medizin zur Behandlung von Krebs. Es wurde als besondere Ehre angesehen, zu diesem Lehrgang zugelassen zu werden. Mein größter Wunsch war es, mich auf diesem Gebiet zu spezialisieren. Der HERR sagte mir, daß Er Seinen Kindern keine zweitklassigen Angebote gäbe; wenn ich mich jedoch nicht dazu entschließen könnte, mein Leben im Kampf gegen Satan einzusetzen, würde Er mich dennoch reichlich segnen.

Es war eine schwere Entscheidung. Der HERR wollte, daß ich in der inneren Medizin bliebe und eine Privatpraxis eröffnete, damit ich eine größere Zahl an Patienten erreichen könnte. Dies war notwendig, damit Er mir auf diese Weise Leute schicken konnte, mit denen ich reden sollte, besonders Kultmitglieder. Als ich über den Vorschlag nachdachte, wurde mir bewußt, daß ich den HERRN zu sehr liebte, als daß ich etwas anderes als Seine erste Wahl tun könnte. Als ich dies und ebenso die Entscheidung, das Angebot des Onkologieinstitutes abzulehnen, einigen »christlichen« Kollegen im Krankenhaus gegenüber äußerte, sagten sie, ich sei verrückt, wenn ich so etwas auch nur in Erwägung zöge.

Viele meiner Freunde fingen an, mich unter Druck zu setzen, Elaine doch nicht länger bei mir zu behalten. Auch Freunde, die gar nicht wußten, daß Elaine bei mir wohnte, stellten sich ohne ersichtlichen Grund gegen mich. Satan brachte es fertig, daß ich bis zum Ende der Woche keinen einzigen Freund mehr hatte. Meine Familie und meine Zimmerkollegin drängten mich ebenfalls, Elaine hinauszuweisen. Sie waren der Meinung, ich hätte den HERRN nicht richtig verstanden. Sogar der Pastor der Gemeinde nahe des Krankenhauses, die ich besuchte, ließ mich zu sich kommen und riet mir, Elaine hinauszuweisen. Er sagte mir auch, daß ich mich ». . . zu sehr mit Leuten einließe, insbesondere mit Elaine«. Dann fuhr er fort, daß ich in seiner Gemeinde so lange nicht mehr willkommen sei, bis ich mit Elaine gebrochen hätte!

Ich war erschüttert und fragte mich, ob ich den HERRN wirklich richtig verstanden hätte. Während dieser Zeit legte mir der Heilige Geist eine Schriftstelle aus 1. Petrus 1:22 aufs Herz: ». . . so liebt einander anhaltend von Herzen.« Dies schien mir gewiß nicht nach einer oberflächlichen Beziehung zu klingen. Der Heilige Geist ließ mir auch Galater 6:2 lebendig werden: »Einer trage des anderen Lasten, und so werdet ihr das Gesetz des Christus erfüllen.« Wiederum hatte ich in meinem Herzen und meinem Geist Frieden, der mir bestätigte, daß ich den HERRN richtig verstanden hatte.

Trotzdem war ich am Ende der Woche entmutigt und niedergedrückt. Am nächsten Sonntag traf ich wieder Pastor Pat und teilte ihm mit, was alles passiert war; ich sprach auch von meiner Depression. Ich werde seine Antwort nie vergessen. Pastor Pat sah mir gerade in die Augen und sagte:

»Rebecca, mit einer so tiefen Hingabe, wie du sie beschrieben hast, in den geistlichen Kampf zu treten, bedeutet Ablehnung und Leiden. Wenn du das nicht ertragen kannst, dann hör am besten sofort damit auf!«

Ich wurde ganz kleinlaut! Aber genau das war es, was ich hören mußte. Am nächsten Tag traf ich meine Entscheidung. Ich sagte dem HERRN, daß ich Ihm mein Leben geben wollte, damit Er mich in dieser neuen Tiefe gebrauchen könnte, so wie er es für richtig hielt, um Satan direkt zu bekämpfen, damit Seelen gerettet und Jesus verherrlicht werden könnte.

Dann setzte ich mich hin und schrieb an den Leiter des Schulungsprogrammes für Onkologie. Ich schrieb ihm, daß mir nach viel Gebet klargeworden wäre, daß es nicht der Wille des HERRN für mich wäre, diese Richtung in meiner Laufbahn einzuschlagen und daß ich nun trotz der Zusage nicht kommen würde. Im Krankenhaus brach ein Sturm von Entrüstung los! Die Leiter meines Schulungsprogrammes waren ärgerlich und konnten meine Entscheidung nicht verstehen. Ich versuchte ihnen zu erklären, daß es nicht der Wille des HERRN für mich wäre, mich auf Onkologie zu spezialisieren. Sie hielten mich für verrückt, und außerdem »spricht Gott doch nie so konkret zu Menschen«.

Die meisten Christen sind sich der unsichtbaren Welt nicht bewußt und auch nicht der Tatsache, daß alles, was wir in unserer sichtbaren Welt tun, auch die unsichtbare Welt beeinflußt. Charles G. Finney beschreibt diese Beziehung von Ursache und Wirkung zwischen der sichtbaren und unsichtbaren Welt sehr schön:

> »Jeder Christ hinterläßt durch sein Verhalten einen Eindruck und ist entweder ein Zeugnis für die eine oder die andere Seite. Sein Aussehen, seine Kleidung, sein ganzes Benehmen hinterläßt einen bleibenden Eindruck für die eine oder andere Seite. Er legt ein Zeugnis für oder gegen die Religion ab. Entweder sammelt er mit Christus, oder er zerstreut. Bei jedem Schritt schlagt ihr Akkorde an, die in alle Ewigkeit weiterschwingen. Bei jeder Bewegung berührt ihr Tasten, deren Klänge über alle Hügel und Täler des Himmels und durch alle finsteren Höhlen und Grüfte der Hölle widerhallen. Mit jeder Handlung eures Lebens übt ihr einen ungeheueren Einfluß aus, dessen Bedeutung sich für die Seelen um euch herum auch über den Tod hinaus bemerkbar macht.«

The Last Call . . . For Real Revival von J. T. C., Seite 31

Dann geschah etwas, was diese Wahrheit für mich Wirklichkeit werden ließ. Ich hatte die Tragweite der Wellen von Reaktionen in der unsichtbaren Welt, die durch die Ereignisse meines Lebens ausgelöst wurden, noch nicht erkannt. Erstens hatte ich die Macht Jesu Christi gebraucht, um eine Menge an Schwarzer Magie in einem von Satans speziellen Krankenhäusern abzuwehren. Dann hatte mich der HERR in dem Kampf gebraucht, in dem Satan eine seiner obersten Bräute verlor – ein Ereignis, durch das Satan in seinem Reich viel an Ansehen eingebüßt hatte. Kurz darauf mißlang Satan und seinen Dämonen der Versuch, Elaine und mich als Menschenopfer darzubringen, weil der HERR selbst dazwischengetreten war und uns beschützt hatte. Der Tropfen, der dann sozusagen das Faß zum Überlaufen brachte, war die totale Übergabe meines Lebens an den HERRN, um direkt im Kampf gegen Satan eingesetzt zu werden.

Ich war mir über die »Wellen«, die durch all das in der unsichtbaren Welt ausgelöst worden waren, ziemlich im unklaren. So ging ich dann auch eines Tages ganz ruhig in meinen Garten, um an meinem Gartentisch unter den Bäumen ein geruhsames Mahl einzunehmen. Als ich so dasaß und mich am Sonnenschein erfreute, ließ Gott es zu, daß der Vorhang zwischen der sichtbaren und unsichtbaren Welt kurz auf die Seite geschoben wurde.

Plötzlich erschien eine leuchtende Gestalt und setzte sich mir gegenüber an den Tisch. Sie hatte das Aussehen eines Mannes. Während ich dasaß und ihn mit stummen Staunen betrachtete, zeigte mir der Heilige Geist eindringlich, wer diese Gestalt war! Dies war wirklich das **allerletzte** Wesen, von dem ich erwartet hätte, ihm jemals persönlich zu begegnen. Diese leuchtende Gestalt, die sich mir so strahlend als »Engel des Lichts« vorstellte, war in Wirklichkeit niemand anderer als der Fürst der Finsternis, der Fürst der Gewalten der Luft, Herrscher über das Reich des Bösen – nämlich Satan selbst! Ich kann mich nicht an Einzelheiten seines Aussehens erinnern, denn ich schien meine Augen nicht von den seinen lösen zu können, diese Augen waren so böse. Sie waren wie schwarze Kohlen und hatten eine Tiefe, eine Schwärze und Bosheit, die herauszutreten schien und mich zu verschlingen drohte. Einen Augenblick lang glaubte ich, geradewegs in den schwarzen Abgrund dieser Augen zu fallen, aber etwas hielt mich zurück und gab mir Halt. Ich erkannte nur zu gut, daß Satan zornig war und zwar sehr zornig.

»Satan!« rief ich aus. Nachdem er durch ein kurzes Nicken seine Identität bestätigt hatte, fragte ich: »Was willst du?«

»Weib, wagst du es, dich mir entgegenzustellen?«

»Ich habe mein Leben dafür hingegeben.«

»Ich weiß, aber **wagst du es** wirklich, dich **mir** entgegenzustellen?!«

Seine wiederholte Frage verwirrte und überraschte mich. Offensichtlich wuchs sein Ärger in diesem Moment, doch der Heilige Geist erfüllte mich mit einem so völligen Frieden, daß ich mich nachträglich darüber wunderte, warum ich keine Angst hatte.

»Satan, ich widerstehe dir nicht in meiner eigenen Kraft, sondern in der Macht und Autorität von Jesus Christus.«

»Du hättest lieber die Kosten überschlagen sollen. Dieser Jesus, dem du dienst, gab seinen Nachfolgern diesen Rat.« Und nun zitierte er genau, Wort für Wort, das Folgende:

> »Denn wer unter euch, der einen Turm bauen will, setzt sich nicht zuvor hin und berechnet die Kosten, ob er das Nötige zur Ausführung habe? Damit nicht etwa, wenn er den Grund gelegt hat und nicht vollenden kann; alle, die es sehen, anfangen, ihn zu verspotten, und sagen: Dieser Mensch hat angefangen zu bauen und konnte nicht vollenden. Oder welcher König, der auszieht, um sich mit einem anderen König in Krieg einzulassen, setzt sich nicht zuvor hin und ratschlagt, ob er imstande sei, dem mit zehntausend entgegenzutreten, der gegen ihn mit zwanzigtausend anrückt? Wenn aber nicht, so sendet er, während er noch fern ist, eine Gesandtschaft und bittet um die Friedensbedingungen. So kann nun keiner von euch, der nicht allem entsagt, was er hat, mein Jünger sein.«   Lukas 14:28–33

»Weib, du hättest lieber die Kosten überschlagen sollen, denn ich sage dir, ich werde dir dein Leben zu einer solchen Qual und Pein machen, von deren Existenz du nicht einmal gewußt hast!«

Ich wußte, daß es diesem mächtigen Wesen ernst war, und seit ich alles dem HERRN hingegeben hatte (meinen Besitz, meine Karriere, meine Familie, ja sogar mein Leben), zweifelte ich keinen Augenblick daran, daß Satan all das vom Vater fordern würde, genauso wie Er es viele Jahre zuvor bei Hiob gemacht hatte. Es war ein sehr ernüchternder Gedanke. Schließlich erwiderte ich:

»Ich habe die Kosten überschlagen, so gut ich konnte, und ich weiß, daß, was immer auch in der Zukunft geschehen wird, alles völlig in der Hand meines Gottes ist, und ich vertraue ganz einfach darauf, daß Seine Gnade für mich ausreichend ist. **JA**, Satan, ich **WAGE ES**, die Autorität und die Macht, die Jesus mir verliehen hat, in Anspruch zu nehmen, und ich **WAGE ES**, dir im Namen Jesu Christi, meines HERRN, zu widerstehen!«

Für einen langen Moment des Schweigens schaute ich Satan fest in die Augen. Wieder hatte ich das seltsame Gefühl, daß ich vornüber gefallen wäre, hinein in das erschreckend Böse, das ich dort sah, wenn mich nicht etwas gehalten hätte. Dann nickte Satan kurz und sagte: »So soll es dann eben sein.« Mit diesen Worten verschwand er.

Ich blieb sitzen und dachte über das Erlebnis nach; es wunderte mich, daß die Sonne weiterhin warm geschienen hatte, eine Brise sanft durch die Blätter der Bäume gerauscht war und auch die Vögel weiterhin gesungen hatten. Ich spürte irgendwie, daß ich gerade einen bedeutenden, unwiderruflichen Schritt getan hatte. Bis zu dem Zeitpunkt, da ich dies schreibe, waren die Kosten wirklich sehr hoch. Ich habe meine ganze Familie, meine Karriere und alles, was ich an weltlichen Gütern hatte, verloren. Ich habe auch körperlich viel zu leiden gehabt. **ABER** durch alles hindurch **IST** der HERR mit mir gewesen. Was Satan für eine Niederlage hält, wird der HERR in Sieg verwandeln.

Der Weg ist wirklich sehr lang und steinig gewesen seit dieser ersten Begegnung mit Satan, und er hat mir mein Leben zur Qual und Pein gemacht, wovon ich nicht einmal geahnt hätte, daß es sie gibt. Ich weiß auch, daß da noch mehr kommen wird. Aber ich hätte den HERRN auch niemals so kennengelernt, wie ich es jetzt tue, und obwohl ich erst am Anfang stehe, kann ich sagen, daß nichts wertvoller ist, als den HERRN noch besser kennenzulernen!

Nun verstehe ich endlich den Sinn von Matthäus 6:19–21, wo Jesus sagt:

> »Sammelt euch nicht Schätze auf der Erde, wo Motten und Rost zerstören und wo Diebe durchgraben und stehlen; sammelt euch aber Schätze im Himmel, wo weder Motten noch Rost zerstören und wo Diebe nicht durchgraben noch stehlen; denn wo dein Schatz ist, da wird auch dein Herz sein.«

Der kostbarste Schatz, den man je haben kann, ist die persönliche Beziehung zu Jesus, zu dem Vater und zu dem Heiligen Geist.

KAPITEL 12

Der Kampf

REBECCA BERICHTET:

Das nächste Kapitel in unserem Leben war ein unerbittlicher Kampf, der sich über acht Wochen erstreckte. Wenn ich nun zurückschaue, erkenne ich, daß es eine Zeit der intensiven Schulung war, in der uns der HERR Schritt für Schritt eine immer tiefere Erkenntnis über das Reich Satans gab und uns zeigte, wie man es bekämpft. Bis dahin war mir die geistliche Welt kaum bewußt, und so schulte der HERR mich auch auf diesem Gebiet. Während dieser acht Wochen habe ich den HERRN oft gefragt, wie lange dieser Kampf noch dauern müßte, und Seine Antwort lautete stets: »Bis ihr genug gelernt habt.« Da Elaine so tief im Okkultismus verstrickt war, hatten wir viel zu lernen, ehe sie vollkommen von allen Dämonen befreit werden konnte.

Während dieser ganzen acht Wochen konnte keine von uns beiden länger als ein bis zwei Stunden pro Nacht schlafen, und das auch nur mit Unterbrechungen. Ich mußte natürlich weiter vollzeitlich im Krankenhaus arbeiten, doch glücklicherweise sah mein Dienstplan zu dieser Zeit keine Nachtbereitschaft vor. Meine Arbeit bestand hauptsächlich aus Forschungen. Jeden Morgen, wenn ich mich nach einer weiteren schlaflosen und strapaziösen Nacht für die Arbeit fertig machte, hielt ich einen Moment inne, zitierte Jesaja 40:31 und nahm die darin enthaltenen Verheißungen in Anspruch:

> »Aber die auf den Herrn hoffen, gewinnen neue Kraft: sie heben die Schwingen empor wie die Adler, sie laufen und ermatten nicht, sie gehen und ermüden nicht.«

Jeden Tag, wenn ich diese Verheißung in Anspruch nahm, gab mir der HERR irgendwie die Kraft, um diesen Tag durchzustehen. Ich wagte niemandem zu erzählen, was los war. Es gab niemanden, der mich verstanden hätte, es waren mir sowieso alle feindlich gesinnt. Natürlich nicht meine lieben Eltern, doch ich wollte sie nicht beunruhigen. So kämpften Elaine und ich, abgesehen vom HERRN, ganz allein. Gegen Ende dieser Zeit gab mir der HERR die Weisung, das Buch Nehemia zu lesen. Hier entdeckte ich eine Stelle, wo die Feinde Nehemias drohten, die Juden anzugreifen, um den Bau der Mauer um Jerusalem aufzuhalten. In Kapitel 4:15–17 heißt es:

> »So arbeiteten wir an dem Werk – die Hälfte von ihnen hielt die Lanzen bereit – vom Aufgang der Morgenröte an, bis die Sterne hervortraten. Zu derselben Zeit sagte ich auch zum Volk: Jeder soll mit seinem Helfer die Nacht über innerhalb Jerusalems bleiben, so daß sie uns nachts als Wache dienen und tagsüber am Werk. Und weder ich noch mein Brüder, noch meine Diener, noch die Männer der Wache, die in meinem Gefolge waren – wir zogen unsere Kleider nicht aus, nur zum Waschen zogen wir sie aus.«

In Nehemia 6:15 heißt es, daß es 52 Tage dauerte, bis die Mauer fertiggestellt war. Wenn der HERR Nehemia und seine Leute befähigt hatte, 52 Tage und Nächte ohne Schlaf auszukommen, so konnte Er auch mir die Kraft zum Durchhalten geben. Diese Schriftstelle war mir ein großer Trost, besonders, nachdem mir einige Leute gesagt hatten, daß ich müde aussähe und daß ich dem HERRN gegenüber verantwortlich wäre, jede Nacht ausreichend zu schlafen. Etwas anderes würde der HERR nie verlangen.

Die Schlacht fand gleichzeitig an drei Fronten statt: gegen die Dämonen, gegen menschliche Geister von Kultmitgliedern und gegen Leute aus der Bruderschaft, die geschickt wurden, uns zu töten.

Die Schlacht begann eine Woche nach Elaines erster Befreiung. Ich hatte am Nachmittag gerade mit Pastor Pat gesprochen, wie ich es im vorherigen Kapitel beschrieb. Er riet mir, mich nicht allein mit den Dämonen einzulassen, da er befürchtete, daß sie für mich zu stark wären. Elaine bekam an diesem Tag wieder Schmerzen in der Brust, sagte mir jedoch nichts davon.

Am Abend, nachdem der Pastor weggegangen war, hatte sie wieder heftige Brustschmerzen. Ich werde nie vergessen, wie niedergeschlagen und entmutigt wir waren, als wir danach in meinem Wohnzimmer auf der Couch saßen. Ich wandte mich an Elaine und sagte:

»Elaine, diese Schmerzen müssen von einem Dämon verursacht

worden sein. Sie müssen wieder zurückgekommen sein. Warum hast du vorhin nichts gesagt, als Pastor Pat noch hier war?«

Ich wußte natürlich nicht, daß die Dämonen Elaine daran gehindert hatten, etwas zu sagen, als der Pastor noch da war. Wir saßen beide einige Minuten schweigend da. Dann sagte Elaines Stimme:

»Nun, ein zweites Mal werde ich mich **nicht** besiegen lassen!«

»Aber Elaine, wann wurdest du das erste Mal besiegt?« Keine Antwort. So streckte ich mich hinüber, um ihren Arm zu berühren und ihre Aufmerksamkeit zu gewinnen. Sie sprang hoch und drehte sich zu mir, verzerrte das Gesicht, fletschte die Zähne und faßte mit den Händen nach meiner Kehle. Sofort erkannte ich, daß ich nicht mit Elaine gesprochen hatte, sondern mit einem Dämon in ihr. Ich sprang zurück, außer Reichweite, hielt meine Hand vor mich und rief:

»Ich stelle den Schild des Glaubens an Jesus zwischen dich und mich, du kannst mich nicht berühren, Dämon!«

Eine rauhe, tiefe Stimme sagte: »Mein Name ist Legion. Ich werde dich töten! Du bist jetzt allein, und vor knapp vier Stunden hat dir dein eigener Pastor gesagt, daß du nicht versuchen sollst, es allein mit uns aufzunehmen, du bist nicht stark genug. Nun, da du allein bist, werde ich dich töten! Du hast jetzt lang genug Satans Braut belästigt.«

Ich denke nicht, daß ich mich in meinem ganzen Leben jemals so gefürchtet habe. Ich war überwältigt von der Gegenwart des Bösen in diesem Raum. Ich wußte nur zu gut, daß der Dämon jedes Wort meiner Unterhaltung mit Pastor Pat an diesem Tag mitgehört hatte. Er wußte auch um meine Depression und Entmutigung. Instinktiv wußte ich auch, daß ich es mir nicht anmerken lassen durfte, wie sehr ich mich fürchtete. Ich zweifelte nicht dran, daß er mich töten würde, wenn er die Oberhand bekäme. Elaine war von Haus aus bereits stärker als ich, und es bestand kein Zweifel, daß sie unter dämonischer Herrschaft noch viel stärker sein würde. Ich schluckte schwer und sagte mit einer, wie ich hoffte, befehlenden Stimme:

»O nein, Dämon, Elaine ist nicht mehr Satans Braut. **Du** bist der Eindringling. Ich bin zwar allein, doch Jesus **IST** bei mir, und **Seine** Kraft wird dich überwältigen, nicht meine. Ich muß nicht stärker sein als du, denn Jesus ist bereits stärker.«

»Du weißt nicht, wovon du sprichst. Es wird mir ein Vergnügen sein, zu sehen, wie du dich windest, wenn ich dich erdrossele. Paß nur auf!«

Als er sprach, faßte er wieder nach mir. Ich hielt wieder meine Hand vor mich und nahm den Schild des Glaubens an Jesus in Anspruch. Zu meiner großen Freude mußte der Dämon innehalten. Es war eine unsichtbare Barriere zwischen ihm und mir, und so sehr er sich auch abmühte, er konnte nicht hindurchkommen. Er wurde sehr zornig, als ich den HERRN für Seine Treue, mit der Er mich beschützte, pries.

Der Kampf dauerte 45 Minuten. Ich betete, sang Lieder, las und zitierte die Schrift. Immer wieder befahl ich dem Dämon, herauszukommen. Er versuchte oft, mich durch Elaines Körper physisch zu verletzen, doch wurde er jedesmal zurückgehalten, da ich ständig diesen schützenden Schild in Anspruch nahm.

Der Heilige Geist brachte mir eine Schriftstelle nach der anderen in Erinnerung. Es quälte ihn, daß ich ihm wiederholt Lukas 10:19, Hiob 30:2–8 und Kolosser 2:15 vorlas. Ich las aus der Offenbarung das 18. Kapitel über den Fall von Babylon und sagte ihm, daß auch er in dieser Stunde fallen würde. Er schrie mich an, verfluchte mich, drohte mir und begann schließlich, mich zu überreden, ihn in Ruhe zu lassen; doch ich nutzte meinen Vorteil. Endlich kam er während eines heftigen Hustenanfalls mit einem Wutschrei aus Elaine heraus.

Ich war so erleichtert und zermürbt, daß ich in Tränen ausbrach. Arme Elaine, sie war die ganze Zeit über bewußtlos gewesen. Sie konnte nicht verstehen, warum ich so hemmungslos weinte. Ich zitterte am ganzen Körper, denn ich hatte mich so gefürchtet. Als ich dasaß und Elaine erzählte, was passiert war, wurde meine Seele mit der Erkenntnis erfüllt, daß Jesus treu gewesen **war** und daß Er mir wirklich Seine eigene Kraft und Autorität über diese schlimmen Dinge verliehen hatte. So verängstigt, wie ich gewesen war, war Jesus doch sicher gestanden und hatte mich aus der Hand meines Feindes errettet. Nachdem Legion sie verlassen hatte, fühlte sich Elaine viel besser, und wir gingen zu Bett, um das letztemal für acht Wochen richtig zu schlafen.

Die folgenden Tage und Nächte verschwammen ineinander, als ein Dämon nach dem anderen in Elaine hineinfuhr und versuchte, sie oder mich oder uns beide zu töten. Der Kampf tobte pausenlos und unerbittlich. Zum Glück konnte ich das Krankenhaus mit dem Auto in zwei Minuten erreichen. Der HERR sprach während des Tages oft zu mir und drängte mich, nach Hause zu eilen, weil Elaine in Schwierigkeiten war. Jedesmal wenn ich daheim ankam, fand ich Elaine am Boden liegend vor, bewußtlos, oft mit einem Gürtel um ihren Hals, blau wegen Sauerstoffmangel. Ihre eigenen Hände wurden von einem Dämon gebraucht und zogen den Gürtel so eng um ihren Hals, daß sie nicht mehr atmen konnte. Manchmal blutete sie aus einer Schnittwunde und hatte das Messer noch in der Hand. Manchmal war sie in einer so tiefen Bewußtlosigkeit, daß sie kaum noch atmete. Manchmal würgte sie sich mit ihren eigenen Händen, wenn die Dämonen versuchten, ihren Kehlkopf einzudrücken. Ich weiß, daß es die klare Vorsehung vom HERRN war, daß ich damals zu einem Dienst eingeteilt war, der hauptsächlich aus Studium bestand, so daß ich problemlos das Krankenhaus verlassen konnte.

Am Tag nach meinem ersten Zusammentreffen mit Legion sprach der HERR zu mir und zeigte mir die Bibelstelle in 2. Timotheus 1:14. Da heißt es:

> »Bewahre das schöne anvertraute Gut durch den Heiligen Geist, der in uns wohnt.«

Der HERR zeigte mir, daß Elaine das Gut war, das mir anvertraut war, und daß ich sie mit meinem eigenen Leben sorgfältig beschützen mußte.

Der Kampf nahm schnell zu, und es bereitete mir großen Kummer, daß die Dämonen, die ausgetrieben worden waren, nach so kurzer Zeit wieder zu Elaine zurückkommen konnten. Als ich im Gebet die Situation überdachte, erinnerte mich der HERR an eine Stelle in einem Buch, das ich vor einigen Monaten gelesen hatte. Es heißt *The Conquest of Canaan (Die Eroberung Kanaans)* von Jessie Penn-Lewis. Sie schreibt:

> »Galater 5:24 ist auch eine Stelle, die hier zutrifft: »Die aber dem Christus Jesus angehören, haben das Fleisch samt den Leidenschaften und Begierden gekreuzigt.« Dies ist die rechtliche Stellung aller Gotteskinder, die aber auch erfahren werden muß. Wenn nicht das Messer angesetzt wird an das, was die Schrift »Fleisch« nennt, wird es in diesem geistlichen Kampf immer eine Angriffsfläche für den Feind sein, um uns in der Auseinandersetzung zu schwächen. Das »Fleisch« muß unter dem Messer des Kreuzes bleiben, denn solange

irgendwelche Nachsicht mit dir selbst oder irgend etwas, was an
deinem Leben zweifelhaft ist, vorhanden ist, und du dann einen
Angriff auf den Feind unternimmst, wird er zurückschlagen und
dich mit erschreckender Macht bedrängen, weil er auf dem unge-
kreuzigten »Grund« in dir Fuß fassen kann. Du mußt das Messer
des Kreuzes beständig, beharrlich und ununterbrochen an dein
Fleisch ansetzen; an die Begierden des Fleisches, der Nachsichtig-
keit mit dir selbst und an den Stolz des Fleisches.«   Seite 9

Als ich dasaß, betete und nachdachte, wie man diese Stelle auf
unsere gegenwärtige Situation mit den Dämonen in Elaine anwenden könnte, zeigte mir der HERR in meinem Geist plötzlich
ein klares Bild, und der Heilige Geist bestätigte, daß es eine
geistliche Vision war. In der Vision stand Elaine in der Mitte von
Tieren, die wie riesige und gefährliche Katzen aussahen und sie
umkreisten. Sie waren sehr häßlich. Sie umkreisten und be-
schnüffelten sie unaufhörlich. Plötzlich blieb eine Katze stehen,
beschnüffelte sie und sprang geradewegs in sie hinein. Nun verstand ich.

Die katzenähnlichen Tiere stellten Dämonen dar. Sie umkreisten
Elaine ständig und versuchten, eine Öffnung oder ein Einfallstor
zu finden, um in sie hineinzukommen. Wenn es ihnen gelang,
sprangen sie hinein und machten sich mir fast sofort bemerkbar.
Ich erzählte Elaine von der Vision und zeigte ihr die Stelle in
dem Buch. Vom HERRN geleitet erkannte ich, daß sie Ihn bitten müßte, sie zu durchforschen und ihr alle offenen Einfallstore
in ihrem Leben zu zeigen. Diese müßten geschlossen werden
durch Bekennen, Vergebung und durch das Blut Jesu. Ich bewunderte ihren Mut und ihre Ausdauer sehr.

Zwei Tage und Nächte hindurch hat sie intensiv nachgeforscht.
Ich bin sicher, daß es für sie eine außerordentlich schmerzliche
Erfahrung war. Während der ganzen Zeit blieb mir die Vision
ständig vor Augen. Jedesmal, wenn eines der Tiere in Elaine hin-
einsprang, kam sofort ein Dämon zum Vorschein, und der
Kampf dauerte so lange, bis er ausgetrieben war. Daraufhin beteten wir und warteten, bis der HERR Elaine oder mir das Einfallstor zeigte, das der Dämon benutzt hatte. So wurde nach und
nach eine Tür nach der anderen geschlossen, indem Elaine die
betreffenden Verstrickungen und Sünden bekannte, Vergebung
empfing und dann den HERRN bat, dieses Einfallstor für immer
mit Seinem Blut zu verschließen. Schließlich, an einem Montag-

morgen gegen 2 Uhr, bemerkte ich plötzlich, daß die »Tiere« in der entgegengesetzten Richtung kreisten. Erstaunt rief ich aus:

»Elaine, warum gehen sie jetzt in die entgegengesetzte Richtung?«

»Warum geht was in die entgegengesetzte Richtung?«

Ich flehte den Vater an, Elaine doch auch diese Vision zu zeigen, und Er tat es sofort. Sie dachte eine Weile nach und sagte:

»Ich denke, weil sie in der Richtung, in der sie bisher gingen, keine Tore mehr finden.«

Während sie noch sprach, sahen wir beide, wie einer der Dämonen sich auf seine Hinterbeine stellte und sich mit seinen Vorderbeinen auf etwas wie eine unsichtbare Absperrung stützte.

Ich schrie: »Elaine, wir müssen die Oberseite verschließen!«

Aber es war schon zu spät. Der Dämon war in die Höhe gesprungen, über die unsichtbare Absperrung hinweg in die anscheinend offene Oberseite, und Elaine fiel in eine tiefe Ohnmacht. Sie war nun unter der Herrschaft von einem Dämonenpaar, die sich Koma und Endloser Schlaf nannten. Diese beiden machten mir unwahrscheinliche Schwierigkeiten! Sie waren sehr mächtig und versetzten Elaine in ein so tiefes Koma, daß ihr Herzschlag auf ungefähr dreißig Schläge pro Minute absank und sie manchmal zu atmen aufhörte. Es war sehr schwierig, mit ihnen umzugehen, denn sie sprachen nicht mit mir, und anscheinend konnten sie mich auch nicht hören, weil Elaines Körper in einem so tiefen Koma war.

Diesmal war es auch nicht anders. Ich fürchtete um ihr Leben. Nichts half. Ich betete, sang Chorusse, schrie sie an, gab Elaine Ohrfeigen. Nichts, nur ein noch tieferes Koma. Voller Verzweiflung, weil ich nicht wußte, was ich noch tun konnte, nahm ich schließlich meine Bibel und fing an, laut aus der Offenbarung zu lesen. Dämonen hassen dieses Buch. Ich las und las, wobei mein Herz immer schwerer wurde, aber ich glaubte dennoch, daß der HERR das Leben von Elaine retten würde. Als ich ungefähr die Hälfte des Buches gelesen hatte, versuchte der Dämon plötzlich durch Elaines Hand, mir die Bibel zu entreißen.

»Hör auf!« knurrte er. »Wir können es nicht ertragen, noch mehr davon zu hören.«

»Das ist schlimm für dich, Dämon, dieses Buch spricht von deinem endgültigen Fall und von deiner völligen Zerstörung. Wenn du nicht ausfährst, werde ich dir auch den Rest vorlesen. Ich werde es immer und immer wieder lesen, und außerdem werde ich den Vater bitten, dich daran zu hindern, deine Ohren zu verstopfen, um mich nicht mehr zu hören. Du wirst mir zuhören müssen. Ich weiß, daß Er dich dazu zwingen wird.«

»Das kannst du nicht tun.«

»O doch, ich kann!« Und dann betete ich laut und bat den Vater zu veranlassen, daß diese Dämonen jedes Wort hörten, das ich las. Ich fing noch einmal an zu lesen. Die Antwort kam prompt.

»Hör auf!!« Der Dämon war so zerknirscht, daß er mich anschrie. Natürlich weigerte ich mich aufzuhören, und schließlich mußte er herauskommen. Ich hatte den Schlüssel entdeckt, wie man mit diesen schwierigen Dämonen umgehen mußte. Ich konnte den Vater ihretwegen um Dinge bitten, wie zum Beispiel, daß sie zuhören mußten, und Er tat es.

Das Einfallstor an der Oberseite war schwierig zu schließen, denn es handelte sich um etwas, das Elaine sehr am Herzen lag. Doch ihr Mut und ihre Hingabe an den HERRN siegten, und endlich wurde es geschlossen. Fast augenblicklich sah ich in der Vision, wie eines der »Tiere« am Boden bei Elaines Füßen scharrte.

»O NEIN! Der Boden!« Wieder war es zu spät. Der Dämon war hineingekommen. Und wieder mußte ich eine Stunde kämpfen, bis dieser ausgetrieben war. Elaine und ich begannen den HERRN zu bitten, uns doch das Einfallstor am Boden zu zeigen. Der HERR offenbarte es uns beiden gleichzeitig: es war Stolz. Wieder stieß ich auf Elaines Eigensinn, wie beim erstenmal mit Mann-Chan. Bis zu diesem Augenblick hatte sich Elaine hartnäckig geweigert, beim Beten auf die Knie zu gehen. In dieser Sache hatte der HERR mich selbst vor ein paar Jahren angesprochen. Es ist demütigend, sich hinzuknien, doch ich lernte auch, was für ein Trost es sein konnte. Was den Stolz betraf, gab es noch andere Dinge, doch im Moment schien es sich auf diesen einen Punkt zu konzentrieren. Ich sagte Elaine, daß ich dachte, der HERR verlangte von ihr, daß sie sich einfach hinknien, Ihn um Verzeihung bitten und Ihn an ihrem Stolz arbeiten lassen sollte. Sie weigerte sich schlichtweg. Ich war so enttäuscht, weil mit jeder Weigerung ein anderer Dämon in sie eindrang, und ich mußte mit jedem Dämon ungefähr eine Stunde kämpfen, bis er schließlich herauskam. Schließlich nahm ich das Buch *The Conquest Of Canaan* und ließ Elaine laut die Stelle vorlesen, die ich schon erwähnt habe. Dann sagte ich ihr:

»Geh jetzt ins Wohnzimmer und bring diese Sache mit dem HERRN in Ordnung. Komm ja nicht vorher wieder zurück!«

Ich weiß nicht und habe auch nie danach gefragt, was an jenem Morgen gegen 5 Uhr in dem dunklen Wohnzimmer zwischen Elaine und dem HERRN vor sich ging, doch als Elaine etwas verlegen zurückkam, strahlte sie einen Frieden aus, den ich an ihr vorher noch nicht gesehen hatte.

Sofort »sahen« wir beide das vollendete Werk: ein wunderbarer, leuchtender Lichtzylinder. Er hing im Zimmer und erfüllte es mit seinem strahlend warmen, lieblichen Licht. Ich sah, wie die Dämonen-Tiere in den Schatten flohen. Wir setzten uns beide hin und sonnten uns in der Wärme und dem Licht des Zylinders, als ob es die Mittagssonne wäre. Wir hatten es damals noch nicht begriffen, aber wir sahen und fühlten die Herrlichkeit Jesu, als dieser Teil Seines Wirkens in Elaines Leben beendet war.

Wir sahen den Zylinder und sein Licht nicht wirklich mit unseren leiblichen Augen, doch wir sahen ihn mit unseren Sinnen, durch unseren Geist, denn diese Vision kam vom Heiligen Geist. Dennoch verspürten wir die Wärme und die Liebe, die er in unserem natürlichen Leib ausstrahlte (siehe Kapitel 14). Zum erstenmal seit vier Tagen schliefen wir beide ein. Eine Stunde später, als ich aufstand, um zur Arbeit zu gehen, war ich erfreut zu »sehen«, daß dieser Lichtzylinder immer noch da war. Seine Wärme und seine strahlende Liebe waren für uns beide ein gewaltiger Trost. Ich glaubte, daß der Kampf nun zu Ende sei. Wie sehr irrte ich da, denn ich erkannte nicht, daß dies nur ein Teil der Arbeit war, die getan werden mußte, um Elaines Leben zu reinigen.

Ich war bestürzt, als ich am Nachmittag heimkam und Elaine auf der Couch fand, blau, ohne Atmung, mit einem Gürtel um den Hals, den ihre eigenen Hände unter der Herrschaft von Dämonen festzogen, so daß sie nicht mehr atmen konnte. Mein Herz war gebrochen, als ich mich mit dem Dämon, der versuchte, sie zu töten, auseinandersetzte. Wie war das möglich? Ich sah noch immer den vollständigen, scheinenden Zylinder in meinem Geist. Wie konnte dann noch ein weiterer Dämon hereingekommen sein? Wieder und wieder kamen an diesem Abend Dämonen herein, jedesmal überraschend für mich. Ich konnte es einfach nicht akzeptieren, daß sie hereinkamen. Ich war so erschöpft und ich hatte mich darauf verlassen, daß der Zylinder ein Zeichen dafür war, daß sie nicht mehr hereinkommen konnten. Unter vielen Tränen betete ich und bat schließlich den HERRN, die Vision wegzunehmen, denn ich erkannte, daß ich mich mehr auf sie als auf den HERRN verließ, und deshalb konnte Satan sie benützen, um mich irrezuführen. Während ich noch betete, verschwand dieser liebliche Lichtzylinder augenblicklich. An diesem Abend gingen wir in eine neue Phase des Kampfes hinein.

Ich war in der Küche und bereitete das Abendessen zu, als Elaine unter die Herrschaft von etwas geriet, das ich für einen Dämon hielt. Ich bemerkte erst, daß sie in der Küche war, als ich mit einem großen Fleischermesser, das ich zum Fleischschneiden benutzte, in den Rücken gestochen wurde. Ich packte ihre Hand und sagte:

»Nein, Dämon, ich binde dich im Namen Jesu. Du **wirst** mir das Messer geben.«

Ich war überrascht, als mir eine sehr weibliche Stimme antwortete.

»Du kannst mich nicht herumkommandieren wie einen Dämon! Ich muß dir und deinen dummen Befehlen nicht gehorchen, denn **ICH BIN KEIN** Dämon! Nun werde ich euch beiden eine Lektion erteilen.«

Es folgte ein heftiger Ringkampf, bei dem mir einige ziemlich ernste Schnittwunden zugefügt wurden. Die ganze Küche war voll Blut. Als ich um das Messer und um unser Leben kämpfte, sagte ich fortwährend:

»Es ist mir egal, wer oder was du bist, ich **werde** dich in dem Namen und in der Vollmacht Jesu besiegen.« Zuletzt gelang es mir, das Messer ihrer Hand zu entreißen. Keuchend und am Ende meiner Kräfte zwang ich sie auf einen Sessel.

»Ich befehle dir jetzt, im Namen Jesu, mir zu sagen, wer und was du bist!«

»Ich bin Sally.«

Ich war überrascht. Ich wußte, daß Sally eine Freundin von Elaine gewesen war. Sie war die Hexe, die von Elaine ausgebildet worden war. Sie wurde Elaines Nachfolgerin als Hohepriesterin. Sie war arroganter als jeder Dämon, den ich getroffen hatte, und genauso tödlich. Ich konnte ihren Haß spüren.

»Nun, Sally, ob Mensch oder Dämon, du **wirst** deine Knie vor Jesus beugen. Du weißt, du hast keine Wahl, weil es Gottes Wort sagt. In Philipper 2:6–11 sagt Gott:

> »... der in Gottes Gestalt war und es nicht für einen Raub achtete, Gott gleich zu sein. Aber er machte sich selbst zu nichts und nahm Knechtsgestalt an, indem er den Menschen gleich geworden ist, und der Gestalt nach wie ein Mensch erfunden, erniedrigte er sich selbst und wurde gehorsam bis zum Tod, ja zum Tod am Kreuz. Darum hat Gott ihn auch hoch erhoben und ihm den Namen verliehen, der über jeden Namen ist, damit in dem Namen Jesu jedes Knie sich beuge, der Himmlischen und Irdischen und Unterirdischen, und jede Zunge bekenne, daß Jesus Christus Herr ist, zur Ehre Gottes des Vaters.«
>
> Philipper 2:6–11

Als ich diese wunderbaren Verse zitierte, fühlte ich, wie der HERR meinen Körper stärkte.

»Du siehst also, Sally, du hast keine Wahl. Die Tatsache, daß du ein Mensch und kein Dämon bist, ändert nichts daran. Auch deine Knie müssen sich vor Jesus beugen.«

Sie lachte spöttisch. »Du glaubst, daß dein sogenannter Jesus so groß ist. Das sind doch alles haufenweise Lügen. Ich werde mich niemals vor Ihm beugen!« Ich wurde total wütend! Ohne nachzudenken ergriff ich sie, packte sie bei den Schultern, hob sie buchstäblich aus dem Sessel heraus und stieß sie auf den Boden auf ihre Knie. Dann griff ich mit meiner Hand ihren Nacken und drückte ihre Nase auf den Boden.

»Was denkst du jetzt von deinen großen Behauptungen, daß du dich niemals vor Jesus beugen willst? Genau das tust du jetzt nämlich, denn Er steht direkt hier vor dir!«

Ich weiß nicht, wer mehr überrascht war, Sally oder ich. Elaine ist nicht gerade leicht, und ich war bereits erschöpft von dem verzweifelten Kampf um das Messer kurze Augenblicke vorher. Ich gestattete Sally, die Nase der armen Elaine vom Boden hochzuheben, doch hielt ich sie weiter fest auf den Knien.

»Sally, das **mußt du doch einsehen**. Satan lügt dich an, genauso wie er Elaine angelogen hat. Wenn er der Stärkere wäre, wie er behauptet, warum liegst du dann auf dem Boden und nicht ich? Sally, deine einzige Hoffnung ist, dein Leben an Jesus zu übergeben!«

»Ich höre mir das nicht mehr länger an, aber ich werde zurückkommen, und ihr werdet es beide bedauern!« Plötzlich war sie weg, und der bewußtlose Körper von Elaine sackte gegen mich. Dann erwachte sie und schaute zu mir auf.

»He, was ist los, warum bin ich auf dem Boden, ist das eine weitere Lektion der Demut?«

Ich lachte ein wenig mitgenommen und wischte Elaines Nasenspitze ab.

»Es tut mir leid, aber ich fürchte, ich habe für einen Augenblick vergessen, daß dies dein Körper ist, ich war so wütend auf Sally.«

»**AUF WEN?!!**«

»Auf Sally. Sie hat Jesus beleidigt und behauptet, daß sie niemals ihre Knie vor Ihm beugen würde. Nun, ich habe sie gerade dazu gebracht.«

»Das sehe ich. Aber was hatte sie vor?«

»Sie wollte uns beide mit dem Fleischermesser töten.«

»Junge, Junge! Wie ich sehe, ist ihr das nicht gelungen, obwohl du sicherlich schon besser ausgesehen hast.«

Als Elaine mir half, mich selbst und die Küche zu säubern, fragte ich sie:

»Elaine, hast du auch solche Dinge getan, ich meine, in den Körper anderer Leute einzudringen, um dich durch sie zu bewegen und durch sie zu sprechen?«

»Natürlich, das war ganz einfach.«

»Warst du dir dessen bewußt, was du tatest, und was gesagt und getan wurde?«

»Ja.«

»Aber wie hast du das gemacht? Vielleicht ist das ein weiteres Einfallstor. Wie hätte sie sonst hineinkommen können?«

»Ich weiß wirklich nicht, **wie** das funktionierte, ich machte es einfach. Es war eines der ersten Dinge, die ich lernte. Als ich mehr Macht erlangte, konnte ich meinen Körper verlassen und überall hingehen und tun, was ich wollte. Währenddessen wußte ich genau, was passierte, und auch was ich mit meinem natürlichen Leib tat.«

Plötzlich fiel der Groschen. Der Heilige Geist erinnerte mich an ein Buch, das ich vor über einem Jahr gelesen hatte. Aufgeregt lief ich zu meinem Bücherschrank, um es zu holen. Ich sagte Elaine, daß es vermutlich die Antwort auf unser Problem enthielt. Es handelte von »seelischen Kräften«, welche in Wirklichkeit die Kräfte des Geistkörpers des Menschen sind, wenn dieser unter der Herrschaft der Seele steht. Es gibt zwei Bücher über dieses Thema: *The Latent Power Of The Soul (Die verborgene Kraft der Seele)* von Watchman Nee und *Soul And Spirit (Seele und Geist)* von Jessie Penn-Lewis. Zwei Tage lang lasen Elaine und ich laut das ganze Buch *The Latent Power Of The Soul.*

Nun begannen wir beide die seltsame Macht zu verstehen, die Elaine so viele Jahre zusätzlich zu den Dämonen gebraucht hatte. Satan lehrt seine Leute nie, **was** sie gebrauchen, sondern nur, wie sie die Kraft in ihrem Inneren gebrauchen können (das Thema der Kontrolle des menschlichen Geistes durch die Seele wird im 14. Kapitel noch ausführlicher erklärt). Elaine hatte ihren Geistkörper bewußt gesteuert.

Als wir mehr über menschliche Geister lernten, begegnete ich vielen Hexen und Zauberern aus der Gegend, die mit ihrem Geistkörper in Elaine eindrangen und versuchten, uns beide zu töten. Einer der lästigsten Zauberer hatte den Decknamen David und war Hoherpriester des großen und mächtigen Hexenzirkels der Stadt, in der wir lebten. Er war Arzt an dem Krankenhaus, in welchem ich arbeitete. Er sagte, daß er geschworen hätte, mich zu töten, kostete es, was es wollte. Es war viel schwieriger, gegen die menschlichen Geister zu kämpfen als gegen Dämonen, denn sie hatten überhaupt keinen Respekt vor Gott. Ich erinnerte mich an Jakobus 2:19: »Sogar die Dämonen glauben und zittern«, und Judas 8–13:

> »Ebenso aber beflecken auch diese als Träumende das Fleisch, die Herrschaft aber verachten sie, Herrlichkeiten aber lästern sie. Michael aber, der Erzengel, wagte nicht, als er mit dem Teufel stritt und Wortwechsel um den Leib Moses hatte, ein lästerndes Urteil zu fällen,

sondern sprach: Der Herr schelte dich! Diese aber lästern alles, was sie nicht kennen; alles, was sie aber von Natur aus wie die unvernünftigen Tiere verstehen, darin verderben sie sich. Wehe ihnen!... von Winden fortgetrieben; spätherbstliche Bäume, fruchtleer, zweimal erstorben, entwurzelt;...«   Judas 8–13

Wie verzweifelt der Kampf auch immer war, der HERR gab mir stets die körperliche Kraft, die ich brauchte. Während wir lasen und lernten, verstärkte der HERR in mir den Eindruck, daß Elaine ihre Fähigkeit, den Geistkörper durch ihre Seele zu beherrschen, vollkommen aufgeben mußte. Er offenbarte mir, daß sie damit ständig gekämpft hatte. Endlich fing ich an zu verstehen, was damals vor sich ging, als sie Patientin im Krankenhaus war. Sie hatte vor meinen Augen mit den Krankenschwestern Hexenduelle geführt, und ich hatte es nicht gewußt. Die Teile des Puzzles begannen sich zusammenzufügen. Kein Wunder, daß sich die Krankenschwestern so feindlich verhalten hatten. Elaine hatte immer gewonnen!

Nun stand Elaine einer der härtesten Prüfungen ihrer Hingabe an Jesus gegenüber. Die bewußte Kontrolle über ihren Geistkörper erlaubte ihr nicht nur, ihn zu gebrauchen, sondern sie konnte auch in die geistliche Welt sehen und sich mit ihr in Verbindung setzen, wann immer sie wollte. Das ermöglichte ihr natürlich, durch ihren Geist zu sehen, wann ein Angriff gestartet wurde. Auf Weisung des HERRN sagte ich ihr, daß meiner Meinung nach der einzige Weg, das Einfallstor für menschliche Geister zu verschließen, darin bestand, den HERRN zu bitten, all ihre Kräfte und Fähigkeiten der Hexerei und die Kontrolle über ihren Geistkörper wegzunehmen; so vollkommen wegzunehmen, daß sie dieselben auch dann nicht mehr gebrauchen könnte, falls sie rebellieren würde und sich ihrer bedienen wollte.

Elaine quälte sich mit dieser Entscheidung fast den ganzen Tag herum. Sie wußte nur zu gut, daß sie den vielen Leuten, die versuchten, sie zu quälen und zu töten, völlig hilflos gegenüberstehen würde, wenn sie ihre Fähigkeiten aufgeben würde. Sie würde dann völlig vom HERRN abhängig sein. Schließlich siegte ihre Liebe und ihre Hingabe an den HERRN, und es ging einen großen Schritt vorwärts, als Elaine und ich an diesem Abend zusammen niederknieten, und sie den HERRN im Gebet bat, alle ihre Fähigkeiten wegzunehmen und nach Hebräer 4:12 Seele und Geist zu scheiden.

In dieser Nacht lernten wir wieder eine wichtige Lektion. Ich war gerade eingeschlafen, als mich der HERR plötzlich aufweckte. Ich lief ins Schlafzimmer und sah, daß Elaine in ihrem Bett saß und unter der Herrschaft eines Dämons stand. Der Dämon hielt den Arm und die Hand ausgestreckt. Der HERR ließ mich seine tiefen gemurmelten Worte hören, und ich war entsetzt, als ich erkannte, daß er Elaines Geistkörper gebrauchte und ihn zu Sally schickte, um sie zu töten. Sofort streckte ich meine Hand aus und führte sie vor dem Zeigefinger des Dämons auf und ab und sagte:

»**NEIN**, Dämon, ich versperre dir den Weg in der Kraft und im Namen Jesu! Du hast kein Recht mehr, Elaines Geistkörper zu gebrauchen, denn sie hat den HERRN gebeten, ihn zu versiegeln.« Wie dankbar war ich, daß sie diesen wichtigen Schritt getan hatte. Andernfalls hätte der Dämon ein legales Anrecht gehabt, ihn zu gebrauchen.

Wütend wandte er sich mir zu und schrie zornentbrannt: »Wie kannst du es wagen, **mich** aufzuhalten! Ihr Geist gehört mir, ich **werde** ihn nach meinem Belieben gebrauchen.«

»Nein, Dämon, das kannst du nicht. Er ist jetzt unter dem Blut Jesu und versiegelt, so daß ihn nie mehr jemand gebrauchen kann. Geh jetzt! Ich befehle es dir im Namen Jesu!«

Er zog sich zurück, seine Augen sprühten puren Haß. »Ich, Yahshun, der Prinz, werde zurückkommen. Ich werde dich für das, was du heute nacht getan hast, töten!« Mit diesen Worten ging er.

Als er ging, fiel Elaines Körper gegen mich, und sie kam wieder zu sich. Ich erzählte ihr von dem Vorfall, und daß Yahshun versucht hatte, ihren Geist zu benutzen.

»Sag, Elaine, benutzten die Dämonen deinen Geist auf diese Weise, bevor du zu Jesus kamst?«

»O ja, oft. Ich konnte sie nicht daran hindern. Ich wurde oft bestraft, weil ich es versuchte. Yahshun ist ein sehr hoher Dämon.

Er und andere ähnliche Dämonen benutzen die Geister von Kultmitgliedern ganz nach ihrem Belieben. Die betreffende Person wird dadurch oft sehr geschwächt und krank. Satan fragt nie, er nimmt einfach!«

Später in dieser Nacht erwachte ich plötzlich, als sich Elaines Hände unter der Herrschaft von Yahshun um meinen Hals legten. (Ich war so erschöpft, daß ich einfach eingeschlafen war und nicht gehört hatte, wie Elaine den Raum betrat.) Ich kämpfte verzweifelt, um die stahlharten Finger zu lösen, die mich würgten. Der HERR gab mir Kraft, als ich lautlos zu Ihm schrie. Gerade bevor ich aus Sauerstoffmangel ohnmächtig geworden wäre, gelang es mir irgendwie, mich aus seinem Griff zu befreien. Wir wälzten uns über das Bett und auf dem Boden, in einem verzweifelten Kampf ineinander verkrallt. Wogen der Angst überfielen mich. Während ich nach Luft rang, sagte ich dauernd:

»Ich **werde** dich im Namen Jesu besiegen. Du **wirst** jetzt gehen!«

Er kämpfte verzweifelt, fluchte und drohte mir. Ich befahl ihm ständig, im Namen und in der Autorität Jesu zu gehen, und schließlich ging er auch mit einem letzten wütenden Gekreische. Sofort wurde der Raum mit einer großen Ruhe und einem Frieden erfüllt, wie wir ihn seit dem ersten Erscheinen des Lichtzylinders nicht mehr erlebt hatten. Der HERR hatte mir, wie immer, die Kraft gegeben, die ich brauchte. Die Wunden jedoch, die mir zugefügt worden waren, brauchten mehrere Wochen, um auszuheilen. Mein Kehlkopf war verletzt, so daß ich mehrere Wochen Schwierigkeiten beim Sprechen hatte.

Wir atmeten beide erleichtert auf, da wir dachten, wir hätten die Plage mit dem Einfallstor für menschliche Geister überstanden. Wieder irrten wir uns! Während der nächsten Tage kamen immer wieder die Geister verschiedener Hexen und Zauberer, um uns zu quälen. Nach viel Gebet und langem Suchen erkannten wir, daß es drei Ebenen der Seele gibt, die den Geist beherrschen – die bewußte, die unterbewußte und eine tiefe dritte, unbewußte Ebene (das sind natürlich die drei Bewußtseinsebenen). Von dieser dritten, unbewußten Ebene machen die Dämonen sehr viel Gebrauch. Elaine mußte den HERRN bitten, sich aller drei Ebenen anzunehmen, auf denen ihre Seele den Geist beherrschte. Als sie das getan hatte, versiegelte der HERR sie. Von diesem Tag an konnten weder Dämonen noch andere Personen ihren Geistkörper benutzen oder durch dieses Einfallstor in sie hineinkommen.

Im Laufe dieses Kampfes wurde ich mir nicht nur der geistlichen Welt, sondern auch der Engel Gottes immer mehr bewußt. Eines Nachts, kurz nach dem Kampf mit Yahshun, war ich besonders krank und erschöpft und schwächer als gewöhnlich. Die Dämonen sahen das und wurden in ihren körperlichen Angriffen sehr viel aggressiver. Als einer der Dämonen auftauchte, nach meiner Kehle faßte und prahlte, daß er stärker sei als alle anderen, befahl mir der Heilige Geist:

»Du brauchst dich nicht zu wehren, um diesen werde ich mich kümmern.«

Ich gehorchte sofort und hoffte inbrünstig, daß ich den HERRN richtig verstanden hatte, denn die Hände des Dämons, der Elaines Körper beherrschte, schlossen sich immer fester um meinen Hals. Plötzlich wurde ein Finger nach dem anderen von meinem Hals gelöst. Dann wurden seine Hände von mir weg- und heruntergezogen, seine Hände und Arme wurden vor ihm verschränkt und festgehalten, er war völlig hilflos. Ich konnte die Macht, welche die Hände des Dämons festhielt, nicht sehen, aber offensichtlich kämpfte er mit etwas; er fluchte laut. Als seine Arme trotz all seiner Proteste weiter festgehalten wurden, schaute er mich an und knurrte:

»Nimm diese Engel von mir weg, sie tun mir weh!«

Mit großer Freude pries ich den HERRN für Seine Fürsorge und sagte dem Dämon fröhlich: »O nein, Dämon, sie stehen nicht unter meiner Befehlsgewalt. Nur der HERR gibt ihnen Anweisungen. Wenn du willst, daß sie dich freigeben, mußt du Jesus darum bitten, nicht mich.«

Der Dämon verschwand fast augenblicklich. Während der nächsten Tage kamen mir die Engel immer wieder zu Hilfe. Manchmal sprachen die Dämonen die Engel mit Namen an. Manchmal knurrten sie eine Antwort auf eine Frage, die ich mit meinen natürlichen Ohren nicht hören konnte, die aber offenbar von den Engeln kam. Mehr als einmal wurde die Hand eines Dämons mitten in der Luft festgehalten, als er ausholte, um mich zu schlagen. Das Wissen um die Gegenwart der Engel tröstete und ermutigte mich sehr.

Ungefähr in der Mitte des achtwöchigen Kampfes gab uns Gott eines Nachts eine neue Weisung. Es war ungefähr 3 Uhr nachts. Seit ich am Nachmittag von der Arbeit heimgekommen war, hatte ich ununterbrochen mit den Dämonen in Elaine gekämpft. Elaine war total erschöpft und gerade eingeschlafen. Ich saß mit angezogenen Knien auf der Couch, legte mein Kinn auf die Knie, schlang die Arme um die Beine und grübelte über den Kampf in dieser Nacht. Der Umgang mit den Dämonen wurde immer schwieriger und härter, und ich wurde körperlich immer schwächer. Ich war darüber sehr besorgt und hatte während der vergangenen Woche den Vater gebeten, mir doch zu zeigen, wie ich neue Stärke gegen die Dämonen erlangen könnte.

Plötzlich fühlte ich jemand neben mir auf der Couch, obwohl ich kein Geräusch gehört hatte. Ich fuhr zusammen und schaute auf. Neben mir auf der Couch saß ein junger Mann, so groß und kräftig gebaut, wie ich noch keinen gesehen hatte. Ich wußte sofort, daß dieser Mann kein Mensch war.

Er hatte leuchtendgoldenes Haar, tiefblaue Augen und das schönste Lächeln, das ich je gesehen hatte. Er war glatt rasiert, und als er mich anlächelte, gruben sich tiefe Falten in seine Wangen. Er war in leuchtendes Weiß gekleidet, mit einem goldenen Gürtel und einem mächtigen Schwert an seiner Seite. Sein tunikaähnliches Gewand war mit goldenen Borten eingefaßt, die zweifellos aus reinem Gold waren. Er trug eine weitgeschnittene weiße Hose und goldene Sandalen. Seine Haut war bronzefarben, wie eine schöne Sonnenbräune. Ein Licht strahlte mit einer solchen Kraft von ihm aus, wie ich es noch nie erlebt hatte. Er fing sogleich zu sprechen an:

»Frau, ich habe eine Botschaft vom Vater für dich.«

Ehe er noch mehr sagen konnte, unterbrach ich ihn, ich fürchte, nicht allzu höflich:

»**HALT**! Wer bist du?«

»Ich bin dein Schutzengel.«

Ich war nicht nur von seiner Größe und seinem leuchtendweißen Gewand beeindruckt, sondern auch von dem Ausdruck der Reinheit in seinen Augen. Da erinnerte ich mich an einen Vers aus 2. Korinther 11:14:

»Und kein Wunder, denn der Satan selbst nimmt die Gestalt eines Engels des Lichts an; . . .« 2. Korinther 11:14

Ich dachte auch an die Schriftstelle in 1. Johannes 4:1–3:

»Geliebte, glaubt nicht jedem Geist, sondern prüft die Geister, ob sie

121

aus Gott sind, denn viele falsche Propheten sind in die Welt ausgegangen. Hieran erkennt ihr den Geist Gottes: Jeder Geist, der Jesus Christus, im Fleisch gekommen, bekennt, ist aus Gott; und jeder Geist, der nicht Jesus bekennt, ist nicht aus Gott . . .«

1. Johannes 4:1–3

Während mir diese Bibelstelle durch den Kopf ging, antwortete ich kurz:

»Nun ja, auch Dämonen versuchten, mir zu erzählen, daß sie meine Beschützer wären. **WER** ist dein HERR? Wem dienst du?«

»Ich diene dem HERRN der Heerscharen.«

»Das reicht mir nicht, Satan nennt sich auch so.«

Er lächelte wieder und sagte: »Ich diene dem HERRN der Herren und dem König der Könige: Jesus Christus, der von einer Jungfrau geboren wurde, im Fleisch in die Welt kam, am Kreuz starb und drei Tage später von den Toten auferstand. Dieser Jesus, der Gott **ist** und nun zur Rechten des Vaters sitzt, **dieser**Jesus ist mein HERR und Meister.«

Ich war erleichtert, denn ich wußte, daß er den Test, den uns der HERR in 1. Johannes 4 gab, bestanden hatte. Ich wußte, daß es kein Dämon wagen würde, eine solche Erklärung abzugeben, Satan würde ihn auf der Stelle in Stücke reißen.

»Oh, das ist gut; entschuldige, aber ich muß Gewißheit darüber haben, wer du bist. Ich fürchtete, du wärst ein Dämon, der in dieser Form erscheint, um mich zu täuschen.«

Er nickte. »Der Vater sendet mich, dir zu sagen, daß du guten Mutes sein sollst, daß du dich nicht fürchten und nicht entmutigt sein sollst, denn wir begleiten dich bei jedem Schritt auf deinem Weg. Von nun an wird die Schlacht noch härter werden, und der Vater sagt, du sollst nie vergessen, die Waffenrüstung Gottes anzulegen.«

»Du meinst, die Waffen, von denen Gott in Epheser, Kapitel 6 spricht?«

»Ja, diese meine ich.«

Epheser 6:10–18 sagt:

»Schließlich: Werdet stark im Herrn und in der Macht seiner Stärke! Zieht die ganze Waffenrüstung Gottes an, damit ihr gegen die Listen des Teufels bestehen könnt. Denn unser Kampf ist nicht gegen Fleisch und Blut, sondern gegen die Gewalten, gegen die Mächte, gegen die Weltbeherrscher dieser Finsternis, gegen die Geister der Bosheit in der Himmelswelt. Deshalb ergreift die ganze Waffenrüstung Gottes, damit ihr an dem bösen Tag widerstehen und, wenn ihr alles ausgerichtet habt, stehen könnt. So steht nun, eure Lenden umgürtet mit Wahrheit, angetan mit dem Brustpanzer der Gerechtigkeit und beschuht an den Füßen mit der Bereitschaft zur Verkündigung des Evangeliums des Friedens. Bei alledem ergreift den Schild des Glaubens, mit dem ihr alle feurigen Pfeile des Bösen auslöschen könnt. Nehmt auch den Helm des Heils und das Schwert des Geistes, das ist Gottes Wort. Mit allem Gebet und Flehen betet zu jeder Zeit im Geist, und wachet hierzu in allem Anhalten und Flehen für alle Heiligen . . .«   Epheser 6:10–18

»Aber sag mir«, fragte ich, »wie lege ich diese Waffenrüstung an?«

»Bete folgendermaßen: »Vater, lege mir bitte jetzt deine ganze Waffenrüstung an, ich bitte dich darum, und ich danke dir im Namen Jesu!«

»Wie oft soll ich um diese Waffenrüstung bitten?«

Er saß da und schaute ein paar Sekunden nach oben, dann nickte er mit seinem Kopf und wandte sich wieder zu mir.

»Der Vater sagt, es genügt einmal in 24 Stunden. So wie Jesus sagte, als Er hier auf der Erde war, daß du dein Kreuz täglich aufnehmen mußt, so mußt du auch täglich die Waffenrüstung anlegen und dich zum Kampf bereit machen. Du **mußt** wissen, daß das sehr wichtig ist. Vergiß nicht, jeden Tag darum zu bitten. Wenn du die Waffenrüstung nicht anhast, wirst du verwundet werden.«

»Ich verstehe das nicht, ich kann diese Waffenrüstung nicht sehen, und die Schriftstelle klingt so, als ob sie eher symbolisch zu verstehen wäre. Wie wird sie angelegt?«

»Die Waffenrüstung Gottes wird an deinen Geistkörper angelegt. Gottes Wort sagt klar, daß du dich in einem geistlichen Kampf befindest, deshalb ist auch die Waffenrüstung geistlich. Du solltest hierüber noch weiter in der Schrift forschen.«

(Am nächsten Tag fand ich versteckt in 1. Korinther 15:44 einen Vers, der oft übersehen wird, er heißt: »Es gibt einen natürlichen und es gibt auch einen geistlichen Leib.«)

Dann lockerte sich die sachliche Ausdrucksweise des Engels etwas. Er sagte: »Du hast immer so viele Fragen. Der Vater sagt, es ist dir erlaubt, mich alles zu fragen, was du wissen willst, ich werde dir alle Fragen beantworten.«

Viele Fragen schwirrten durch meinen Kopf, aber eine Frage interessierte mich am meisten: »Sag mir, wie ist Jesus wirklich? Bitte, kannst du mir mehr von Ihm erzählen? Ich habe so Sehnsucht danach, Ihn besser kennenzulernen.«

Der Engel lehnte sich zurück, kreuzte seine Beine und nahm eine entspanntere Haltung ein. »Nun, Jesus ist so wunderbar! Schon ein kleines Lächeln erfüllt das ganze Universum mit Wärme und Liebe. Jesus arbeitet so intensiv und unermüdlich für Seine Gemeinde. Kein Detail der Anliegen seines Volkes ist zu gering für Seine ungeteilte Aufmerksamkeit. Er ist ständig damit beschäftigt, sich um Seine Leute zu kümmern und weitere Seiner Gemeinde zuzuführen. Seine Herrlichkeit breitet sich immer weiter über das ganze Universum und darüber hinaus aus. Sie endet nie.«

Ich saß da, dachte über seine Worte nach und versuchte mir von all dem eine Vorstellung zu machen. »Ich habe mir oft überlegt, ob Jesu Herrlichkeit so ähnlich wie ein schöner Sonnenaufgang sei. Ich meine, alles ist dunkel, und dann erscheint am Horizont das schöne Licht und die Farben. Das Licht und die Farben werden immer heller und schöner, je mehr sich die Sonne dem Horizont nähert. Wenn sie dann aufgeht, ist sie so wunderbar strahlend und schön. Kann man die Herrlichkeit Jesu damit vergleichen?«

»Ja, genauso ist es!«

Wir saßen und redeten fast zwei Stunden lang. Dieses wunderbare Erlebnis werde ich nie vergessen. Die Liebe Gottes strahlte so mächtig von diesem Wesen aus, so daß ich ein ganz neues Verständnis dafür bekam, wie sehr Gott uns liebt. Der Engel sagte mir, daß sich der HERR so sehr um Seine Kinder sorge, daß Er jedesmal, wenn eines von ihnen rufe, einen Engel schicke, der diese Person in seinen Armen halte und sie tröste. Die Menschen seien sich dessen natürlich nie bewußt, und doch sei es so.

Der Engel sagte mir auch, daß Gott alle Seine Engel mit so viel Liebe ausgestattet hätte, und daß jeder Mensch seinen eigenen

Schutzengel habe, der ihn beschütze, und weil der Schutzengel diese Person so liebe, habe er den Vater gebeten, daß er diesen Dienst des Beschützers schon von ihrer Geburt an tun dürfe. Das erinnerte mich an Hebräer 1:13–14, wo es heißt:

> »Zu welchem der Engel aber hat er jemals gesagt: ›Setze dich zu meiner Rechten, bis ich deine Feinde hinlege als Schemel deiner Füße‹? Sind sie nicht alle dienstbare Geister, ausgesandt zum Dienst um derer willen, die das Heil erben sollen?«   Hebräer 1:13–14

In dieser Nacht bekam ich auch ein neues Verständnis für die Bedeutung des Verses, in dem es heißt:

> »... sondern wie geschrieben steht: »Was kein Auge gesehen und kein Ohr gehört hat und in keines Menschen Herz gekommen ist, was Gott denen bereitet hat, die ihn lieben. Uns aber hat Gott es geoffenbart durch den Geist, denn der Geist erforscht alles, auch die Tiefen Gottes.«   1. Korinther 2:9–10

Der Engel zeigte mir noch viele Schriftstellen, die mir, als ich sie im Gebet betrachtete, noch mehr von den unglaublichen Plänen enthüllten, die Gott mit Seinem Volk für die Zukunft hat.

Der Kampf wurde nach dem Treffen mit dem Engel noch intensiver, aber ich fand, daß ich an jedem Tag, an dem ich den Vater um die Rüstung bat, mehr Stärke hatte und auch körperlich durch den ständigen Konflikt mit den Dämonen nicht mehr so viel litt.

Während der Zeit des Kampfes wurde mir bewußt, daß ich an dem Punkt angekommen war, wo mir Besitz und all das soziale Engagement, an dem ich vorher Freude hatte, gleichgültig geworden waren. Ich wurde ganz anders als all die Leute um mich her. Ich konnte über meine Erfahrungen mit niemand sprechen, außer gelegentlich mit Pastor Pat. Ich kannte sonst niemanden, der mich verstanden hätte. Ich befürchtete die Möglichkeit, unausgewogen zu werden. Ich brachte das Problem im Gebet zum Vater und brachte ihm meine Zweifel und Ängste. Ich wußte, daß ich nicht schlau genug war, Satans Listen aufzudecken oder herauszufinden. Ich mußte dem HERRN vertrauen, daß Er mir zeigte, wenn ich im Begriff stand, in eine Falle Satans zu geraten.

In dieser Zeit wies mich der HERR an, den 1. Petrusbrief zu lesen. Ich muß zugeben, daß ich ziemlich enttäuscht war, weil ich nicht einsah, wie mir das helfen sollte, doch im Gehorsam gegen Gott tat ich es. Beim Lesen gab mir der HERR ein neues Verständnis für diese kostbaren Verse:

»... den Fremdlingen von der Zerstreuung ...«   1. Petrus 1:1

»Geliebte, ich ermahne euch als Fremdlinge und als die ihr ohne
Bürgerrecht seid ...«   1. Petrus 2:11

Dann machte mich der HERR auf zwei andere Schriftstellen aufmerksam:

>Gepriesen sei der Herr, mein Fels, der meine Hände unterweist zum
Kampf, meine Finger zum Krieg: Meine Gnade, meine Burg und
meine Zuflucht, mein Erretter, mein Schild und der, bei dem ich mich
berge, der mir mein Volk unterwirft!<   Psalm 144:1–2

>Denn das schnell vorübergehende Leichte der Drangsal bewirkt uns
ein über die Maßen überreiches, ewiges Gewicht von Herrlichkeit, da
wir nicht das Sichtbare anschauen, sondern das Unsichtbare; denn
das Sichtbare ist zeitlich, das Unsichtbare aber ewig.
     2. Korinther 4:17–18

Es kostet seinen Preis, wenn wir unsere Augen (oder unsere Aufmerksamkeit) auf das »Unsichtbare« lenken. Wir werden Auslän-
der und Fremdlinge in dieser Welt. Wir haben keine wirkliche Hei-
mat hier auf Erden. Wir werden erst heimkommen, wenn Jesus
wiederkommt und uns nach Hause holt, damit wir bei Ihm wohnen.

Als die Wochen vergingen, wuchs meine Sorge, daß dieser heftige
Kampf mit den Dämonen Elaines Körper zerstören würde. Ich
fragte den Vater oft, wie lange das noch andauern müßte. Jedesmal war Seine Antwort: »Bis ihr genug gelernt habt.« Endlich kam
der Tag, an dem der Vater mir auftrug, mich mit Pastor Pat in Verbindung zu setzen, um einen Termin für Elaines endgültige Befreiung auszumachen. Ich tat es, sagte aber Elaine nichts davon. Ich
wußte, daß es andernfalls die Dämonen in ihr gehört hätten und
alles getan hätten, um uns daran zu hindern.

Als der Tag von Elaines endgültiger Befreiung näher kam, machten uns sowohl die Dämonen als auch die örtlichen Hexen und
Zauberer mehr und mehr zu schaffen. Wir konnten sie nicht sehen
und erhielten somit auch keine Vorwarnungen ihrer Angriffe.
Elaine und ich wurden immer wieder gepackt und durch den
Raum geschleudert, häufig wurden Möbel und andere Dinge nach
uns geworfen – alles durch unsichtbare Wesen. Wir waren beide
von Kopf bis Fuß voller Verletzungen von diesen Angriffen.

Endlich kam die Nacht vor Elaines endgültiger Befreiung. Wir waren beide total erschöpft, und ich war sehr besorgt, weil Elaine zudem ziemlich krank war. Wir versuchten, uns hinzulegen, aber dauernd wurde eine von uns von einem unsichtbaren Geist aus dem Bett gezerrt und auf den Boden oder gegen eine Wand geworfen. Die Gegenwart von bösen Mächten in diesem Raum nahm ständig zu und legte sich schwer auf meinen Geist. Sogar die Luft schien durch das Böse so dick zu werden, daß man kaum noch atmen konnte.

An jenem Abend saß ich bis spät auf Elaines Bettkante, wiegte sie in meinen Armen und versuchte verzweifelt, sie mit meinem eigenen Körper vor den ständigen Angriffen zu schützen. Sie war inzwischen so schwach, daß sie nicht einmal mehr für einen Versuch, sich gegen die Angriffe zu wehren, genügend Kraft hatte. Tränen strömten über mein Gesicht, als ich zum HERRN um Hilfe schrie.

»FLIEH!« Mit großer Macht wurde plötzlich dieses eine Wort in meinen Geist und meinen Verstand gebrannt. »FLIEH!« Dann brachte der HERR mir die Schriftstelle in Matthäus 2 in den Sinn, wo Josef mitten in der Nacht von einem Engel des HERRN aufgefordert wurde, Maria und Jesus zu nehmen und nach Ägypten zu fliehen. Ich wußte nun, daß ich Elaine nehmen und weglaufen mußte, sonst würden wir beide getötet werden.

Ich bat den HERRN, uns zu umgeben, damit uns die Dämonen und menschlichen Geister nicht sehen könnten. Augenblicklich wurden meine geistlichen Augen geöffnet, und ich sah einen Ring von mächtigen Kriegsengeln um uns herum. Elaine war kaum noch bei Bewußtsein und nicht mehr in der Lage, zu gehen. Ich war auch nicht viel stärker als sie, wußte aber, daß wir diesem dringenden Befehl gehorchen mußten. Mit Elaine in meinen Armen wankte ich aus dem Bett. Als ich unter ihrem Gewicht zusammenzubrechen drohte, hörte ich, wie einer der Engel einen Befehl gab, und sofort hoben uns zwei Engel auf. Sie trugen uns buchstäblich zum Auto hinaus. Sie setzten Elaine auf den Beifahrersitz und gurteten sie sicher an, dann schlossen sie die Türe sorgfältig und verriegelten sie. Inzwischen war Elaine völlig bewußtlos.

Ich wußte nicht, wohin ich sollte, so fuhr ich einfach los. Es war eine schöne, klare Nacht, der Mond und die Sterne schienen hell. Als ich auf der Landstraße fuhr, erlaubte mir der HERR, mit meinen geistlichen Augen zu sehen, was in meinem Haus vor sich ging. Die Dämonen und menschlichen Geister suchten im ganzen Haus und im Garten wütend nach uns. Ich pries den HERRN für Seine Güte und Seine Gnade. Satan und seine Diener hatten keine Ahnung, wo wir waren. Wir waren gut versteckt! Dann befahl mir der HERR, zum Haus meines Bruders zu fahren. Wir kamen gegen 3 Uhr an und verbrachten den Rest der Nacht dort.

Am nächsten Morgen setzte ich Elaine wieder ins Auto und fuhr in Richtung der Gemeinde los. Als wir noch ungefähr einen halben Kilometer von der Gemeinde entfernt waren, wandte sich Elaine an mich und sagte:

»Rebecca, du hast mir nicht gesagt, wohin wir fahren. Sei bitte ehrlich und sag mir, was in aller Welt ist denn eigentlich los?«

»Nun, wir fahren zur Gemeinde. Heute ist der Tag, den der HERR ausgewählt hat, um dich ganz zu befreien.«

»Wunderbar!« Das war das einzige Wort, das Elaine herausbrachte. Sofort tauchten die Dämonen auf. Sie tobten und schrien wie verrückt. Ich war dankbar, daß ich dem HERRN gehorcht hatte, und Elaine sorgfältig angegurtet und die Tür verriegelt hatte. Die Dämonen hätten sie sonst aus dem Auto geworfen. Als wir in die Einfahrt der Kirche einbogen, steigerte sich ihr Fluchtkampf bis zur Raserei. Doch der HERR hatte alles wohl geplant. Als ich anhielt und versuchte, Elaine festzuhalten, kam meine Freundin Judy, die zum Helfen da war, schnell zu meinem Auto. Mit einer aufgeschlagenen Bibel in der Hand öffnete sie Elaines Tür und sagte:

»Hört euch mal die Schriftstelle an, die der HERR uns für heute gegeben hat:

> »Preisen will ich dich mit meinem ganzen Herzen, ich will dir spielen vor den Göttern. Ich falle nieder vor deinem heiligen Tempel, und deinen Namen preise ich wegen deiner Gnade und Treue. Denn du hast dein Wort groß gemacht über deinen ganzen Namen. An dem Tag, da ich rief, antwortetest du mir. Du mehrtest in meiner Seele die Kraft. Alle Könige der Erde werden dich preisen, Herr, wenn sie die Worte deines Mundes gehört haben. Sie werden die Wege des Herrn besingen, denn groß ist die Herrlichkeit des Herrn. Ja, der Herr ist erhaben, doch er sieht den Niedrigen, und den Hochmütigen erkennt er von fern. Wenn ich auch mitten in Bedrängnis wandeln muß – du belebst mich. Gegen den Zorn meiner Feinde wirst du deine Hand ausstrecken, und deine Rechte wird mich retten. Der Herr wird's für mich vollenden. Herr, deine Gnade (währt) ewig. Gib die Werke deiner Hände nicht auf! Psalm 138

Als Judy diese wunderbaren Worte las, konnten die Dämonen in Elaine wieder zur Ruhe und unter Kontrolle gebracht werden. Dann halfen Judy und ich Elaine beim Aussteigen. Als wir bei der Kirchentür angelangt waren, fingen sie wieder verzweifelt an zu kämpfen. Abermals hatte der HERR alles in der Hand. Pastor Pat und sein Assistent kamen uns an der Kirchentür entgegen. Jeder der beiden Männer nahm einen von Elaines Armen.

Pastor Pat rief: »Wie ich sehe, haben wir hier ein paar sehr unglückliche Dämonen. Ihr Dämonen seid jetzt still und gebt Ruhe. Im Namen Jesu binden wir euch!« Ich glaube kaum, daß Judy und ich stark genug gewesen wären, Elaine durch die Eingangshalle hindurch zum Büro des Pastors zu bringen, wenn der HERR nicht die Männer bis zur Eingangstür geschickt hätte, um uns zu helfen. Als wir fünf das Büro betraten und die Tür geschlossen hatten, ging augenblicklich der Kampf los. Er wütete zehn Stunden lang. Die Dämonen waren wie eingesperrte wilde Tiere, und sie kämpften verzweifelt, denn sie wußten, daß ihre letzte Stunde gekommen war. Sie hatten aber nicht die geringste Chance, denn die Macht und die Gegenwart des HERRN erfüllte den Raum in gewaltiger Weise.

Dieser Tag wird als eines der schönsten Erlebnisse meines Lebens in meiner Erinnerung bleiben. Der HERR hatte alles unter Seiner Herrschaft, und wir arbeiteten völlig reibungslos Hand in Hand, während Er einen nach dem anderen von uns gebrauchte. Wir hatten Elaine vorher nicht ganz befreien können, weil wir nicht alle Einfallstore gekannt hatten, die zu schließen waren. An diesem Tag gab uns der HERR eine Offenbarung nach der anderen.

Eine Person, die so sehr besessen ist, wie Elaine es war, muß von innen heraus von den Dämonen gereinigt werden. Weiter unten habe ich die Reihenfolge aufgeführt, in der die Einfallstore geschlossen werden müssen. Der HERR zeigte uns an diesem Tag und in vielen späteren Fällen, daß es viel einfacher und wesentlich wirksamer ist, die verschiedenen Bereiche eines Menschen zu reinigen, als sich mit einzelnen Dämonen abzugeben. Auf diese Weise bestimmen auch diejenigen, welche die Austreibung vornehmen, den Ablauf der Befreiung, und müssen nicht erst warten, welche Dämonen sich zeigen. Der Anführer oder Leiter über jeden Bereich wird mit allen seinen untergebenen Dämonen ausgetrieben. Es sind da einfach zu viele Dämonen, die man einzeln austreiben müßte – es würde viel zuviel Zeit beanspruchen, und alle Beteiligten würden zu erschöpft und entmutigt werden. (Beispielsweise kann der Dämon Legion bis zu 4000 untergeordnete Dämonen bei sich haben. Unser HERR Jesus hat uns in Lukas 8 ein Beispiel gesetzt, wie sie alle auf einmal ausgetrieben werden können.)

1)   Bei den meisten Personen, die tief in den Okkultismus verstrickt sind, gibt es ein Einfallstor für Satan selbst. Dieses innerste Einfallstor wird von einem sehr hohen Dämon offengehalten, der sich selbst als »Sohn Satans« bezeichnet. (Beachte: Dieser Titel variiert von Gebiet zu Gebiet, und auch die speziellen Namen der einzelnen Dämonen ändern sich und sind zu zahlreich, um sie aufzählen zu können. Um Autorität über einen Dämon zu erlangen, genügt es, ihn nach seiner Funktion zu benennen.) Dieses Einfallstor erlaubt es Satan, persönlich in diesen Menschen einzudringen und nach Belieben durch seinen Körper zu reden und zu handeln.

2)   Das nächste Gebiet ist der **menschliche Geist**. Ein hoher Dämon herrscht über den gesamten Geist. Dieser Dämon wird häufig »Führergeist« genannt, kann aber in anderen Gebieten auch andere Titel haben. Mann-Chan war Elaines Führergeist. Dann gibt es drei Bereiche innerhalb des Geistes selbst, wobei jeder Bereich jeweils einen Oberdämon mit vielen niedrigeren Dämonen unter seiner Befehlsgewalt hat. Die drei Gebiete des Geistes sind:

> das **Gewissen** – die Fähigkeit, Recht und Unrecht zu unterscheiden;

> die **Intuition** – die Fähigkeit, den HERRN zu erkennen und Seine Gegenwart wahrzunehmen;

> die **Anbetung** – der Bereich, in dem wir den HERRN »im Geist« anbeten nach Johannes 4:23: »Es kommt aber die Stunde und ist jetzt, da die wahren Anbeter den Vater in Geist und Wahrheit anbeten werden . . .«

3)   Die **Seele** hat verschiedene Bereiche. Der oberste Dämon über den ganzen Bereich der Seele bezeichnet sich selbst als »Machtdämon«. Diese Machtdämonen werden wir noch ausführlicher im 14. Kapitel behandeln, wo es um das Thema des von der Seele beherrschten Geistes geht. Es gibt sechs Bereiche der Seele. Die ersten drei haben mit der Herrschaft über den Geist zu tun:

das **Bewußte**

das **Unterbewußte**

das **Unbewußte**

Drei weitere Gebiete sind:

Wille

Verstand

Gefühl

Auch hier hat jedes Gebiet einen Oberdämon mit Untergebenen.

4)   Zuletzt kommt der sichtbare **Leib**. Der Oberdämon über den Leib ist gewöhnlich ein »Todesdämon«, so wie Yaagog. Sie sind sehr mächtig und sehr wohl in der Lage, bei der Person, in welcher sie wohnen, in kürzester Zeit durch Krankheit den körperlichen Tod herbeizuführen, wenn der HERR sie nicht zurückhält. Die Gebiete des Leibes sind:

das **Gehirn** – gemeint ist hier das physische Organ

der übrige **menschliche Leib**

die **Sexualität** – der Oberdämon über dieses Gebiet hält das Einfallstor für Satan offen, der damit ein legales Anrecht hat, mit dieser Person Geschlechtsverkehr zu haben, ebenso wie auch andere Dämonen.

Es gibt viele Schriftstellen, die sich auf die oben genannten Gebiete beziehen und sie bestätigen. Zeit und Platz erlauben es nicht, sie alle anzuführen. Die Stelle, die für uns am wichtigsten wurde, lautet:

> »Er selbst aber, der Gott des Friedens, heilige euch völlig; und voll ständig möge euer Geist und Seele und Leib untadelig bewahrt werden bei der Ankunft unseres Herrn Jesus Christus.
>
> 1. Thessalonicher 5:23

Wenn du hierzu noch weitere Fragen hast, würde ich dir das Buch *Der geistliche Christ* von Watchman Nee sehr empfehlen. Es gibt ausgezeichnete Hinweise auf die Heilige Schrift und eine Erklärung der einzelnen Gebiete.

Der Assistent von Pastor Pat hatte noch nie eine Austreibung miterlebt, und von dieser hatte er erst ungefähr eine Stunde vor ihrem Beginn erfahren. Es amüsierte mich sehr, als wir ungefähr bei der Hälfte eine kurze Pause einlegten, und er die Bemerkung machte:

»Wißt ihr, nach all dem hier erscheint mir das Rasenmähen irgendwie furchtbar weltlich!« Dann fuhr er fort und erzählte uns ein bemerkenswertes Erlebnis, das er am Abend zuvor gehabt hatte. Es war schon ziemlich spät. Er saß in seinem Gemeindebüro und las:

»Plötzlich riß mir der Heilige Geist das Buch aus den Händen, zog meine Hände in die Höhe empor und befahl mir aufzustehen. Dabei sagte Er mir, ich solle eine Flasche mit Öl nehmen und in das Büro des Pastors gehen. Ich war um diese Zeit allein in der Gemeinde. Dann gab mir der Heilige Geist die Anweisung, die Türen zu schließen und zu versprerren. Er befahl mir, Türpfosten und Oberschwellen und dann die Türen selbst und alle Fenster im Namen des Vaters, des Sohnes und des Heiligen Geistes mit Öl zu salben und den HERRN zu bitten, diesen Raum zu versiegeln. Ich tat das alles, ohne zu wissen warum. Dieser Raum blieb geschlossen und versiegelt, bis wir ihn an diesem Morgen betraten.«

Wir priesen alle den HERRN für Seine Vorsorge. Das Versiegeln dieses Raumes gab uns während der Befreiung von Elaine einen Schutz gegen jede Störung von außen.

Insgesamt dauerte der Kampf mehr als zehn Stunden. Was war das für Lobpreis und eine Freude am Schluß! Wieder einmal stand der HERR treu zu Seinem Wort und hat die **GEFANGENE BEFREIT**. Seit diesem Tag ist Elaine rein und frei von Dämonen. Wir können den HERRN nicht genug preisen und Ihm danken für diese wunderbare Befreiung!

KAPITEL 13

Einfallstore

REBECCA:

Die Bibel spricht eine sehr klare Sprache. **Jedes** Einlassen mit Satan öffnet ein Einfallstor im Leben einer Person. Das führt dann bei dieser Person zu dämonischer Heimsuchung und/oder zum Eindringen satanischer Mächte. Ob die Person Christ ist oder nicht, spielt dabei keine Rolle. In 3. Mose 19:31 heißt es: Ihr sollt euch nicht zu den Totengeistern und zu den Wahrsagern wenden, ihr sollt sie nicht aufsuchen, **euch an ihnen unrein zu machen**. Ich bin der HERR, euer Gott.

Obwohl die »Bruderschaft« ein sehr starker und schnell wachsender Geheimbund ist, hat er doch nur eine Handvoll Anhänger, verglichen mit der gewaltigen Anzahl von Menschen, die dadurch gefangen sind, weil sie sich nur am Rande mit dem Okkultismus eingelassen oder mit anderen Sünden ihr Leben für die Macht Satans geöffnet haben. Diese Einfallstore (die durch Sünde entstanden sind) geben gemäß Gottes Wort, der Bibel, Satan die legale Berechtigung, seine Macht in ihrem Leben auszuüben! Auch Christen sind davor nicht geschützt, weil das Öffnen dieser Einfallstore eine Folge von bewußtem Leben in Sünde und/oder Unwissenheit ist.

> »Was nun, sollen wir sündigen, weil wir nicht unter Gesetz, sondern unter Gnade sind? Das sei ferne! Wißt ihr nicht, daß, wem ihr euch zur Verfügung stellt als Sklaven zum Gehorsam, ihr dessen Sklaven seid, dem ihr gehorcht? Entweder Sklaven der Sünde zum Tod oder Sklaven des Gehorsams zur Gerechtigkeit?«   Römer 6:15–16

> »Mein Volk kommt um aus Mangel an Erkenntnis . . .«   Hosea 4:6

Es sollte sich nicht nur ein jeder selbst dieser Einflußbereiche in seinem Leben bewußt sein, sondern auch jeder, der das herrliche Evangelium von Jesus Christus an andere weitergeben möchte. Sehr viele Menschen können Jesus Christus nicht annehmen, wenn sie das Angebot dazu bekommen, weil ihr Wille und ihr Verstand buchstäblich von dunklen Mächten gebunden ist, die durch ein Einfallstor, das in der Gegenwart oder Vergangenheit geöffnet wurde, in ihr Leben kamen.

> »Wenn aber unser Evangelium doch verdeckt ist, so ist es nur bei denen verdeckt, die verlorengehen, den Ungläubigen, bei denen der Gott dieser Welt den Sinn verblendet hat, damit sie den Lichtglanz des Evangeliums von der Herrlichkeit des Christus, der Gottes Bild ist, nicht sehen.« 2. Korinther 4:3–4

Jeder Kontakt mit dem Okkultismus, egal wie oberflächlich und kurz er auch gewesen sein mag, ist ein Einfallstor. Ich denke etwa an solche Dinge wie Horoskope lesen, das Aufsuchen eines Wahrsagers, Teeblattlesers oder Handliniendeuters aus Neugier etc. Wie viele unserer Schul- und Kirchenfaschingsfeste haben für Wohltätigkeitszwecke irgendeinen Wahrsager engagiert? **Keiner** von ihnen ist harmlos! Unschuldigen kleinen Kindern wird bei solchen Veranstaltungen erlaubt, »spaßeshalber« zu diesen Leuten zu gehen. Und wie viele dieser Kinder sind dann in ihrem späteren Leben unfähig, Jesus als ihren persönlichen Retter anzunehmen? Wenn sie vielleicht schon Christen sind, verlieren sie irgendwann zu einem späteren Zeitpunkt das Interesse am HERRN oder sind einfach unfähig, zu einer Tiefe im Glauben zu gelangen. Wir wären entsetzt, wenn wir wirklich die genaue Anzahl der Opfer wüßten, die allein von dieser Quelle herrühren. Ich persönlich habe mehr gesehen, als mir lieb ist.

Auch hier kann die Bibel nicht klarer sein:

> »Es soll unter dir niemand gefunden werden, der seinen Sohn oder seine Tochter durchs Feuer gehen läßt [eine Art Menschenopfer an einen Dämon], keiner, der Wahrsagerei treibt, kein Zauberer oder Beschwörer oder Magier oder Bannsprecher oder Totenbeschwörer oder Wahrsager oder der die Toten befragt. Denn ein Greuel für den HERRN ist jeder, der diese Dinge tut. Und um dieser Greuel willen treibt der HERR, dein Gott, sie vor dir aus.« 5. Mose 18:10–12

Allein die einmalige Teilnahme an einer Seance aus Neugier reicht aus, dein restliches Leben negativ zu beeinflussen. Ebenso das Nachforschen in Büchern über okkulte Künste, das Spiel mit dem Quija-Brett, das Ausprobieren von ASW (außersinnliche Wahrnehmungen), außersinnliche Erfahrungen, Astralreisen, **jede** Art von Meditation, die mit dem »Entleeren« oder »Reinigen« der Gedanken zu tun hat, genauso Wasserzauberei und die Suche nach Öl und Mineralien mit Hilfe einer Wünschelrute oder eines Pendels. Ebenso gefährlich ist die Teilnahme an Magie **jeder** Art, die Kunst des freien Schwebens, wie z. B. das Bewegen von Gegenständen, ohne diese selbst anzurühren, das Befragen eines Mediums oder Spiritisten, um einen verlorenen Gegenstand wiederzufinden. Ebenso die Ausübung von den verschiedensten Kampfsportarten oder Yoga. Das gleiche gilt natürlich auch für jede Form der Hexerei, die Zauberformeln oder Beschwörungen, etc. verwendet. All das **wird** ein Einfallstor für den Zustrom satanischer Mächte, sowie für Dämonen öffnen.

Jeder Gebrauch oder Mißbrauch von Drogen oder wiederholte Trunkenheit sind ebenfalls Einfallstore. Kindesmißbrauch führt fast immer zu einer Heimsuchung durch Dämonen. Deshalb werden aus mißbrauchten Kindern, es sei denn, sie werden befreit, normalerweise auch Eltern, die wiederum ihre eigenen Kinder mißbrauchen. Jedes schwere seelische oder körperliche Trauma kann zu einem vorübergehenden Zusammenbruch der Abwehrkräfte führen, was dämonischen Geistern den Eintritt gestattet. Das kann sowohl bei Kindern als auch bei Erwachsenen geschehen.

Geschlechtsverkehr ist ein weiteres großes Einfallstor, wodurch Dämonen von einer Person zur anderen weitergegeben werden. Das liegt daran, daß die betreffenden Personen »ein Fleisch« werden.

> »Oder wißt ihr nicht, daß, wer der Hure anhängt, ein Leib mit ihr ist? Denn es werden, heißt es, die zwei ein Fleisch sein. . . . Flieht die Unzucht! Jede Sünde, die ein Mensch begehen mag, ist außerhalb des Leibes; wer aber Unzucht treibt, sündigt gegen den eigenen Leib.«
> 1. Korinther 6:16 + 18

Das Wort Unzucht/Hurerei bezeichnet jeden Geschlechtsverkehr zwischen einem Mann und einer Frau, die nicht miteinander verheiratet sind. (Definition aus *Vine's Expository Dictionary of New Testament Words,* Seite 465.)

Deshalb hat Gott seinem Volk so viele Befehle darüber gegeben, mit niemandem Geschlechtsverkehr zu haben, als nur mit dem eigenen Ehepartner. Das ist für uns ein Schutz vor dämonischer Heimsuchung. Vergewaltigung und gewaltsame sexuelle Belästigung sind, besonders wenn sie an Kindern geschehen, Einfallstore, die mir in meiner medizinischen Praxis wiederholt begegnet sind. Diese Dinge führten zum Eintritt von einigen der stärksten

Dämonen, mit denen ich je zu tun hatte. Blutschande innerhalb einer Familie und jedes Einlassen mit Homosexualität führen immer zu dämonischer Heimsuchung. Das gleiche gilt für alle verdorbenen sexuellen Praktiken, die in der Bibel verurteilt, in der heutigen Pornographie jedoch dargestellt werden.

Ich werde häufig nach den Problemen gefragt, die durch Geschlechtsverkehr in einer Ehe aufkommen, in der der eine Partner gläubig, der andere jedoch ungläubig und noch dazu in schwere Sünde verstrickt ist. In solchen Fällen bin ich der festen Überzeugung, daß sich der gläubige Ehepartner auf die Verheißung stellen kann, die uns in 1. Korinther 7:12–16 gegeben wird:

> »... wenn ein Bruder eine ungläubige Frau hat, und sie willigt ein, bei ihm zu wohnen, so entlasse er sie nicht. Und eine Frau, die einen ungläubigen Mann hat, und er willigt ein, bei ihr zu wohnen, entlasse den Mann nicht. Denn der ungläubige Mann ist durch die Frau geheiligt und die ungläubige Frau ist durch den Mann geheiligt; sonst wären ja eure Kinder unrein, nun aber sind sie heilig. Wenn aber der Ungläubige sich scheidet, so scheide er sich. Der Bruder oder die Schwester ist in solchen Fällen nicht geknechtet; zum Frieden hat uns Gott doch berufen. Denn was weißt du, Frau, ob du den Mann erretten wirst? Oder was weißt du, Mann, ob du die Frau erretten wirst?«
>
> 1. Korinther 7:12–16

In solchen Fällen braucht der christliche Ehepartner nur den HERRN zu bitten, das Ehebett und den ungläubigen Partner zu heiligen und dieses Einfallstor mit dem Blut Jesu zu schließen, so daß der gläubige Teil durch ihren sexuellen Verkehr nicht von den Dämonen des anderen heimgesucht werden kann.

Hypnose ist ein weiteres großes Einfallstor. Die hypnotisierte Person muß ihren Willen dem Hypnotiseur so weit unterwerfen, daß sie sich für alles öffnet, was der Hypnotiseur in sie hineinlegen will. Bestimmte Dämonen halten die Türen für den bleibenden Einfluß des Hypnotiseurs offen. Hypnose zu dem Zweck, um z. B. vom Rauchen loszukommen oder abzunehmen, ist eine dämonische Heilung.

Akupunktur ist auch eine Form von dämonischer Heilung. Die östlichen Religionen sind **alle** Formen der Dämonenanbetung. Die Öffentlichkeit weiß nicht, daß die Nadeln, die bei der Akupunktur verwendet werden, vor ihrem Gebrauch von verschiedenen Leitern östlicher Religionen mit einem satanischen Segen belegt werden und somit direkte Einfallstore für Dämonen sind. Ich habe eine Reihe wirklich seltsamer Infektionen und dämonischer Heimsuchungen gesehen, die von den Akupunkturnadeln herrührten. Jede übernatürliche Heilung, die nicht direkt von Jesus Christus selbst kommt, ist eine dämonische Heilung und führt somit zu dämonischer Heimsuchung oder Bindung. Gott selbst gab den Menschen das Wissen, das heute von unseren Ärzten angewendet wird. Denke daran, daß Lukas, der zwei Bücher des Neuen Testamentes schrieb, selbst Arzt war.

Jede Verstrickung in östliche Religionspraktiken wie Transzendentale Meditation, Yoga etc. wird in dämonischer Heimsuchung und/oder Bindung enden. Ein sorgfältiges Nachforschen, bei dem man die Lehren dieser Sekten mit der Bibel vergleicht, wird ihren Irrtum schnell aufdecken.

Die meisten östlichen Religionen verwenden Meditation. Die Bedeutung der Meditation wird von den meisten Christen mißverstanden, denn Satan hat viel irreführende, christlich getarnte Literatur über Meditation herausgebracht. Eine Reihe von Schriftstellen in der Bibel beziehen sich auf Meditation, doch besteht ein großer Unterschied zwischen göttlicher und satanischer Meditation. Ich glaube, wir sollten hier die grundlegenden Prinzipien herausstellen.

Eine wichtige Bibelstelle über Meditation finden wir in Josua 1:8:

> »Dieses Buch des Gesetzes soll nicht von deinem Mund weichen, und du sollst Tag und Nacht darüber nachsinnen [meditieren], damit du darauf achtest, nach alledem zu handeln, was darin geschrieben ist; denn dann wirst du auf deinen Wegen zum Ziel gelangen, und dann wirst du Erfolg haben.« Josua 1:8

Ich möchte betonen, daß sich Meditation hier auf das **aktive** Lesen, Lernen und Auswendiglernen von Gottes Gesetz, das den Israeliten gegeben worden war, bezieht. Josua sollte das Gesetz so gut kennenlernen, daß es ein Teil von ihm werden würde. David folgte dem gleichen Prinzip, er schrieb darüber in Psalm 119:9–11:

> »Wodurch hält ein Jüngling seinen Pfad rein? Indem er **sich bewahrt** [im Sinne von »auf der Hut sein«, »achthaben«] nach deinem Wort. Mit meinem ganzen Herzen habe ich dich gesucht. Laß mich nicht abirren von deinen Geboten! In meinem Herzen habe ich dein Wort verwahrt, damit ich nicht gegen dich sündige.«

Auch hier war David **aktiv** dabei, Gottes Wort zu lernen und es sich zu merken, damit er nicht davon abweichen würde. An keiner

Stelle der Bibel ist Meditation etwas **Passives**. Satanische Meditation ist **passiv**. Satan will, daß die Menschen ihr Bewußtsein entleeren, indem sie versuchen, alle ihre Gedanken abzuschalten. Dadurch haben die Dämonen direkten Zutritt und Einfluß, denn Gott hat uns ganz einfach befohlen, **jeden unserer Gedanken zu kontrollieren und nicht unser Bewußtsein zu entleeren**. Wenn **du** deine Gedanken nicht kontrollierst, wird **Satan** es tun.

> »Denn obwohl wir im Fleisch wandeln, kämpfen wir nicht nach dem Fleisch; denn die Waffen unseres Kampfes sind nicht fleischlich, sondern mächtig für Gott zur Zerstörung von Festungen; **so zerstören wir Vernünfteleien [Gedankengebilde]** und jede Höhe [jeden Gedanken, in anderen Übersetzungen], die sich gegen die Erkenntnis Gottes erhebt, und nehmen **jeden Gedanken** gefangen unter den Gehorsam Christi . . .« 2. Korinther 10:3–5

> »Wer festen **Herzens [Sinnes]** ist, dem bewahrst du Frieden . . .«
> Jesaja 26:3 (Luther-Übersetzung)

Diese Schriftstellen zeigen klar, daß wir unsere Gedanken **unter Kontrolle haben** und nicht **abschalten** sollen. **Jede** Lehre über Meditation, die vom Ausleeren unseres Verstandes und Abschalten aller Gedanken spricht oder von bestimmten Sätzen, die ständig wiederholt werden müssen und dann das Genannte bewirken sollen, **ist von Satan**.

> [Jesus spricht] »Wenn ihr aber betet, sollt ihr nicht plappern wie die von den Nationen . . .« Matthäus 6:7

> »Die unheiligen, leeren Geschwätze aber vermeide; denn sie werden zu weiterer Gottlosigkeit fortschreiten . . .« 2. Timotheus 2:16

Es gibt eine gefährliche Lehre in einigen charismatischen Gemeinden, in denen die Mitglieder aufgefordert werden, einen bestimmten Wortlaut immer wieder zu wiederholen, um ihren Verstand zu entleeren und diesen dem Heiligen Geist zu überlassen. (Dies ist besonders dann der Fall, wenn man jemanden dazu bringen will, in Zungen zu reden.) Es ist richtig, daß jeder entleerte Sinn von einem Geist übernommen wird, doch leider von einem unheiligen und **nicht** von dem Heiligen Geist.

Eine andere, wenig beachtete okkulte Bindung entsteht durch das Auflegen eines Fluches, Banns oder Voodoo-Zaubers auf eine Person. Auch Christen kann durch Hexerei dieser Art schlimmer Schaden zugefügt werden. Meine eigene Erfahrung ist ein gutes Beispiel dafür. Mir war nicht bewußt, was geschah, bis der HERR es meinem Pastor zeigte. Seitdem habe ich mit vielen Patienten zu tun gehabt, die in ähnlicher Weise betroffen waren. Häufig hatten sie einen Freund oder Bekannten, der in den Okkultismus verstrickt war. Dann bekamen sie Streit mit demjenigen und wären nie auf den Gedanken gekommen, deshalb aus Rache mit einem Fluch oder Bann belegt zu werden. Aus diesem Grund ist es für Christen unbedingt notwendig, ganz eng mit dem HERRN verbunden zu sein, damit Er in solchen Fällen die nötige Unterscheidung der Geister schenken kann.

Dämonen und dämonische Bindungen werden vererbt. Das Einfallstor der Vererbung wird sehr häufig übersehen. Obwohl wir aufgrund des Neuen Bundes durch Christi Blut nicht mehr unter dem alten Gesetz sind, können wir diesbezüglich im Alten Testament einige sehr wichtige Prinzipien finden. Auch müssen wir wissen, daß jede Sünde, die nicht unter das Blut Christi gebracht wurde, **rechtmäßiger** Boden für Satan **ist**.

Es gibt im Alten Testament viele Hinweise dafür, daß die Sünden der Väter an die Söhne weitergegeben werden. Siehe z. B. 2. Mose 20:5, 34:7, 4. Mose 14:18, 5. Mose 5:9. In 2. Mose 34:6–7 lesen wir:

> »Und der HERR ging vor seinem Angesicht vorüber und rief: Der HERR, der HERR, Gott, barmherzig und gnädig, langsam zum Zorn und reich an Gnade und Treue, der Gnade bewahrt an Tausenden von Generationen, der Schuld, Vergehen und Sünde vergibt, aber keineswegs ungestraft läßt, sondern die Schuld der Väter heimsucht an den Kindern und Kindeskindern, an der dritten und vierten Generation.«
> 2. Mose 34:6–7

Es fällt auch auf, daß jedesmal, wenn es in Israel eine große Erweckung gab, das Volk zusammenkam, um mit Fasten und Gebet nicht nur ihre eigenen Sünden zu bekennen, sondern auch die Sünden ihrer Väter, was wir z. B. in Nehemia 9:1–2 lesen können:

> »Und am 24. Tag dieses Monats versammelten sich die Söhne Israel unter Fasten und in Sacktuch und mit Erde auf ihrem Haupt. Und alle, die israelitischer Abstammung waren, sonderten sich ab von allen Söhnen der Fremde. Und sie traten hin und bekannten ihre Sünden und die Verfehlungen ihrer Väter.«

Von vielen anderen diesbezüglichen Schriftstellen seien noch 2. Chronik 34:19–21 sowie 2. Chronik 29:1–11 genannt, wo über die Regierung des Königs Hiskia berichtet wird.

Die Sünden unserer Vorfahren haben mit Sicherheit einen großen Einfluß auf unser Leben, deshalb muß das Einfallstor der Vererbung durch Gebet, durch Bekennen und durch die reinigende Kraft des Blutes Jesu Christi geschlossen werden. Bestimmte Fähigkeiten und Dämonen werden von Generation zu Generation weitergegeben. Ein allgemein anerkanntes Beispiel dafür ist die Fähigkeit der »Wasserzauberei«. Besonders schädigend ist jedes Einlassen mit dem Okkultismus, jede Anbetung von Götzen, die nichts anderes als Dämonen sind (vergl. 1. Korinther 10:14–21), jede dämonische Heimsuchung, jeder Eid, der von Eltern oder Vorfahren geleistet wurde und der für die Nachkommen bindend ist (das trifft auf die meisten okkulten, heidnischen, Mormonen- und Freimaurer-Eide zu) etc.

Eines der mächtigsten Werkzeuge Satans, die er in unserem Land heutzutage verwendet, sind die sehr populär gewordenen okkulten Phantasie-Rollenspiele. Satan gebraucht diese Spiele, um aus den intelligentesten jungen Leuten unseres Landes eine riesige Armee zusammenzustellen; eine Armee, die für den Antichristen vorbereitet wird und die er dann in einem Nu beherrschen kann. Durch ihre Teilnahme an diesen Spielen können Leute ohne ihr Wissen von Dämonen kontrolliert werden. In vielen Staaten der USA werden solche Spiele für die intelligenteren Schüler mit in den Lehrplan der Schulen aufgenommen. An fast jeder Schule haben sich Gruppen gebildet, die sich außerhalb der Unterrichtszeit treffen, um diese Spiele zu spielen. Im Grunde sind diese Spiele Einführungslehrgänge in die Magie. Leider erkennen die Teilnehmer das meistens erst, wenn es bereits zu spät ist.

Die meisten Spiele haben einen Leiter, der das Gesamtkonzept für jedes Spiel plant. Das Spiel selbst ist ein Abenteuer, in dem viele Schlachten mit den verschiedensten »Monstern« und »Wesen« geschlagen werden, von denen jedes bestimmte Fähigkeiten und Charakterzüge besitzt. Es gibt zahlreiche dicke Handbücher, in denen mit Bildern und vielen Einzelheiten die Fähigkeiten der verschiedenen Charaktere beschrieben werden. Die Mitspieler sollen den Ablauf des Spieles in ihren Gedanken »visualisieren«. Je besser sie den Spielablauf »sehen« können und so die Bewegungen der verschiedenen »Monster« und der anderen Mitspieler voraussehen können, desto fortgeschrittenere Spieler werden sie.

Diese Leute erkennen anfangs nicht, daß diese Monster tatsächlich richtige Dämonen sind. Was sie ihrer Meinung nach nur in ihren Gedanken »visualisieren«, fangen sie an, in Wirklichkeit in der geistlichen Welt zu sehen. Je besser sie sich das Spiel »vorstellen« können, desto vertrauter werden sie mit der geistlichen Welt. Die Vorstellungskraft (oder Phantasie) spielt eine wichtige Rolle, um mit der geistlichen Welt in Berührung zu kommen. Ich weiß nicht, zu welchem Zeitpunkt die Spieler von Dämonen befallen werden, doch hatte ich mit vielen jungen Leuten zu tun, die in diese Spiele verstrickt waren, und habe noch keinen getroffen, der den Rang eines Spielleiters hatte, der nicht von Dämonen besessen und sich dessen nicht auch sehr wohl **bewußt** war. Sie werden das natürlich nicht zugeben. Einige haben mir erzählt, daß die Dämonen zu ihnen kämen und mit ihnen redeten. Sie luden dann die intelligenteren Dämonen ein, in sie hineinzukommen, um dadurch mehr Macht zu erhalten.

Die Handbücher für Fortgeschrittene beschreiben bereits bis ins Detail Zauberformeln, Beschwörungen und satanische Schriften, die selbst von den Hexen und Zauberern der »Bruderschaft« gebraucht und gelehrt werden. Jeder, der diese Spiele spielt, verspürt die seltsame Faszination und Macht, die davon ausgeht. Nur wenige erkennen die Falle, die dahintersteckt, man wird total betrogen. Wie viele unserer jungen Leute, die einmal aktive und begeisterte Christen waren, haben das Interesse am HERRN verloren, weil sie diese Spiele mitgespielt haben? Unzählige mehr werden niemals zu der rettenden Erkenntnis Jesu gelangen, weil sie durch diese Spiele in dämonische Bindungen geraten sind.

Okkulte Einflüsse nehmen sowohl bei Kinderspielzeug als auch in den Zeichentrickfilmen im Fernsehen überhand. Kleine Kinder haben von Natur aus eine sehr rege Phantasie. Satan weiß, daß Kinder es sehr schnell lernen, Dämonen zu sehen und mit ihnen zu sprechen, wenn es ihm gelingt, die Phantasie der Kinder auf die geistliche Welt zu lenken. Eltern müssen sehr vorsichtig sein, welches Spielzeug sie ihren Kindern geben und welche Zeichentrickfilme sie ihnen erlauben, im Fernsehen anzusehen.

Das Biofeedback hat sich in den letzten Jahren auf dem medizinischen Sektor buchstäblich explosionsartig ausgebreitet. Sein Wachstum war phänomenal. Es wird hauptsächlich angewendet, um Schmerzen, Blutdruck und Alkohol- und Drogenmißbrach zu beherrschen. Die Bruderschaft machte sich das Biofeedback schon viele, viele Jahre bevor es an die Öffentlichkeit kam, zunutze. Sie fanden heraus, daß es die schnellste Methode war, um Hexen darin auszubilden, die bewußte Kontrolle über ihren geistlichen Leib zu erlangen und dabei mit der geistlichen Welt in Kontakt zu treten. Im Grunde wird einer Person durch Biofeedback beigebracht, jene körperlichen Funktionen und Bereiche zu beherrschen, von denen Gott bestimmt hat, daß wir sie nicht beherrschen dürfen. Biofeedback lehrt den Menschen, seinen geistlichen Leib bewußt zu beherrschen, damit dieser dann wiederum all das beherrscht und bestimmt, was im sichtbaren Leib geschieht. Auch hier erkennen die wenigsten Menschen, die an solchen Programmen teilnehmen, womit sie sich da eingelassen haben. Christen sollten **niemals** auch nur irgend etwas mit Biofeedback zu tun haben. Es ist nichts anderes als modernisiertes Yoga, satanische Meditation und Hexerei.

Ein weiterer, oft übersehener, aber dennoch sehr machtvoller Bereich ist der der Rockmusik. Rockmusik ist die Musik Satans. Wie so viele andere Dinge, wurde die ganze Bewegung der Rockmusik von ihren ersten Anfängen an sorgfältig von Satan und seinen Dienern geplant und ausgeführt. Rockmusik ist nicht »einfach so entstanden«, es war ein meisterhaft ausgeklügelter Plan von keinem anderen als Satan selbst.

Wie schon vorher in diesem Buch erwähnt, ist Elaine mit vielen Rockstars zusammengetroffen. Sie waren **alle** damit einverstanden, Satan zu dienen, als Gegenleistung für Geld und Ruhm. Sie erhielten alles, was sie wollten, aber auch vieles, was sie nicht erwartet hatten. Ihr Leben und ihre Seele wurde zerstört. Diese Rockstars **wissen** genau, was sie tun. Sie lehren zig Millionen von jungen Leuten Schritt für Schritt, Satan anzubeten und ihm zu dienen.

Elaine besuchte spezielle Zeremonien in vielen veschiedenen Aufnahmestudios der USA allein aus dem Grund, um einen teuflischen Segen auf die Rockmusik zu legen, die dort aufgenommen wurde. Sie und andere sprachen Beschwörungsformeln mit dem Zweck, dadurch an JEDE Rockmusikplatte oder Kassette, die verkauft werden sollte, Dämonen zu binden. Zeitweise riefen sie spezielle Dämonen herauf, die bei den Aufnahmen selbst sprachen, besonders in Form von verschiedenen rückwärtsmaskierten Botschaften. **Außerdem** wurden viele Male Satanisten im Hintergrund direkt mit aufgenommen (verdeckt durch die alles übertönende Lautstärke), um durch ihre Gesänge und Beschwörungsformeln beim Abspielen der Platte, des Videos oder der Kassette jedesmal noch mehr Dämonen herbeizurufen. Wenn die Musik gespielt wird, werden diese Dämonen in den Raum gerufen, um der Person, die die Musik abspielen läßt, und jedem, der zuhört, zuzusetzen. All das hat nur den einen Zweck, unsere Gedanken zu beherrschen. Dieses Beherrschen der Gedanken sorgt nicht nur dafür, daß der Hörer die satanischen Botschaften begreift, die durch die Musik übermittelt werden, sondern es verhindert auch die Erkenntnis, daß er Jesus Christus und die Erlösung braucht, für die Er am Kreuz für uns gestorben ist.

Viele der Liedertexte selbst sind eigentlich Beschwörungen, die Dämonen jedesmal dann herbeirufen, wenn das Lied gesungen wird. Damit werden zwei Dinge erreicht: Zum einen Herrschaft über den Zuhörer zu erlangen, und zum anderen dem Zuhörer echte Beschwörungsformeln zu geben, die er selbst benutzen kann, um Dämonen auf eine andere Person zu senden. Dadurch wird Rache geübt, indem diese Person dann von Krankheiten, Unfällen o. ä. heimgesucht wird. Der Zuhörer kann dadurch außerdem auch eine andere Person in der Weise beeinflussen, daß sie selber in die Abhängigkeit der Rockmusik gerät.

Für ein tiefergehendes Studium über Rockmusik können wir das Buch *The Devil's Disciples – The Truth About Rock (Die Jünger des Teufels – Die Wahrheit über Rockmusik)* von Jeff Godwin, herausgegeben von Chick Publications, Inc., sehr empfehlen. Dieses Buch ist eine ausgezeichnete Hilfe für Eltern, um Einblick in die Rockmusik zu bekommen, von der ihre Kinder so begeistert sind.

All diese Einfallstore müssen geschlossen werden:

> »Wenn wir unsere Sünden bekennen, ist er treu und gerecht, daß er uns die Sünden vergibt und uns reinigt von jeder Ungerechtigkeit.«
>
> 1.Johannes 1:9

Wenn du mit irgendwelchen Dingen, die wir genannt haben, zu tun hattest, kannst du diese Einfallstore einfach durch ein Gebet wie das folgende schließen:

> »Vater, ich bekenne Dir meine Verwicklung in . . . Ich erkenne, daß diese Sache(n) ein Greuel vor Dir und abscheulich in Deinen Augen ist/sind. Ich bitte Dich demütig um Vergebung für meine Sünden auf

diesem (diesen) Gebiet(en). Ich bitte Dich, den dämonischen Eingang, der durch meine Handlungen entstanden ist, rückgängig zu machen. Reinige mich von meinen Sünden und schließe das (die) Einfallstor(e) für immer mit dem kostbaren Blut Jesu. Darum bitte ich Dich und danke Dir, in Jesu Namen.«

Dann empfehle ich, daß du dich danach in ähnlicher Weise laut an Satan und seine Dämonen wendest:

»Satan und ihr Dämonen, ich habe meinen himmlischen Vater für die Teilnahme an ... um Vergebung gebeten und sie erhalten. Im Glauben schließe ich jetzt für immer das Einfallstor in diesem Gebiet meines Lebens durch das Blut Jesu Christi, das Er am Kreuz für mich vergossen hat. Im Namen Jesu befehle ich euch zu weichen!«

Wirst du von stärkeren Dämonen heimgesucht, so wird oft noch die Hilfe von einer oder mehrerer Personen für die Befreiung notwendig sein. Wenn du ernsthaft betest und dich nach Befreiung sehnst, ohne auf die Kosten zu achten, wird der HERR dir zeigen, was du tun mußt, denn er **wird** die Gefangenen befreien!

Ich werde im Folgenden einige Beispiele von Menschen aufführen, mit denen ich in meiner medizinischen Praxis zu tun hatte, auf die das Öffnen solcher Einfallstore schreckliche Auswirkungen hatte. Alle Namen wurden geändert, um die betroffenen Personen zu schützen. Wir Christen müssen ein wichtiges Prinzip verstehen, das ich bisher in noch keiner Gemeinde wirklich klar gelehrt gehört habe: Viele Leute, denen wir das Evangelium erzählen, sind buchstäblich durch dämonische Geister gebunden, entweder von innen oder von außen, so daß ihr Wille nicht frei ist. Sie können Jesus nicht mit ihrem Willen als ihren Retter annehmen. In ähnlicher Weise ist auch ihr Verstand (Sinn) gebunden, so daß sie das Evangelium nicht verstehen können.

»Wenn aber unser Evangelium doch verdeckt ist, so ist es nur bei denen verdeckt, die verlorengehen, den Ungläubigen, bei denen der Gott dieser Welt den Sinn verblendet hat, damit sie den Lichtglanz des Evangeliums von der Herrlichkeit des Christus, der Gottes Bild ist, nicht sehen.«   2.Korinther 4:3–4

Diese Leute werden dir nicht erzählen, daß sie gebunden sind, und tatsächlich ist diese Bindung so tückisch, daß sie meistens nicht einmal selbst etwas davon wissen. Die Entschuldigungen, die oft zu hören sind, wenn du so jemand direkt fragst, ob er mit dir beten will, um Jesus anzunehmen, sind etwa folgende: »Ich bin noch nicht so weit« oder »Ich werde es später einmal tun« oder »Ich kann im Moment nicht, bitte dränge mich nicht« und viele, viele andere.

Aber Jesus kam, um die Gefangenen zu befreien.

»Der Geist des Herrn, HERRN, ist auf mir; ... Freilassung auszurufen den Gefangenen und Öffnung des Kerkers den Gebundenen ...«   Jesaja 61:1

Wir Christen müssen einfach die Kraft und die Autorität ergreifen, die Jesus uns gegeben hat, und sie benutzen, um diese Gefangenen zu befreien. Im Folgenden nun einige Beispiele aus meiner eigenen Erfahrung:

1)   Jane war 35 Jahre alt und Krankenschwester in meiner Heimatstadt. Ich arbeitete mit ihr zehn Jahre zusammen, als ich selbst noch Krankenschwester war. Vor einiger Zeit traf ich sie wieder. Sie war erstaunt über die Veränderung, die sie an mir sah, und als Folge davon konnte ich ihr an einem Nachmittag erzählen, was der HERR in meinem Leben getan hatte. Sie antwortete mir:

»Weißt du, während der letzten fünf Jahre haben noch zwei andere Freunde von mir ihr Leben Jesus Christus übergeben und sich so radikal verändert. Früher waren sie unzufrieden und unglücklich, jetzt sind sie voller Freude und Frieden. Ich habe mir schon oft gedacht, daß ich diesen Schritt auch gerne tun würde, aber ich kann einfach nicht, so denke ich einfach nicht mehr darüber nach.«

»Warum kannst du Jesus dein Leben nicht übergeben?« fragte ich.

»Ich kann die Vorteile wohl sehen, aber ich kann einfach nicht. Auch jetzt, wo wir darüber reden, spüre ich eine richtige Angst und Unruhe in mir. Laß uns lieber nicht mehr weiter darüber reden.«

Vor kurzem noch hätte ich das Gespräch hier abgebrochen. Doch, Preis dem HERRN, dank seiner Ausbildung erkannte ich die Symptome ohne Schwierigkeiten. Deshalb fuhr ich unbeirrt fort:

»Darf ich dir noch eine Frage stellen? Wenn du versuchst, über Jesus nachzudenken, ist es dann etwa so, als ob du gegen eine unsichtbare Mauer rennst, und dann wird es so anstrengend, weiter darüber nachzudenken, daß du einfach aufgibst?«

»Ja, genauso ist es! Woher weißt du das?«

»Nun, weil ich in Gottes Schule gewesen bin. Erzähl mir doch, auf welche okkulten Machenschaften du dich eingelassen hast?« Sie reagierte erschrocken und überrascht.

»Woher weißt du das denn? Ich habe nicht viel gemacht, außer daß ich vor etwa acht Jahren aus Spaß bei einem Handlinienleser war. Seitdem war ich noch einige Male bei Handlinienlesern und Wahrsagern und habe mir kürzlich ein Horoskop erstellen lassen. Aber ich habe das alles nicht so ernst genommen.«

»Nun, Jane, dieser ›oberflächliche‹ Kontakt mit dem Okkultismus hat aber ausgereicht, um dich in eine dämonische Bindung zu bringen, so daß du Jesus nicht annehmen kannst. Aber ich habe eine wunderbare Botschaft für dich: Jesus kam, um die Gefangenen zu befreien, und weil ich Sein Eigentum bin, hat Er mir Autorität über Satan und seine Dämonen gegeben. Ihr Dämonen, die ihr Jane bindet und verblendet, ich binde euch jetzt im Namen Jesu, ihr dürft nicht länger in ihrem Leben wirken!«

Jane sah mich erstaunt an. Sie dachte wohl, ich hätte den Verstand verloren. Doch ich wechselte einfach das Thema und sprach etwa zehn Minuten über etwas anderes. Dann fragte ich sie:

»Jane, ich habe dich doch vorhin gefragt, ob du Jesus als deinen HERRN und Retter annehmen willst. Du weißt, daß du das eigentlich tun müßtest, möchtest du jetzt mit mir beten?«

Zuerst war sie überrascht, doch dann sagte sie erleichtert:

»Ja, ich möchte jetzt mit dir beten. Ich **kann** Jesus annehmen. Ich weiß gar nicht, warum ich diesen Schritt nicht schon früher getan habe.«

Wir knieten beide nieder, und wieder wurde ein Gefangener mehr aus Satans Reich der Finsternis befreit und betrat nun das Reich Gottes. Danach sprach ich mit ihr über die Einfallstore, die sie geöffnet hatte; sie betete und verschloß sie für immer vor Satan mit dem kostbaren Blut Jesu.

2) Eines Abends betrat ein 20jähriges Mädchen den Notaufnahmeraum, in dem ich arbeitete. Ihr Problem war, daß sie Angst hatte, Selbstmord zu begehen, wenn ihr nicht geholfen werden würde. Sie war depressiv und ängstlich, sie meinte, daß es nichts gäbe, für das es sich zu leben lohnte, ihr Leben war leer und ohne Sinn. Nachdem ich eine Weile mit ihr geredet hatte, sagte ich ihr ganz deutlich, daß sie Jesus Christus bräuchte, und erzählte ihr das Evangelium. »Meine Eltern sind Christen, und ich bin in einer Gemeinde aufgewachsen«, antwortete sie mir. »Ich weiß, daß Sie die Wahrheit sagen, aber ich bin noch nicht soweit.«

»Ihr Dämonen, die ihr dieses Mädchen bindet, ich binde **euch** im Namen Jesu, ihr dürft nicht länger in ihrem Leben wirken!« Sie schaute mich an, als wäre ich nicht ganz normal, vergaß es aber schnell wieder, weil ich das Thema wechselte und ein paar Minuten über etwas anderes sprach. Dann fragte ich:

»Susi, Sie haben vorhin zugegeben, daß das, was ich sagte, die Wahrheit ist und daß Sie Jesus in Ihrem Leben brauchen. Was halten Sie davon, wenn wir jetzt beten und den HERRN Jesus bitten, daß Er Ihr HERR und Retter wird?«

»Ja, das möchte ich tun. Bis jetzt hat mich das noch niemand so richtig gefragt. Bitte helfen Sie mir, ich weiß nicht, was ich sagen soll.«

Susi betete mit mir und begann so den Weg zum ewigen Leben. Durch weiteres behutsames Nachfragen meinerseits entdeckte ich, daß das Einfallstor, das sich in ihrem Leben geöffnet hatte, eine kurze Drogenerfahrung war, als sie im Alter von 13 Jahren ein Wochenende auf einer Schlummerparty verbrachte. Das allein reichte aus, um ihren Verstand und Willen dämonisch zu binden. Aus ihren Erzählungen über ihr Leben entnahm ich, daß sie vor unserer Begegnung zweifellos viele Gelegenheiten gehabt hatte, Jesus anzunehmen, doch sie war gebunden und konnte es deshalb nicht.

3) In der Zeit, als ich die Verantwortung über die Intensivstation hatte, wurde ein 80jähriger Mann mit einem schweren Herzinfarkt eingeliefert. Nachdem ich ihn untersucht hatte, wußte ich, daß er wahrscheinlich nicht mehr lange leben würde. Er fragte mich, wie es um ihn stünde, und ich sagte ihm, daß er einen schweren Herzanfall gehabt hätte und es ihm nicht sehr gut ginge. Er drehte sich weg und begann zu weinen. Unsere Unterhaltung verlief folgendermaßen:

»Oh, Frau Doktor, bitte sagen Sie so etwas nicht, ich kann es nicht ertragen.«

»Mein Herr, was ist mit Ihnen, haben Sie solche Angst vor dem Sterben?«

»Ja.«

»Wissen Sie, was mit Ihnen nach dem Tod geschehen wird?«

»Ja, junge Frau, ich werde direkt in die Hölle gehen!«

Ich war sehr überrascht, da nur sehr wenige Menschen so gerade-
heraus sind. »Bitte, mein Herr, lassen Sie mich Ihnen erzählen, wie
Sie den Weg in die Hölle vermeiden können!«

»NEIN, NEIN! Ich habe das alles schon mal gehört, es hat ja
doch keinen Wert. Kümmern Sie sich doch nicht um mich!«

»Ob Sie es nun wollen oder nicht, Sie WERDEN die Botschaft
von Jesus Christus nun trotzdem noch einmal hören.« Dann erzählte ich ihm in ungefähr vier Sätzen das Evangelium. In solchen
Situationen muß man sich unbedingt kurz fassen.

»Ich kenne das alles und weiß, daß es die Wahrheit ist, aber ich
kann einfach nicht.«

»Wiederholen Sie doch nur diese drei Worte: Jesus, rette mich!«

»Ich kann nicht, nein, ich kann nicht, gehen Sie weg!«

»Ja, ich weiß, daß Sie gehindert werden. Sie können diese Worte
nicht sagen. Sagen Sie mir doch, ob Sie wissen, wer Sie daran hindert.«

In diesem Moment drehte er sich um und sah mir direkt in die
Augen und sagte: »Satan und seine Dämonen!«

»Dann habe ich eine gute Nachricht für Sie. Jesus kam, um die
Gefangenen zu befreien, und Sie sind ganz sicher solch ein Gefan-
gener. Aber ich bin ein Königskind, und mir ist Jesu Autorität über
Satan und seine Dämonen gegeben.«

Ich wandte mich nun laut an Satan und seine Dämonen und band
sie im Namen Jesu. Ich werde die plötzlich auftretende Freude auf
dem Gesicht dieses alten Mannes nie vergessen. Er nahm meine
Hand, und Tränen rannen uns beiden übers Gesicht, als er betete
und Jesus bat, sein HERR und Retter zu werden. Ich konnte den
Frieden regelrecht sehen, der sich über ihn ausbreitete. Er sah auf
und sagte: »Junge Frau, ich habe mich 50 Jahre lang danach ge-
sehnt, gesucht und gewünscht, Jesus zu gehören, aber ich konnte
einfach nicht.«

Etwas später erzählte er mir, daß er mit etwa dreißig Jahren als Matrose gearbeitet hatte. Sein Schiff ging auf den Philippinen vor Anker, und während seines Landganges hatte er eine Auseinandersetzung mit einigen Einheimischen. Sie legten einen Voodoo-Fluch auf ihn, der bewirkte, daß er Jesus nicht annehmen konnte, obwohl er Ihn fünfzig Jahre lang suchte. Der Fluch hielt ihn gebunden. Keiner, mit dem er bisher geredet hatte, wußte mit der gewaltigen Macht und Autorität, die uns Jesus gegeben hat, umzugehen. Keiner hatte erkannt, was mit ihm los war. Als ich ihn am nächsten Tag besuchte, ging es ihm körperlich sehr viel schlechter, aber er strahlte. Seine letzten Worte an mich waren: »Junge Frau, ich habe vollkommenen Frieden.« Er fiel in ein Koma und starb kurze Zeit später.

4)   Eine 44jährige Frau wurde von ihren Freunden zu mir gebracht, weil sie nahe daran war, Selbstmord zu begehen. Sie brachten sie zu mir, weil sie wußten, daß ich Ärztin und Christin war, und hofften, daß ich vielleicht helfen könnte. Ihre Geschichte unterschied sich nicht von all den anderen, die ich schon gehört hatte: Ihre Eltern waren Christen und liebten sie, und sie wußte das. Aber als Teenager kam sie irgendwie auf die schiefe Bahn. In der Schule begann sie mit den falschen Leuten Umgang zu haben und geriet so in allerlei unerlaubte sexuelle Beziehungen. Sie bemerkte dazu:

»Ich wußte, daß das, was ich tat, falsch war, und tief in meinem Inneren wollte ich es eigentlich gar nicht tun, aber ich wußte mir nicht zu helfen. Ich war in einer Gemeinde aufgewachsen und wußte, was falsch und richtig war. Ich schien nicht fähig zu sein, Jesus wirklich anzunehmen und Ihm mein Leben zu übergeben, wie es meine Geschwister taten – ich wußte nie, warum. Ich denke, ich war einfach noch nicht bereit dazu.«

Im Alter von 17 Jahren hatte sie bereits ein uneheliches Kind. Ihre Eltern brachten sie dazu, es zur Adoption freizugeben. Etwas später, im gleichen Jahr, starb sie beinahe an einem Selbstmordversuch und war drei Monate in einer psychiatrischen Klinik. Den größten Teil ihres restlichen Lebens verbrachte sie in psychiatrischen Einrichtungen, sie ging zu zahlreichen Psychologen und Psychiatern und nahm unzählige Medikamente und Beruhigungsmittel. Nichts half. Sie war unfähig, eine feste Beziehung einzugehen oder Liebe zu erfahren. Sie bekam mit 19 Jahren ein zweites uneheliches Kind und rannte von daheim fort, aus Angst, ihre Eltern würden sie dazu bringen, dieses zweite Kind auch zur Adoption freizugeben. Schließlich begann sie, zwei Jahre bevor sie zu mir kam, eine Gemeinde zu besuchen, schloß sich dieser an und entschied sich endlich doch für Jesus. Ihr Leben verbesserte sich im Laufe des nächsten Jahres. Sie hörte auf zu trinken und ging einer geregelten Arbeit nach. Sie fand echte christliche Freunde, die viel Zeit mit ihr verbrachten und ihr halfen, ihr Leben in Ordnung zu bringen und zu bereinigen. Sie hatte Freude am Beten und Bibellesen. Doch eines Tages geschah Folgendes:

»Ich hatte das Gefühl, als wenn jemand eine Tür zugeschlagen hätte und alles um mich herum dunkel wurde. Ich konnte nicht länger in der Bibel lesen oder beten. Ich konnte die Gegenwart des HERRN nicht mehr spüren. Ich litt große Not. Ich ging weiterhin in die Gemeinde, weil ich wußte, daß das das einzig Richtige war. Ich hatte keine Freude mehr. Ich habe mit vielen Pastoren gesprochen, die alle zu mir gesagt haben, daß da noch eine unbekannte Sünde in meinem Leben sein müsse oder daß der HERR mich prüfe. Aber ich weiß, daß ich zerstört werde. Ich möchte nicht länger leben, der einzige Ausweg für mich ist Selbstmord.«

Ich fragte sie, ob sie in sich je etwas bemerkt hätte, was eigentlich gar nicht zu ihr gehörte, aber doch ihre Handlungen und oft auch ihre Gedanken beherrschte. Ihr Blick erhellte sich:

»O ja, das habe ich schon öfter bemerkt. Ich glaube wirklich, daß da sehr wohl etwas in mir ist, das nicht von mir ist. Ich habe schon einige Male Pastoren gefragt, ob ich einen Dämon haben könnte, aber sie sagten mir, daß Christen keine Dämonen haben könnten. Ich denke, daß ich eben doch verrückt bin. Die Psychiater sagten, ich wäre schizophren, als ich versuchte, ihnen diese Sache zu beschreiben.«

Wie unwissend sind doch leider viele Menschen! Sarah hatte tatsächlich einen Dämon in sich, sogar einen sehr mächtigen, der noch viele Unterdämonen unter sich hatte. Der HERR wies mich an, nach dem Schlüssel für das Einfallstor zu suchen, das dem Dämon geöffnet worden war. Unter der Führung des HERRN fragte ich Sarah, ob sie sich an irgendein traumatisches Ereignis aus ihrer früheren Kindheit erinnern könnte, das für sie ein seelischer Schock gewesen wäre. Nachdem sie einen Moment nachgedacht hatte, sagte sie:

»Es ist schon seltsam, daß Sie gerade solch eine Frage stellen. Ich erinnere mich vage, daß meine Mutter einmal mir gegenüber erwähnte, daß ich als kleines Mädchen vergewaltigt worden wäre. Sie erzählte mir nie ausführlicher darüber und meinte, es wäre das beste, alles zu vergessen. Ich erinnere mich, daß mich ein Mann packte und zu Boden warf. Dann weiß ich nur noch, daß ich am Boden lag und in einen wunderschön blühenden Apfelbaum sah. Ich erinnere mich sonst an nichts anderes mehr von diesem Vorfall.«

Das war das Einfallstor. Der Dämon, der in sie hineingefahren war, während sie vergewaltigt wurde, war in ihr viele, viele Jahre unentdeckt geblieben und hatte ihr Leben zerstört. Er war von einer besonderen Klasse, die ich später noch ausführen werde; er kann Geist, Seele und Leib gleichzeitig bewohnen. Er hat Tausende von Fühlern, mit denen er sich tief in jeden Bereich hineinwindet und ihn umschlingt. Er war es auch, der die Tür in ihrem Geist zugeschlagen hatte, so daß sie Gottes Gegenwart nicht mehr spüren konnte. Der Dämon konnte es nicht ertragen, daß sie im Glauben wuchs und daß der Heilige Geist die Führung in ihrem Leben übernehmen wollte. So versuchte er, Sarah von ihrer Hingabe an den HERRN abzubringen.

Doch der HERR ließ Sarah nicht los, und in den nächsten zwei Stunden wurde dieser Dämon mit seinen vielen anderen untergeordneten Dämonen ausgetrieben. Endlich, nach vielen, vielen Jahren, war Sarah frei. Sie konnte nun wieder die Gegenwart des HERRN in ihrem Geist wahrnehmen, las voll Freude Sein Wort und begann zum erstenmal in ihrem Leben ein normales, gesundes Leben zu führen und erfuhr die Liebe unseres HERRN Jesus Christus. Ich wurde wieder an Hosea 4:6 erinnert, wo es heißt: »Mein Volk geht zugrunde aus Mangel an Erkenntnis.«

5) Ein kräftiger 35jähriger Mann suchte mich mit dem folgenden Problem in meiner Praxis auf:

»Mein Leben wird zerstört, es zerfällt in lauter Einzelteile. Ich kann keine genaue Ursache angeben, aber ich weiß mit Sicherheit, daß ich sterben werde.«

Ich sprach mit ihm und befragte ihn über eine Stunde lang, um die Ursache für seinen Zustand herauszufinden. Seine Gesundheit war ausgezeichnet. Er hatte keine medizinischen Probleme und fühlte sich auch nicht in irgendeiner Weise krank. Er bezeichnete sich als Christ, obwohl er nicht ernsthaft mit dem HERRN ging. Seine Ehe war glücklich, seinen Kindern ging es gut, seine Beziehung zu seiner ganzen Familie war gut. Er hatte eine gute Arbeit, die ihn ausfüllte. Als ich ihn schließlich nach jedem Körperteil gefragt hatte, sagte er:

»Bis vor drei Jahren hatte ich ständig Schwierigkeiten mit meinen Nasennebenhöhlen, aber seither geht es mir auch in diesem Bereich gut.«

Interessanterweise hatte er mir erzählt, daß er gerade seit den letzten drei Jahren das Gefühl hätte, sein Leben würde zerfallen.

»Wie kam es denn zur Heilung ihrer Nasennebenhöhlen?«

»Oh, ich ging zu Dr. . . . ., er machte Akupunktur bei mir. Es hat wirklich geholfen. Seitdem habe ich keine Schwierigkeiten mehr.«

Das war die Ursache! Während der ärztlichen Untersuchung schrieb ich ein EKG von ihm. Während das EKG-Gerät seinen Herzschlag aufzeichnete, fühlte ich plötzlich die erdrückende Anwesenheit einer bösen Macht im Raum. Augenblicklich hörte das Herz des jungen Mannes auf zu schlagen! Ich war mir nicht völlig sicher, mit was ich es zu tun hatte, aber ich gebot dem Bösen im Namen Jesu, und sein Herz begann spontan wieder zu schlagen. Sein Herzschlag hatte eine volle Minute lang ausgesetzt! Danach offenbarte mir der HERR, daß der Geist des Akupunkteurs das Böse war, das ich gespürt hatte. Er entzog dem Patienten so viel Kraft, daß sogar das Herz kurzzeitig stehenblieb. Der HERR ließ es zu meiner Belehrung zu, daß das gerade zu diesem Zeitpunkt geschah. Durch die Akupunkturnadeln waren dämonische Einfallstore in diesem jungen Mann geschaffen worden, um ihn so der Kontrolle des Akupunkteurs auszuliefern, ähnlich wie bei einem Hypnotiseur. Der Akupunkteur entzog dem jungen Mann Kraft für seinen eigenen Gebrauch. Daher hatte er das Gefühl, sein Leben würde zerstört werden. Das geschah auch wirklich! Ich konnte ihm nicht erklären, was geschehen war. Er hätte sicher gemeint, ich wäre verrückt. Er war ein oberflächlicher Christ, der noch nicht einmal bereit war, überhaupt zu akzeptieren, daß Dämonen existierten. Ich fragte den HERRN, was ich in solch einer Situation tun könnte.

»Gebrauche die stärkste Waffe, die du hast«, war Seine Antwort, »bete mächtig für diesen jungen Mann.«

Während des nächsten Jahres fastete und betete ich viele Male für diesen jungen Mann. Schließlich, nach einem Jahr, sprach der HERR eines Tages zu mir, daß Er ihn als Antwort auf meine Gebete befreit hätte, ohne daß er jemals wußte, was geschah. Kurz danach sah ich ihn wieder; er kam wegen eines kleineren Problems und erzählte mir, daß er sich schon viel besser fühlte. Und wieder hatte Jesus einen Gefangenen befreit.

6) Ein 24jähriger junger Mann war bei mir in Behandlung, weil er versucht hatte, sich das Leben zu nehmen. Rick war in einem christlichen Elternhaus und in einer liebevollen Familie aufgewachsen. Als Teenager übergab er sein Leben völlig an Jesus; er hatte eine sehr enge Verbindung mit dem HERRN und hörte Ihn in seinem Geist zu ihm reden. Er war ein sehr intelligenter junger Mann und besuchte nach seinem Studium ein Seminar, um Prediger zu werden. Der HERR war die Freude seines Lebens.

Ungefähr ein Jahr bevor ich ihn zum erstenmal traf, war er plötzlich nicht mehr fähig, mit dem HERRN Gemeinschaft zu haben. Er empfand es als schier unmöglich, seine Bibel zu lesen oder zu beten, und konnte die Gegenwart des HERRN überhaupt nicht mehr spüren. Er suchte Rat und betete mit einer Reihe von Leuten, doch nichts half. Er hatte immer mehr Schwierigkeiten, sich beim Lernen zu konzentrieren, und seine Noten fielen drastisch. Schließlich war er so verzweifelt, daß er die Schule einen Monat vor dem Selbstmordversuch verließ. Für ihn gab es nichts mehr, wofür es sich zu leben lohnte.

Ich versuchte, das Einfallstor herauszufinden. Als ich ihn bat, mir alles zu erzählen, was er kurz vor Beginn der Schwierigkeiten getan hätte, berichtete er mir schließlich folgende Begebenheit:

»Kurz bevor die Schule im Herbst letzten Jahres begann, fuhr ich nach Denver in Colorado. Meine Mutter hatte mich angerufen und gebeten zu kommen, weil ihre Mutter dort schwer krank im Krankenhaus lag. Ich nahm mir ein paar Tage frei und fuhr hin. Nach meiner Ankunft in der Stadt fuhr ich direkt in Richtung Krankenhaus. Während ich so durch die Stadt fuhr, hatte ich plötzlich den Eindruck, daß etwas Schwarzes, gleich einer Wolke, auf mich herabsinken würde. Es dauerte nur ein paar Sekunden, und dann war es vorbei. Ich dachte nicht weiter darüber nach. Als ich das Krankenhaus erreichte, mußte ich feststellen, daß meine Großmutter gerade kurz vor meiner Ankunft gestorben war. Ich blieb noch bis zur Beerdigung und kehrte dann nach Hause zurück.«

Im weiteren Verlauf unseres Gespräches erzählte er mir, daß seine Großmutter sehr tief in Magie verstrickt gewesen war. Viele Mitglieder der Familie versuchten ihr vergeblich klarzumachen, daß sie Jesus bräuchte. Das war das Einfallstor: Vererbung. Beim Tod der Großmutter wurden die mächtigen Dämonen, die in ihr gewohnt hatten, auf ein anderes Familienmitglied übertragen. Natürlich hatte Satan sich Rick ausgewählt, weil er sich auf den vollzeitlichen Dienst für den HERRN vorbereitete. Nach seiner Befreiung wurde ihm die völlige und freie Gemeinschaft mit dem HERRN wiedergegeben. Hätten seine Eltern durch ein einfaches Gebet im Glauben jede erbliche Bindung an seine Großmutter durchbrochen, wäre er vor all diesen Dingen bewahrt worden, **doch** sie hatten Mangel an Erkenntnis.

Ich weiß, daß viele Leute sagen werden, daß Rick doch eigentlich vor diesen Dingen hätte geschützt sein müssen, weil er Christ war. Aber die Bibel sagt deutlich, daß die Sünden der Eltern sich auf die Kinder, sogar bis in die dritte und vierte Generation, auswirken werden. Deshalb warnte Gott die Israeliten so eindringlich davor, sich in irgendeiner Weise mit dem Okkulten einzulassen. Christen müssen sich dessen bewußt sein. Wenn du von jemandem aus deiner Familie weißt, daß er auf irgendeine Art in den Okkultismus verstrickt ist, solltest du den HERRN bitten, dieses Einfallstor der Vererbung mit dem kostbaren Blut Jesu für dich selbst und für deine Kinder zu schließen.

Ich möchte im Folgenden vier grundlegende Schritte skizzieren, die ein Christ anwenden kann, um für die Errettung einer dämonisch gebundenen Person zu kämpfen. Viele Eltern sind mit diesem Problem bei ihren ungläubigen Kindern konfrontiert, die in Rockmusik, okkulte Spiele, Drogen, Alkoholismus etc. verstrickt sind. Diese vier Schritte können auch von jedem Christen angewendet werden, der für eine andere Person eine Last empfindet, und bereit ist zu kämpfen, damit sie zu Jesus Christus findet.

1) Wenn die unerrettete Person im gleichen Haus wie der Christ wohnt, muß zuerst das Haus gereinigt werden. Das ist möglich, wenn der Christ eine Autoritätsstellung in diesem Haushalt innehat. Kinder können das natürlich nicht tun, wenn sie noch minderjährig sind und im Haus der Eltern wohnen. Diese Situation wird am Ende dieses Punktes separat besprochen.

Alle Gegenstände, die im Dienst Satans gebraucht werden, sind »für die Dämonen vertraute Gegenstände« (z. B. okkulte Gegenstände, Rockplatten, Gegenstände für okkulte Phanatasie-Rollenspiele etc.; vgl. Kapitel 20). Diese Gegenstände müssen aus dem Haus entfernt werden, da sie den Dämonen legale Berechtigung geben, durch sie ständig finstere Mächte in das Haus zu holen.

Wenn ihr euch als christliche Eltern mit euren rebellischen Teenagern auseinanderzusetzen habt, warne ich euch davor, einfach eine Reinigungsaktion im Zimmer eurer Kinder zu starten und alles fortzuwerfen, was nach okkulten Gegenständen aussieht. Ihr müßt zuerst **mit ihnen darüber sprechen**. Bindet die Dämonen in ihnen, und dann setzt euch zusammen und redet mit ihnen. Hört euch mit ihnen ihre Platten an und prüft sorgfältig die Liedertexte. Ich garantiere euch, daß eure Kinder beschämt sein werden, weil sie im Grunde ihres Herzens wissen, daß Rockmusik verkommen ist. Wenn sie okkulte Spiele spielen, schaut mit ihnen die Handbücher durch, damit ihr einen Einblick davon bekommt, mit was sie sich beschäftigen. Dann könnt ihr ihnen anhand der Bibel aufzeigen, was daran verkehrt ist. Erst wenn ihr das alles getan habt, zerstört all die Platten, Kassetten, Spielutensilien etc.

Wie ich bereits oben erwähnt habe, können Kinder, die zwar Christen, aber noch minderjährig sind, den HERRN im Glauben bitten, solche okkulten Gegenstände zu versiegeln, so daß die Dämonen nicht länger durch sie wirken können.

2) Ihr müßt wissen, daß eure Lieben von Dämonen gebunden und verblendet sind. Ihr könnt ihnen jahrelang erzählen, daß sie Jesus brauchen, doch sie werden euch einfach nicht verstehen. Sie können wohl wiederholen, was ihr gesagt habt, aber es ist so, als ob das Gesagte verschlüsselt bei ihnen ankommt, so daß sie den Sinn nicht richtig verstehen können. Diese Verschlüsselung bewirkt ein Dämon. Ihr Wille ist ebenfalls gebunden, so daß, wenn sie auch die Notwendigkeit der Errettung durch Jesus Christus verstanden haben, sie Ihn nicht mit ihrem Willen bitten können, ihr HERR und Retter zu werden.

Wenn sie im gleichen Haus wohnen wie ihr, dann greift die Dämonen in ihnen jeden Tag laut an. Ihr könnt das in einem anderen Raum tun, wo eure Angehörigen euch nicht hören können. Denkt daran, Dämonen haben **sehr** scharfe Ohren. Sagt beispielsweise:

> »Ihr Dämonen, die ihr ... bindet, ich nehme Autorität über euch in dem Namen Jesu Christi, meines HERRN. Ich binde euch in dem Namen Jesu, daß ihr heute ... nicht zusetzen dürft. Mein Haus gehört dem HERRN und ist heiliger Boden. Ihr seid Eindringlinge und dürft hier nicht wirken. Ich binde euch und befehle euch in dem Namen Jesu zu gehen!«

Dieser Kampf ist eine tagtägliche Angelegenheit. Ich kann euch nicht sagen, wie lange der Kampf dauern wird, nur der HERR weiß es in jedem einzelnen Fall. Seid wachsam, denn die Dämonen können durch die andere Person oft sehr grob und beleidigend zu euch sprechen, um euch abzuschrecken. In vielen Fällen wird es notwendig sein, den Dämon direkt, wenn er durch die andere Person spricht, zurückzuweisen und ihm zu gebieten, still zu sein. Der HERR wird euch führen.

3) Ihr könnt den HERRN bitten, euch für die unerrettete Person in den Riß treten zu lassen. Das wird im 14. Kapitel näher besprochen. Vgl. Hesekiel 22:30–31. Bittet den HERRN, euch für diese Person in den Riß treten zu lassen, damit ihre Augen geöffnet werden, und ihr Wille befreit wird, Jesus anzunehmen.

4) Schließlich müßt ihr die wunderbare Machtstellung begreifen, in die uns unser HERR Jesus hineingestellt hat.

> »Laßt uns nun mit Freimütigkeit hinzutreten zum Thron der Gnade, damit wir Barmherzigkeit empfangen und Gnade finden zur rechtzeitigen Hilfe.«   Hebräer 4:16

Die Heilige Schrift zeigt uns, daß Satan vor Gott tritt und Ihn um Menschen bittet. Der Bericht in Hiob 1 belegt dies deutlich. Offensichtlich hat Satan Gott auch um Petrus gebeten:

> »Der HERR aber sprach: Simon, Simon! Siehe, der Satan hat euer begehrt, euch zu sichten wie den Weizen. Ich aber habe für dich gebetet, daß dein Glaube nicht aufhöre; und wenn du einst zurückgekehrt bist, so stärke deine Brüder.«   Lukas 22:31–32

Satan ist bis zum 12. Kapitel der Offenbarung noch nicht endgültig aus dem Himmel geworfen worden.

> »Und es entstand ein Kampf im Himmel: Michael und seine Engel kämpften mit dem Drachen. Und der Drache kämpfte und seine Engel; und sie bekamen nicht die Übermacht, und ihre Stätte wurde nicht mehr im Himmel gefunden. Und es wurde geworfen der große Drache, die alte Schlange, der Teufel und Satan genannt wird, der den ganzen Erdkreis verführt, geworfen wurde er auf die Erde, und seine Engel wurden mit ihm hinabgeworfen. Und ich hörte eine laute Stimme im Himmel sagen: Nun ist das Heil und die Kraft und das Reich unseres Gottes und die Macht seines Christus gekommen; denn hinabgeworfen ist der Verkläger unserer Brüder, der sie Tag und Nacht vor unserem Gott verklagte.«   Offenbarung 12:7–10

Ihr müßt verstehen, daß Satan vor dem Thron Gottes steht und unseren himmlischen Vater um die Seelen unserer unerretteten Lieben bittet. Satan erhebt anklagend seinen Finger und sagt: »Schau, der und der beteiligt sich an Rockmusik (oder an was auch immer), ich habe deshalb das legale Recht auf seine Seele, ich habe das Recht, sein Leben zu beeinflussen und meine Dämonen in ihn zu senden.«

Da Gott absolut gerecht ist, muß Er Satan seine Bitte gewähren, **wenn** sie unangefochten bleibt. **Aber** wir, als Erben und Miterben Christi, haben ein **größeres** Recht, Gott, den Vater, zu bitten, als Satan es hat. Wir müssen freimütig vor den Thron Gottes kommen und Satan überbieten. Wir können etwa folgendes beten:

> »Mein Gott und Vater, ich stelle mich gegen die Forderungen Satans. Ich komme zu Dir im Namen Jesu Christi, meines HERRN, und erhebe Anspruch auf diese Person. Ich beanspruche sie als mein Erbe, das Du mir zu geben versprochen hast (wenn es sich um dein Kind oder deinen Ehepartner handelt). Satan darf sie nicht haben. Ich bitte Dich, öffne ihre Augen, daß sie das Licht des Evangeliums von Jesus Christus sehen kann.«

Wenn die Person, für die ihr betet, kein Angehöriger ist, so könnt ihr auf der Grundlage beten, daß Jesus uns befohlen hat, in der ganzen Welt Jünger zu machen, und wir können diese Person als Jünger Jesu beanspruchen.

Um es noch einmal zu sagen: Ihr müßt verstehen, daß dies ein **echter Kampf** ist. Ihr werdet nicht über Nacht gewinnen, doch ihr habt die Macht und Autorität in Jesus Christus, am Ende als Sieger hervorzugehen.

KAPITEL 14

Der menschliche Geist, in den Riß treten und die geistliche Welt

REBECCA:

MENSCHLICHE GEISTER

Wir haben in diesem Buch bereits mehrmals den menschlichen Geist erwähnt. Dies ist ein sehr wichtiger Begriff, den jeder Christ verstanden haben sollte. Es handelt sich dabei um die Macht, die Elaine und viele andere eingeübt und gebraucht haben. Laßt uns die Schriftstellen zu diesem Thema betrachten:

> »Er selbst aber, der Gott des Friedens, heilige euch völlig; und vollständig möge euer **Geist** und Seele und Leib untadelig bewahrt werden bei der Ankunft unseres Herrn Jesus Christus.«
>
> 1. Thessalonicher 5:23

Paulus zeigt uns hier, daß wir Menschen dreigeteilte Wesen sind. Das heißt, wir bestehen aus drei getrennten Teilen: Dem Körper, der Seele (sie umfaßt unseren bewußten Verstand, unseren Willen und unsere Gefühle) und dem **Geist**. Er sagt ganz klar, daß alle drei gereinigt und Jesus hingegeben werden müssen, und daß Jesus selbst uns fähig machen muß, alle drei Teile »untadelig« zu bewahren bis zu Seiner Wiederkunft.

1. Mose 2:7 sagt:

> »Da bildete Gott, der HERR, den Menschen, aus Staub vom Erdboden und hauchte in seine Nase Atem des Lebens; so wurde der Mensch eine lebende Seele.«

Das heißt, Adam lebte und wurde sich seiner selbst bewußt. Im Wesentlichen entspricht unser Ich unserer Seele. Sie äußert sich als unser Verstand, unser Wille und unsere Gefühle.

> ». . . Es wird gesät ein natürlicher Leib, es wird auferweckt ein **geistlicher Leib**.« 1. Korinther 15:44b

Dieser Vers wird häufig übersehen. Unser Geist hat eine Form oder eine Gestalt, einen Leib entsprechend unserem natürlichen

Leib. Außer Satanisten oder Leuten, die sich mit Dingen wie Astralprojektion beschäftigen, erkennen dies wenige (vgl. **Bild A**).

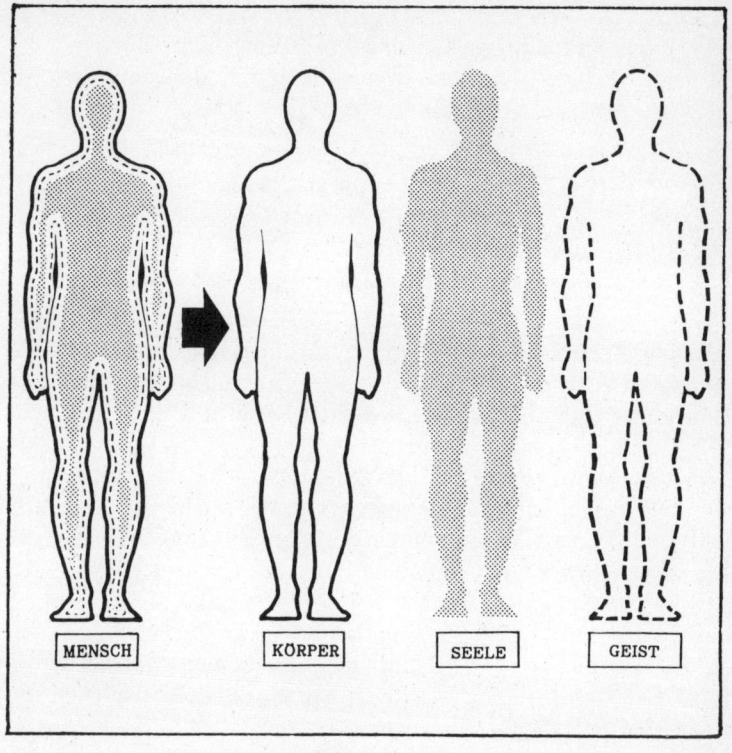

Bild A

»Ich weiß von einem Menschen in Christus, daß er vor vierzehn Jahren – ob im Leib, weiß ich nicht, oder außer dem Leib, weiß ich nicht; Gott weiß es –, daß dieser bis in den dritten Himmel entrückt wurde. Und ich weiß von dem betreffenden Menschen – ob im Leib oder außer dem Leib, weiß ich nicht; Gott weiß es –, daß er in das Paradies entrückt wurde und unaussprechliche Worte hörte, die auszusprechen einem Menschen nicht zusteht.«   2. Korinther 12:2–4

»Nach diesem sah ich: Und siehe, eine Tür, geöffnet im Himmel, und die erste Stimme, die ich gehört hatte, wie die einer Posaune, die mit mir redete, sprach: Komm hier herauf, und ich werde dir zeigen, was nach diesem geschehen muß. Sogleich war ich im **Geist**: und siehe, ein Thron stand im Himmel, und auf dem Thron saß einer.«
                     Offenbarung 4:1–2

Diese und andere Schriftstellen zeigen Erlebnisse, die durch den Geist einer Person wahrgenommen wurden, und in denen der geistliche Leib vom natürlichen getrennt war. Beachte, als Johannes sagte, er sei im Geist, wird dies (im Englischen) klein geschrieben*), was verdeutlichen soll, daß sein eigener, menschlicher Geist gemeint ist. Jedesmal, wenn in der Bibel vom Heiligen Geist die Rede ist, wird dies (im Englischen) groß geschrieben, wie in Offenbarung 1:10.

> »Ich war an des Herrn Tag im GEist, und ich hörte hinter mir eine laute Stimme wie von einer Posaune ...«

> »Denn das Wort Gottes ist lebendig und wirksam und schärfer als jedes zweischneidige Schwert und durchdringend bis zur Scheidung von Seele und Geist, ...«   Hebräer 4:12

Hast du dich schon einmal gefragt, warum es notwendig ist, Seele und Geist zu scheiden? Nach den oben zitierten Versen kann eine Scheidung (oder Trennung) zwischen Seele und Geist gemacht werden.

Der erste Adam konnte vor dem Sündenfall genauso leicht mit der geistlichen Welt in Verbindung treten und sie sehen, wie er es auch mit der sichtbaren Welt konnte. Wie war das möglich? Indem er seinen geistlichen Leib gebrauchte. Das zeigt sich auch darin, daß er ohne weiteres mit Gott im Garten Eden spazieren gehen und mit Ihm reden konnte. Er war sich seines geistlichen Leibes genauso bewußt wie seines natürlichen Leibes. Seine **Seele** (der bewußte Verstand und Wille) beherrschte sowohl den geistlichen wie auch den natürlichen Leib. Doch beim Sündenfall kam es zum geistlichen Tod, d. h. Adam und seine Nachkommen waren sich ihrer geistlichen Leiber nicht mehr bewußt, und so konnten sie nicht mehr wie vorher Gemeinschaft mit dem HERRN haben. **(Vgl. Bild B und C)**

Wenn der Heilige Geist bei der Wiedergeburt, wenn wir Jesus als unseren HERRN und Heiland annehmen, in uns einzieht, wird unser geistlicher Leib neu geboren, oder erneuert, so daß wir wieder mit Gott Gemeinschaft haben und ihn anbeten können, so wie

---

*) Anmerkung der Übersetzer: Im Deutschen wird das Wort »Geist« immer groß geschrieben. Es wird in der Schreibweise nicht zwischen dem Heiligen Geist und dem menschlichen Geist unterschieden. Um die Unterscheidung, die im Englischen gemacht wird, wiederzugeben, haben wir im Folgenden die Schreibweise »GEist« gewählt, wenn in der von Rebecca Brown benutzten englischen Übersetzung groß geschrieben wird, die Schreibweise »Geist«, wenn klein geschrieben wird. Somit bezieht sich »GEist« auf den Heiligen Geist, »Geist« auf den menschlichen Geist.

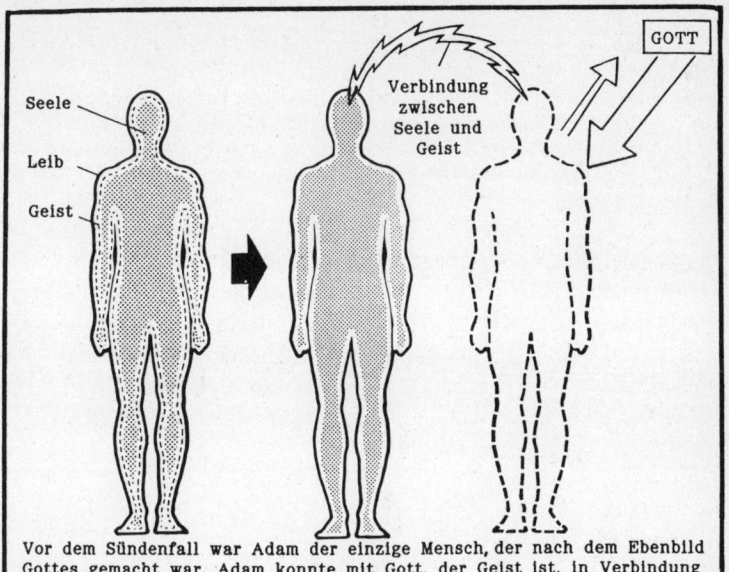

Vor dem Sündenfall war Adam der einzige Mensch, der nach dem Ebenbild Gottes gemacht war. Adam konnte mit Gott, der Geist ist, in Verbindung treten.

Bild B

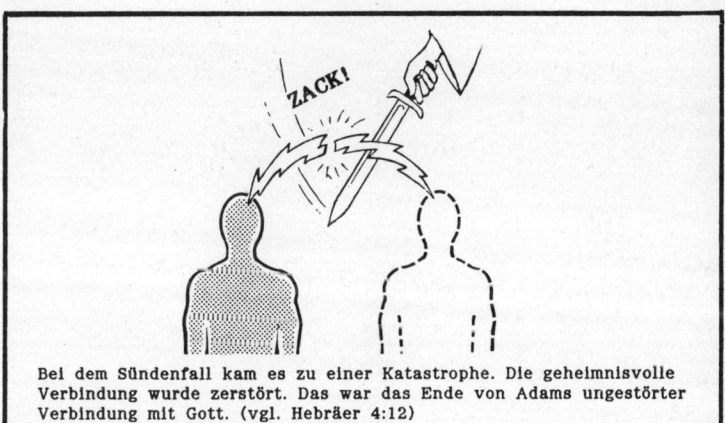

Bei dem Sündenfall kam es zu einer Katastrophe. Die geheimnisvolle Verbindung wurde zerstört. Das war das Ende von Adams ungestörter Verbindung mit Gott. (vgl. Hebräer 4:12)

Bild C

es auch Adam vor dem Sündenfall möglich war. Die Tatsache, daß wir durch unseren menschlichen Geist mit Gott Gemeinschaft haben (mit der Hilfe des Heiligen Geistes), drücken die folgenden Verse klar aus:

> »[Jesus spricht] Es kommt aber die Stunde und ist jetzt, da die wahren Anbeter den Vater in **Geist** und Wahrheit anbeten werden; denn auch der Vater sucht solche als seine Anbeter. Gott ist GEist, und die ihn anbeten, müssen in **Geist** und Wahrheit anbeten.«
>
> Johannes 4:23–24

Bitte beachte auch in diesen zwei Versen, daß dort, wo Gott als GEist angesprochen wird, dies großgeschrieben ist, wohingegen der menschliche Geist durch Kleinschreibung davon unterschieden wird. Deshalb kann nur ein Geist mit der geistlichen Welt Gemeinschaft haben (d. h. in Verbindung treten). In diesem Fall betet unser Geist Gott den Vater an, welcher GEist ist. **(Vgl. Bild D)**.

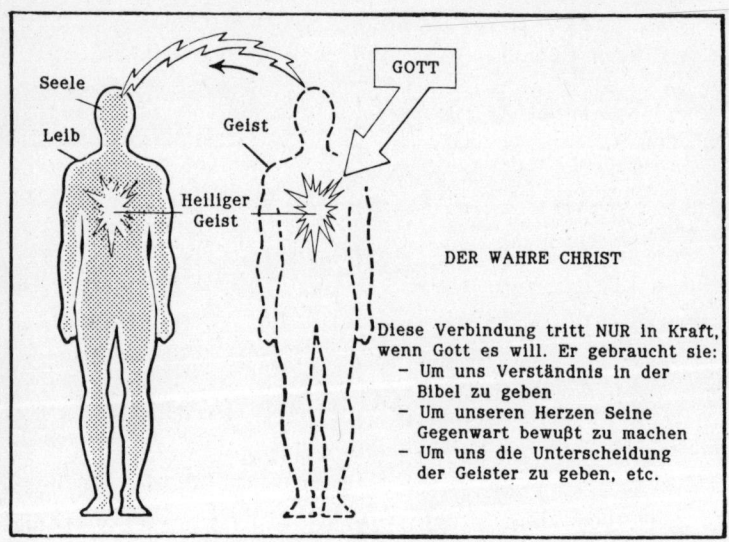

Bild D

Engel werden in der Bibel auch ganz klar als Geister beschrieben:

> »Der [gemeint ist Gott] seine Engel zu Geistern macht.« Psalm 104:4

Dieser Vers ist auch in Hebräer 1:7 zitiert.

> »Zu welchem der Engel aber hat er jemals gesagt: ›Setze dich zu meiner Rechten, bis ich deine Feinde hinlege als Schemel deiner Füße?‹ Sind sie nicht alle dienstbare Geister, ausgesendet zum Dienst um derer willen, die das Heil erben sollen?« Hebräer 1:13–14

Satan und seine Dämonen sind auch Geister, sie waren einst Engel im Dienste Gottes, bevor sie rebellierten. Jesus selbst bezeichnet diese Wesen als Engel und somit als Geister. Eine Bibelstelle dazu steht in Matthäus 25:41:

> »Dann wird er auch zu denen zur Linken sagen: Geht von mir, Verfluchte, in das ewige Feuer, das bereitet ist dem Teufel und seinen Engeln!«

So können wir aus diesen und vielen anderen Bibelstellen ersehen, daß nicht nur Gott GEist ist, sondern daß es noch andere Geistwesen gibt, die als Engel bezeichnet werden – einige davon befinden sich im Dienst Gottes, andere im Dienst Satans.

Unsere geistlichen Leiber stellen die Verbindung zwischen uns und der geistlichen Welt her, da die geistliche Welt nicht mit irgend etwas Sichtbarem gesehen oder erkannt werden kann.

Durch den Heiligen Geist sind unsere Geister in der Lage, mit Gott Gemeinschaft zu haben und Ihn anzubeten. Die Schriftstelle in Hebräer 4:12 zeigt uns jedoch, daß es **nicht** Gottes Wille für uns ist, wieder die bewußte Herrschaft über unsere geistlichen Leiber zu erlangen, während wir uns hier auf der Erde in unserem sündigen Zustand befinden. Deshalb scheidet das Schwert des GEistes Seele und Geist. Wenn diese Trennung einmal stattgefunden hat, kann die Seele (Verstand, Intellekt, Wille) den geistlichen Leib nicht mehr länger beherrschen oder steuern. Das ist auch der Grund, warum der HERR im 1. Thessalonicher 5:23 so sehr darauf besteht, daß unser Geist unter die totale Herrschaft Jesu Christi kommen **muß**, zusammen mit unserer Seele und unserem natürlichen Leib.

Es gibt dazu eine interessante Schriftstelle in Offenbarung 18:11.13b:

> [Das Folgende bezieht sich auf den Untergang Babylons] »Ebenso werden die Kaufleute der Erde über sie weinen und klagen, weil niemand mehr ihre Ware kauft: ... Schafe, Pferde, Wagen und Leiber und Seelen der Menschen.« (Mülheimer NT)

Warum wird hier ein Unterschied gemacht zwischen den Leibern und den Seelen der Menschen? Der Grund dafür ist, daß in dem geistlichen Leib des Menschen ein unglaubliches Maß an Macht und Intelligenz steckt, insbesondere, wenn dieser geistliche Leib unter der Kontrolle der Seele steht. Satan ist seit dem Sündenfall Adams durch alle Zeitalter hindurch beständig darauf aus, diese geistlichen Leiber für seine eigenen Pläne zu gebrauchen. Der natürliche Körper des Menschen ist schwach und für Satan im Grunde von geringem Nutzen, aber bei dem geistlichen Körper ist das genaue Gegenteil der Fall, sofern er unter der bewußten Herrschaft der Seele steht.

Satan verfolgt das Ziel, den Menschen beizubringen, die bewußte Herrschaft über ihren geistlichen Leib wiederzuerlangen. Viele haben es bereits gelernt. Wenn dieses Ziel einmal erreicht ist, können diese Leute die geistliche Welt genauso deutlich empfinden wie die sichtbare Welt. Sie können ungehindert mit Dämonen reden, ihren natürlichen Leib mit ihrem geistlichen Leib verlassen und unter vollem Bewußtsein an Orte gehen und Dinge tun, die dem Durchschnittsmenschen als übernatürliche Macht erscheinen. Die vielen Hexen und Zauberer haben, ohne daß sie selbst sichtbar anwesend gewesen wären, mit ihren geistlichen Leibern Elaine und mich aus dem Bett gezogen, uns durch den Raum geworfen etc. Wir waren nicht in der Lage, sie zu sehen, weil unsere sichtbaren Augen die geistliche Welt nicht sehen können. Gott möchte nicht, daß Sein Volk auf diese Weise seinen geistlichen Leib steuert. Wenn wir es dennoch tun, sind wir nicht nur offen, durch die dadurch entstehenden enormen Versuchungen zu sündigen, sondern wir sind auch nicht mehr so abhängig von Ihm und würden **zudem** in dem ständigen Bewußtsein von Satan und seinem Reich leben.

Es gibt eine spezielle Art von Dämonen, die sich häufig selbst als sogenante »Machtdämonen« ausgeben und sozusagen den »Klebstoff« darstellen, um die Verbindung zwischen Seele und geistlichem Leib herzustellen und so die betreffende Person befähigen, die bewußte Kontrolle über ihren geistlichen Leib zu bekommen. Die Phantasie ist ein entscheidendes Sprungbrett, um die Verbindung zwischen Seele und Geist herzustellen. Deshalb ist es so wichtig, jeden Gedanken unter den Gehorsam Christi gefangenzunehmen (2. Korinther 10:3–5). Ein gutes Beispiel dafür, daß die Phantasie eine Verbindung zur geistlichen Welt darstellt, sind die okkulten Phantasie-Rollenspiele. **(Vgl. Bilder E, F, G und H).**

Wir haben festgestellt, daß wir uns im Befreiungsdienst viel Zeit und Kraft sparen können, wenn wir von vornherein der Person, die um Befreiung bittet, erklären, daß wir den HERRN als erstes bitten werden, diesen Machtdämon auszutreiben (wenn die Person im Okkultismus verwickelt gewesen ist). Wer die Befreiung nicht wirklich ernsthaft möchte oder versucht, uns zu täuschen, wird sich dann schnell zurückziehen, wenn er erfährt, daß er mit der Entfernung dieses Dämons augenblicklich die Fähigkeit verlieren wird, seinen geistlichen Leib zu gebrauchen.

Ich habe auch festgestellt, daß dieses Gebiet bei der Befreiung häufig übersehen wird, und dieses Einfallstor offenbleibt. Das Ergebnis davon ist sehr leidvoll, da Satan und seine Dämonen die Person ständig quälen werden. Wenn die Person, die derartig gequält wird, einfach nur betet und den HERRN bittet, alle ihre Fähigkeiten, die geistliche Welt wahrzunehmen, wegzunehmen, und den HERRN bittet, Seele und Geist zu scheiden (so wie in Hebräer 4:12), wird sie eine unglaubliche Erleichterung dieser Belästigungen durch die böse Geisterwelt erleben. Danach wird diese Person die geistliche Welt **nur** dann wahrnehmen, wenn der HERR ihr solche Wahrnehmungen geben will. Ihr Geist wird von da ab völlig unter der Herrschaft Jesu Christi sein.

Wir Christen müssen darauf achten, den HERRN zu bitten, die vollständige Kontrolle unseres Geistes zu übernehmen. Viele Christen gehen in die Falle und lernen, ihren eigenen Geist zu beherrschen. Ich habe viele sagen gehört: »Ich meditiere, bis ich eine geistliche Erfahrung habe oder Gott erfahre.« Christen **haben** in der Tat Erlebnisse im Geist – Visionen und Offenbarungen –, aber diese sind **immer** unter der Kontrolle des HERRN Jesus Christus und **niemals** von der Person selbst gesteuert oder verursacht. Wenn ein Christ in der Lage ist, solche geistlichen Erfahrungen zu steuern, dann werde ich zu ihm sagen müssen, daß ich ernsthafte Zweifel daran habe, daß seine Erfahrungen von Gott kamen. Höchstwahrscheinlich kamen sie von Satan.

Viel zu viele Christen meinen, sie müßten sich ihrer Gedanken »entleeren«, damit der Heilige Geist durch sie reden oder sie »steuern« kann. Die Bibel zeigt uns jedoch ganz klar, daß wir **aktiv** mit dem Heiligen Geist zusammenarbeiten sollen. Jedesmal, wenn wir uns unserer Gedanken entleeren, ist der Geist, der dann durch uns redet, aller Wahrscheinlichkeit nach **nicht** der Heilige Geist. Eine Vielzahl von Christen wurde oder wird irregeführt,

NACH DEM SÜNDENFALL

Keine Verbindung

Adam zeugte einen Sohn, ihm ähnlich, nach seinem Bild ... nicht nach dem Bild Gottes. (vgl. 1.Mose 5,3)

Satan gebraucht eine dämonische Kraft, um eine verderbliche Verbindung im gefallenen Menschen aufzurichten.

Durch diese Verbindung ist sich der Mensch seines geistlichen Körpers voll bewußt.

Die Verbindung befähigt ihn zu einer bewußten Kommunikation mit der okkulten Geisterwelt mittels seines Geistes.

Satan und Dämonen

Bild E

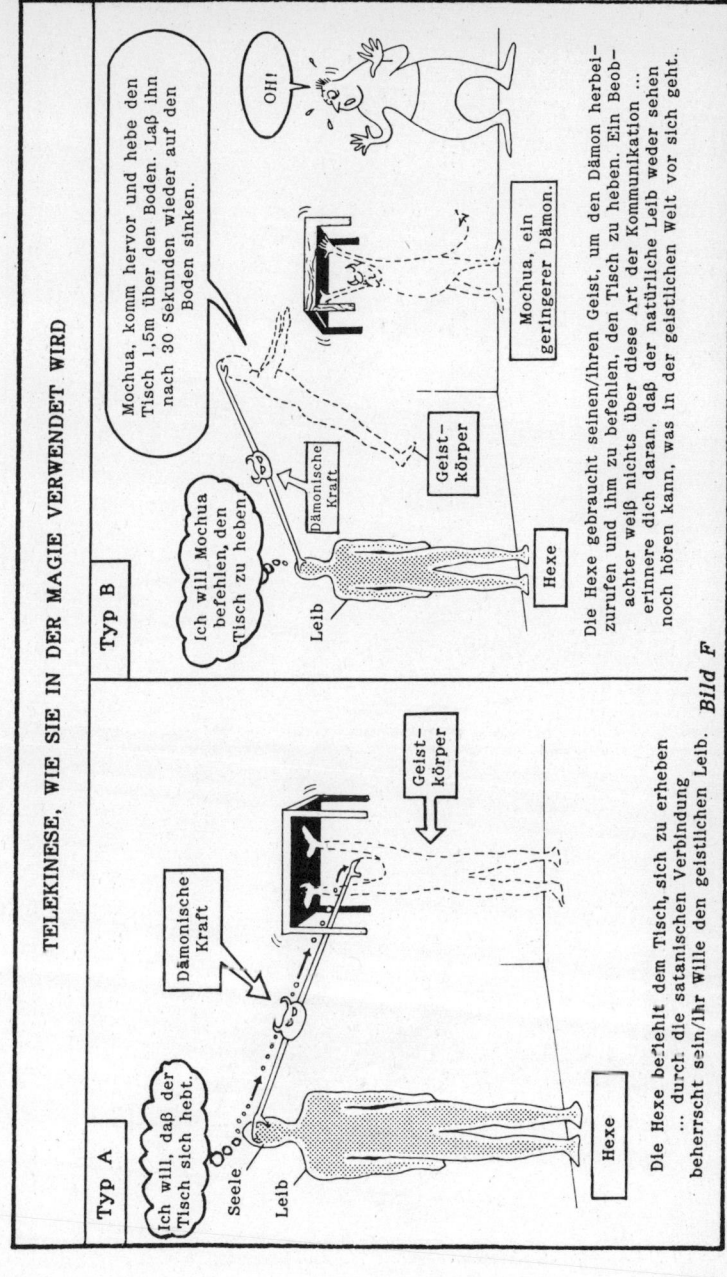

167

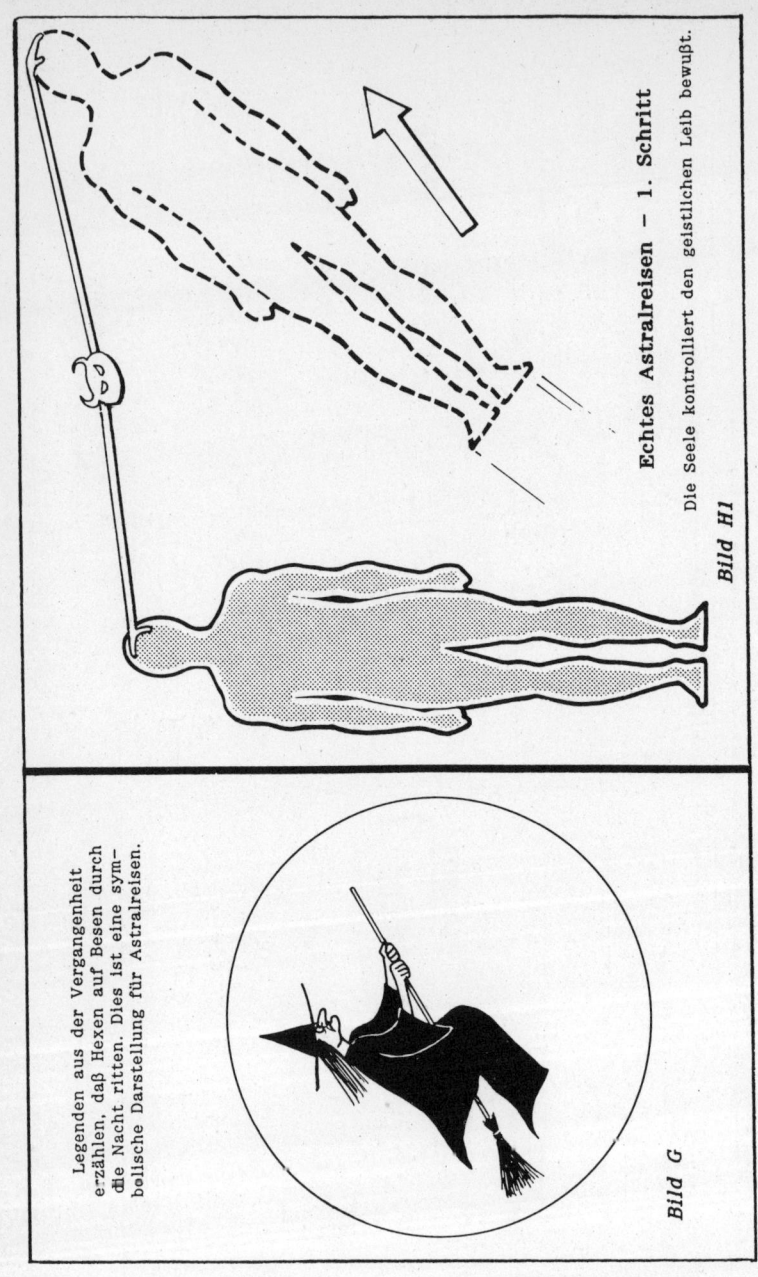

Echtes Astralreisen – 1. Schritt

Die Seele kontrolliert den geistlichen Leib bewußt.

Bild H1

Legenden aus der Vergangenheit erzählen, daß Hexen auf Besen durch die Nacht ritten. Dies ist eine symbolische Darstellung für Astralreisen.

Bild G

168

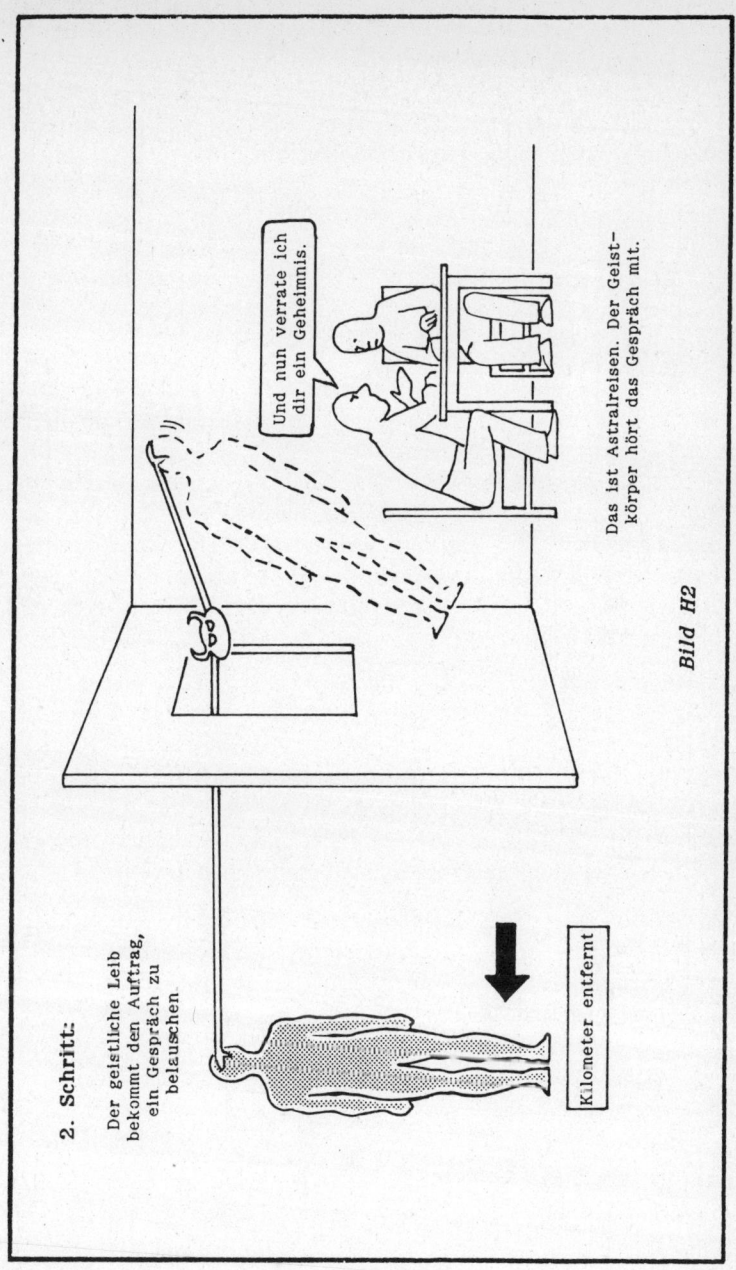

Bild H2

169

weil sie die Prinzipien Gottes bezüglich ihres Geistes nicht kennen. Viele sogenannte Prophetien, die von Leuten gebracht werden, die sich zuvor ihrer Gedanken entleert haben, im Glauben, der Heilige Geist würde sie dann leiten, sind dämonische Prophetien. So viele Christen werden in diesem Bereich verführt und nehmen solche Prophetien an, weil die Person, die die Prophetie gibt, Einzelheiten über sie oder über ihr Leben anspricht, von denen sie meinen, daß sie nur Gott wissen könne. Sie vergessen, daß Satan ganz genau über unser Leben Bescheid weiß, das einzige, was er nicht weiß, sind die Gedanken und Absichten unseres Herzens.

Es kursiert unter den Christen in Amerika eine Lehre, die sich ständig weiter ausbreitet, von der ich meine, daß sie sehr gefährlich ist. Sie besagt, daß »unser seelischer Mensch unter die Herrschaft unseres geistlichen Menschen gestellt werden soll, weil unser Geist ohne Sünde sei, wenn der Heilige Geist erst einmal in uns wohne«. Zwei Dinge sind verkehrt an dieser Lehre. Erstens ist die einzige Möglichkeit, wie unsere Seele unter die Herrschaft unseres Geistes gestellt werden kann, die, daß ein bewußter Kontakt zwischen Seele und Geist hergestellt wird. Das ist reine Hexerei. 1. Petrus 1:22 sagt:

> »Da ihr eure Seelen gegen die Wahrheit mittels des GEistes zu ungeheuchelter Bruderliebe gereinigt habt . . .« (Übersetzung der engl. Bibelstelle)

Beachte, daß das Wort »GEist« groß geschrieben ist und somit den Heiligen Geist meint. Unsere Seelen sind dadurch »gereinigt«, daß sie sich dem Heiligen Geist unterordnen und Ihm gehorchen, aber **nicht** unserem eigenen menschlichen Geist.

Zweitens zeigt 1. Thessalonicher 5:23 ganz deutlich, daß unser Geist anfällig dafür **ist**, in Sünde zu fallen, weil Jesus ihn untadelig bis zu Seiner Ankunft **bewahren** muß. Dieses Bewahren ist eine Sache, die andauert. Sieh dir den Vers noch einmal an:

> »Er selbst aber, der Gott des Friedens, heilige euch völlig; und vollständig möge euer Geist und Seele und Leib untadelig bewahrt werden bei der Ankunft unseres Herrn Jesus Christus.«
>
> 1. Thessalonicher 5:23

1. Johannes 1:8-9 stimmt ebenso sicher nicht mit dieser Lehre überein. Es heißt dort:

> »Wenn wir sagen, daß wir keine Sünde haben, betrügen wir uns selbst, und die Wahrheit ist nicht in uns. Wenn wir unsere Sünden

bekennen, ist er treu und gerecht, daß er uns die Sünden vergibt und
uns reinigt von jeder Ungerechtigkeit.«   1. Johannes 1:8–9

Bitte beachte: Gott befreit uns weder in diesen Versen noch in irgendwelchen anderen Versen, die ich finden konnte, von der Verletzbarkeit unseres Geistes. Sinn und Zweck für die Scheidung von Seele und Geist ist es, unseren Geist von jedem Einfluß unserer natürlichen, egoistischen Sehnsüchte, die in unserer Seele wohnen, fernzuhalten. Wenn sich ein Christ Gott unterordnet, wird er nichts aus sich selbst hervorbringen. Statt dessen wird er still auf die Stimme des Heiligen Geistes warten, bis er sie in seinem Geist hört, und wird dann nur gemäß den Anordnungen des Heiligen Geistes handeln. Ein Christ, der in bewußtem Kontakt zu seinem eigenen Geist steht, wird nicht im Gehorsam zum Heiligen Geist warten, bis dieser spricht. Er ergreift selbst die Initiative, und so wird die Stimme, die er dann in seinem Geist hört, aller Wahrscheinlichkeit nach **nicht** die des Heiligen Geistes sein.

Es gibt noch einen weiteren großen Bereich, der unseren menschlichen Geist betrifft und von dem in unseren Gemeinden nichts zu hören ist, der jedoch schreckliche Auswirkungen auf viele Menschen hat. Es handelt sich darum, daß Satan den geistlichen Leib einer Person, wann immer sich ihm eine Gelegenheit dazu bietet, gebrauchen wird, ohne daß sich die Person dessen selbst bewußt ist.

»Jeder, der seinen Bruder haßt, ist ein Menschenmörder . . .«
                                    1. Johannes 3:15

Mir war dieser Vers lange Zeit unklar, bis ich begriff, wie der geistliche Leib wirken kann. Wie konnte jemand durch ein Gefühl wie Haß zum Mörder werden, wenn er doch keine sichtbare Tat beging, die den Tod der Person, die er haßte, verursachte?

Haß ist eine bewußte Sünde. Als solche gibt der Haß Satan legale Anrechte in unserem Leben, wenn wir dem Haß erlauben, in unserem Herzen zu bleiben. Wenn du jemanden haßt, kann Satan in dein Leben treten und deinen geistlichen Leib dazu benützen, die Person, die du haßt, anzugreifen. Solch ein Angriff kann alle möglichen Krankheiten, Unfälle, seelische Probleme und sogar den körperlichen Tod verursachen. Die Person, die haßt, ist sich meistens nicht bewußt darüber, daß Satan ihren geistlichen Leib gebraucht. Die Person, die gehaßt wird, weiß meistens überhaupt nicht, wo ihre Probleme in Wirklichkeit herkommen. Deshalb müssen wir sorgfältig darauf achten, Jesus zu bitten, uns zu reinigen und alle drei Teile, Leib, Seele und **Geist**, rein zu bewahren. Daher hat uns Jesus auch so oft befohlen, einander zu vergeben. Vergebung verhindert Haß. Wir Christen sollen den HERRN regelmäßig darum bitten, unser Herz von jeder Sünde zu reinigen.

> »Erschaffe mir Gott ein reines Herz und **erneuere** in mir **einen festen [engl.: richtigen] Geist**.«
>
> Psalm 51:12

Beachte hier bitte wiederum die Kleinschreibung bei dem Wort Geist. Ganz offensichtlich hat die Sünde in Davids Herz auch seinen Geist berührt.

Eine hervorragende Beschreibung von persönlichen Erlebnissen einiger Christen, die durch den Haß anderer Christen furchtbar angegriffen wurden, findet sich in dem Buch *The Latent Power Of The Soul (Die verborgene Macht der Seele)* von Watchman Nee.

IN DEN RISS TRETEN

Bist du bereit, für jemanden in den Riß zu treten?

> Und ich suchte einen Mann unter ihnen, der die Mauer zumauern und vor mir für das Land in den Riß treten könnte, damit ich es nicht verheeren müßte; aber ich fand keinen. So gieße ich meinen Zorn über sie aus, im Feuer meines Grimms vernichte ich sie, ihren Weg bringe ich auf ihren Kopf, spricht der Herr, HERR.
>
> Hesekiel 22:30–31

Es gibt verschiedene Möglichkeiten, »in den Riß zu treten«. Oft ist es notwendig, den HERRN zu bitten, dich für eine bestimmte Person in den Riß treten zu lassen, damit sie die Möglichkeit hat, das Evangelium ohne dämonische Beeinflussung zu hören. Denke wiederum an 2. Korinther 4:3–4:

> »Wenn aber unser Evangelium doch verdeckt ist, so ist es nur bei denen verdeckt, die verlorengehen, den Ungläubigen, bei denen der Gott dieser Welt den Sinn verblendet hat, damit sie den Lichtglanz des Evangeliums von der Herrlichkeit des Christus, der Gottes Bild ist, nicht sehen.«

In Hesekiel 22:30–31 suchte Gott jemanden, der bereit gewesen wäre, sich Satan und seinen Dämonen entgegenzustellen und gegen sie zu kämpfen, um sie davon abzuhalten, die Leute zu verblenden, damit sie erkennen könnten, wie sehr sie einen Erlöser brauchten. Weil der HERR so eine Person nicht finden konnte, sagte Er, Er müßte dann Seinen Zorn und Seine Strafe wegen ihrer Sünden über diese Leute ausgießen. Wir als christliche Krieger müssen bereit sein, in den Riß zu treten und im geistlichen Raum zu kämpfen, um die dämonischen Mächte zu brechen, die die Unerretteten verblenden. Paulus drückt es sehr deutlich in Epheser 6:12 aus:

> »Denn unser Kampf ist nicht gegen Fleisch und Blut, sondern gegen die Gewalten, gegen die Mächte, gegen die Weltbeherrscher dieser Finsternis, gegen die Geister der Bosheit in der Himmelswelt.«

Wir beten oft in der folgenden Weise:

> »HERR, laß mich bitte für . . . in den Riß treten und für ihn kämpfen, so daß seine Augen geöffnet werden und er frei von dämonischen Bindungen wird, so daß er erkennen kann, wie sehr er Jesus braucht.«

Der HERR hat uns noch einen anderen Weg gezeigt, wie wir in den Riß treten können. Schau dir einmal die folgenden Schriftstellen an:

> »Ist nicht vielmehr das ein Fasten, an dem ich Gefallen habe: Ungerechte Fesseln zu lösen, die Knoten des Joches zu öffnen, gewalttätig Behandelte als Freie zu entlassen und daß ihr jedes Joch zerbrecht?«
> Jesaja 58:6

> »Einer trage des anderen Lasten, und so werdet ihr das Gesetz des Christus erfüllen.«
> Galater 6:2

> »Größere Liebe hat niemand als die, daß er sein Leben hingibt für seine Freunde.«
> Johannes 15:13

Obige Schriftstellen zeigen ganz deutlich, daß der HERR von uns erwartet, unseren christlichen Geschwistern sowohl zu helfen, ihre Lasten und Verletzungen zu tragen, als auch für sie zu kämpfen, um sie von Bedrückung zu befreien, wann immer dies nötig wird. In den Riß zu treten, ist eine Möglichkeit, das zu tun.

Bist du bereit für deinen Pastor in den Riß zu treten? **Wenn** er wirklich Jesus verkündigt **und** Satan so darstellt, wie er es sollte, wird er auf viel Widerstand stoßen. Diener Satans, die sich als Christen ausgeben, werden ihn mit ihrem geistlichen Körper und vielen Dämonen angreifen, und zwar jedesmal, wenn er aufstehen wird, um zu reden, aber auch bei vielen anderen Gelegenheiten. Diese Diener Satans bekleiden oft hohe Ämter in den Gemeinden. Wir brauchen wirklich starke, gesunde, junge Leute, die bereit sind, für ihren Pastor in den Riß zu treten und den HERRN zu bitten, sie für ihn kämpfen zu lassen. Das bedeutet mit anderen Worten, daß jede dämonische Macht, die sich gegen den Pastor richtet, zuerst an dir vorbei muß. Das bedeutet, daß du sowohl körperlich als auch seelisch leiden wirst. Als Folge davon wirst du vielleicht nicht jeden Sonntag in die Gemeinde gehen können, weil du zu krank sein wirst, um hinzugehen. Das kann bedeuten, daß du zu Unrecht von Mitgliedern deiner Gemeinde beschuldigt wirst, die sagen: »Du bist nur deshalb krank, weil du nicht in die Gemeinde kommst.« Bist du bereit, solche Anschuldigungen gegen dich zu erdulden und über den wahren Grund, warum du nicht in die Gemeinde gekommen bist, zu schweigen? Für jemanden in den Riß zu treten ist ein Weg, »sein Leben für seine Freunde hinzugeben«.

Du kannst dich nicht selbst in den Riß stellen. Das kann nur der HERR tun, weil nur Er deinen geistlichen Leib steuert. Dein Teil ist es, den Vater zu bitten, dich dorthin zu stellen, **falls** das Sein Wille für dich ist. Du mußt bereit sein es zuzulassen, daß der Vater dich in jeder Weise gebraucht, wie Er es zum Wohle einer anderen Person für richtig hält. **Du** kannst nicht darüber entscheiden, wie du gebraucht werden sollst.

Laß mich dir einen Punkt klarmachen. Es wird dir sehr selten bewußt sein, daß du »im Riß« stehst. Das liegt daran, daß der HERR die vollständige Kontrolle über unseren geistlichen Leib hat. Wir »sehen« die geistliche Welt nicht zu jeder Zeit so, wie wir die sichtbare Welt sehen. Nur bei speziellen Gelegenheiten erlaubt der HERR einzelnen Personen, die geistliche Welt zu sehen, und dann gewöhnlich auch nur für einen flüchtigen Blick oder kurze Zeitabschnitte. Ob du im Riß stehst oder gestanden bist, weißt du nur, wenn es dir der HERR zeigt oder wenn der HERR dir bestätigen wird, daß die verschiedensten Probleme in deinem natürlichen Leib dadurch entstanden sind, daß dein geistlicher Leib in den Riß getreten ist.

Hast du schon einmal eine Zeit intensivster Fürbitte erlebt, nach der du vollkommen erschöpft warst? Der Grund dafür ist, daß, während du mit deinem natürlichen Körper und deinem Verstand gebetet hast, Gott deinen geistlichen Leib genommen hat und ihn auf das Schlachtfeld der geistlichen Welt in den Kampf mit den dämonischen Mächten gestellt hat, gegen die du gebetet hast. Die

Müdigkeit, die du gespürt hast, ist meistens ein Spiegel der Belastung, die dein geistlicher Leib erfahren hat. Wunden, die deinem geistlichen Leib zugefügt wurden, zeigen sich häufig auch durch verschiedene Symptome an deinem natürlichen Leib.

Ich habe festgestellt, daß unser natürlicher Leib durch den Angriff der Sünde so verändert worden ist, daß er nur für sehr kurze Zeit mit der bewußten Wahrnehmung der geistlichen Welt fertig wird, ohne übermäßig erschöpft zu werden. Hexen und Zauberer altern an ihrem natürlichen Leib viel schneller. Sie müssen mit ihrem natürlichen Leib für den häufigen Kontakt mit der geistlichen Welt teuer bezahlen.

Es gibt eine ganze Anzahl von interessanten Bibelstellen, die das bestätigen. Einige befinden sich im Buch Daniel. Zum Beispiel erzählt uns Daniel in Kapitel 8, daß er eine Vision hatte, in der er die geistliche Welt sah und mit dem Engel Gabriel sprach. Nachdem Daniel die geistliche Welt erlebt hatte, sagte er:

> »Und ich, Daniel, war erschöpft und einige Tage krank. Dann stand ich auf und verrichtete die Geschäfte des Königs. Und ich war entsetzt über das Gesehene, und keiner war da, der es verstand.«
>
> Daniel 8:27

Genauso in Kapitel 10:

> »Aber nur ich, Daniel, allein sah die Erscheinung. Die Männer, die bei mir waren, sahen die Erscheinung nicht; doch fiel eine große Angst auf sie, und sie flohen und versteckten sich. Und ich blieb allein übrig und sah diese große Erscheinung. Und es blieb keine Kraft in mir, und meine Gesichtsfarbe veränderte sich an mir bis zur Entstellung, und ich behielt keine Kraft. Und ich hörte den Klang seiner Worte. Und als ich den Klang seiner Worte hörte, lag ich betäubt auf meinem Gesicht, mit meinem Gesicht zur Erde. Und siehe, eine Hand rührte mich an und rüttelte mich auf, so daß ich wieder auf meine Knie und Handflächen kam. Und er sprach zu mir: Daniel, du vielgeliebter Mann! Achte auf die Worte, die ich zu dir rede, und steh an deinem Platz! Denn ich bin jetzt zu dir gesandt. Und als er dieses Wort mit mir redete, stand ich zitternd auf. Und er sprach zu mir: Fürchte dich nicht, Daniel! Denn vom ersten Tag an, als du dein Herz darauf gerichtet hast, Verständnis zu erlangen und dich vor deinem Gott zu demütigen, sind deine Worte erhört worden. Und um deiner Worte willen bin ich gekommen. Und siehe, Michael, einer der ersten Fürsten, kam, um mir zu helfen, und ich wurde dort entbehrlich bei den Königen von Persien. Und ich bin gekommen, um dich verstehen zu lassen, was deinem Volk am Ende der Tage widerfahren wird; denn noch gilt das Gesicht für ferne Tage. Und als er in dieser Weise mit mir redete, richtete ich mein Gesicht zur Erde und

verstummte. Und siehe, einer, den Menschenkindern gleich, berührte meine Lippen. Und ich öffnete meinen Mund und redete und sprach zu dem, der vor mir stand: Mein Herr, bei der Erscheinung überfielen mich meine Wehen, und ich habe keine Kraft behalten. Und wie kann der Knecht dieses meines Herrn mit diesem meinem Herrn reden? Und ich – von nun an bleibt keine Kraft mehr in mir, und kein Odem ist in mir übrig. Da rührte er, der im Aussehen wie ein Mensch war, mich wieder an und stärkte mich . . .« Daniel 10:7–18

Das Kämpfen mit unserem geistlichen Leib kostet unserem natürlichen Leib einen außerordentlich hohen Tribut. Wenn wir gegen dämonische Mächte angehen, tun wir das mehr mit unserem geistlichen als mit unserem natürlichen Körper. Deshalb sagt Paulus so oft, daß unser Kampf nicht gegen Fleisch und Blut ist. Zwar können wir in der geistlichen Welt nicht mit unserem natürlichen Leib kämpfen, doch werden die beiden von Gott miteinander verbunden, so daß alles, was mit unserem geistlichen Leib geschieht, unausweichlich auch auf unseren natürlichen Leib Auswirkungen hat.

DER KAMPF IN DER GEISTLICHEN WELT

Das Thema, daß unser Geist in der geistlichen Welt kämpft, haben wir bereits an mehreren Stellen in diesem Buch angesprochen, insbesondere als wir über den Begriff »in den Riß treten« sprachen. Dieser Begriff ist relativ schwierig zu begreifen, weil es sich um etwas handelt, was sich unserer Kontrolle vollständig entzieht und auch selten von uns wahrgenommen wird.

Versteh bitte, daß wir selbst auf diesem Gebiet noch Lernende sind. In der Bibel wird über sehr viele tiefe Dinge geschrieben. Wir suchen weiter nach dem Licht Gottes und strecken uns danach aus. Wir halten uns selbst nicht für »Experten«, sondern folgen einfach dem Befehl unseres HERRN, hier mitzuteilen, was wir bis jetzt gelernt haben.

Wenn wir einmal begriffen haben, daß unser Geist ein lebendiger, aktiver Teil von uns ist, der laufen, reden, singen, denken, beten, den HERRN preisen und in der geistlichen Welt kämpfen kann, werden uns viele rätselhafte Bibelstellen verständlicher werden. Wenn wir zum Beispiel bedenken, daß wir ja einen großen Teil des Tages unsere geistigen und körperlichen Kräfte dafür benötigen, unseren Verpflichtungen nachzukommen, unseren Lebensunterhalt zu verdienen, für unsere Familien zu sorgen etc., wie können wir dann die Anweisungen in den folgenden Bibelstellen ausführen?

>>Und darum danken auch wir Gott unablässig . . .<<

1. Thessalonicher 2:13

>>Betet unablässig.<< 1. Thessalonicher 5:17

Unser Verstand kann einfach nicht unablässig 24 Stunden am Tag zu Gott beten oder Ihm danken, aber wenn unser Verstand dazu nicht in der Lage ist, so ist es doch unser Geist.

>>. . . damit sie aber Gott gemäß nach dem Geist leben möchten.<<

1. Petrus 4.6

Beachte auch hier wieder die Kleinschreibung, die andeutet, daß es sich um den menschlichen Geist handelt. Wie können wir in dieser Weise im Geist leben? Indem wir Gott unseren Geist hingeben, damit Er ihn so gebrauchen kann, wie Er will.

Unser geistlicher Leib kann sich bewegen, denken und reden wie unser natürlicher Leib auch, doch er nimmt sein Wesen und seine Art zu denken von unserem natürlichen Leib und unserer Seele. Wenn du zum Beispiel Bibelstellen nicht mit deinem Verstand kennst, wird dein geistlicher Leib sie auch nicht kennen, mit der Ausnahme, daß er natürlich viel mehr im Einklang mit dem Heiligen Geist steht. Mehrmals sagt uns Paulus, daß unser Kampf nicht >>gegen Fleisch und Blut<<, sondern gegen Geister ist. Da unser natürlicher Leib nicht gegen die Geister in der geistlichen Welt kämpfen kann, muß unser geistlicher Leib diesen Kampf übernehmen. Deshalb ist es so wichtig, daß wir Gott täglich bitten, uns Seine Waffenrüstung anzulegen. Dieser Kampf ist unerbittlich und hält ständig an. Wenn unser geistlicher Leib beim Kampf die Waffenrüstung Gottes nicht anhat, werden wir schreckliche Wunden durch die >>feurigen Pfeile<< (Epheser 6) bekommen.

Wir können uns nicht selbst auf das geistliche Schlachtfeld stellen, weil unser Geist vollkommen unter der Herrschaft unseres HERRN, Jesus, steht. Wir teilen dem HERRN ganz einfach mit, daß wir bereit sind, unseren Geist von Ihm in dieser Weise gebrauchen zu lassen, wenn es Sein Wille ist. Ich bitte den Vater häufig, daß er mich für eine bestimmte Person in den Riß treten und für sie kämpfen läßt, aber die letzte Entscheidung darüber hat der Vater selbst. Du wirst sehr bald Symptome wie Müdigkeit, Schmerz,

Depression oder andere Krankheiten an deinem natürlichen Leib erkennen lernen, die ein Zeichen dafür sind, daß dein geistlicher Leib schwer am Kämpfen ist.

Die Vorstellung, daß unser Geist von unserem natürlichen Leib getrennt ist, auch geographisch, erscheint uns sonderbar und kaum akzeptabel. Es gibt eine faszinierende Bibelstelle, in der Paulus genau diesen Umstand beschreibt.

> »Überhaupt hört man, daß Unzucht unter euch sei, und zwar eine solche Unzucht, die selbst unter den Nationen nicht stattfindet: daß einer seines Vaters Frau habe. Und ihr seid aufgeblasen und habt nicht vielmehr Leid getragen, damit der, welcher diese Tat begangen hat, aus eurer Mitte hinweggetan würde! **Denn ich, zwar dem Leibe nach abwesend, aber im Geise anwesend, habe schon als anwesend das Urteil gefällt** über den, der dieses so verübt hat, – **wenn ihr und mein Geist mit der Kraft unseres Herrn Jesus versammelt seid.**«
>
> 1. Korinther 5:1–4

Beachte, daß Paulus hier wieder die Kleinschreibung verwendet, womit er seinen eigenen Geist und nicht den Heiligen Geist bezeichnet. Ebenfalls von großer Bedeutung ist die Tatsache, daß der Geist von Paulus **nur** mit »der Kraft unseres HERRN Jesus« in Korinth war (1. Korinther 5:4). Der Geist von Paulus war vollständig unter der Herrschaft des HERRN, **nicht** unter der seiner eigenen Seele.

Normalerweise wohnt der menschliche Geist in dem natürlichen Leib. Dennoch zeigen uns viele Schriftstellen, daß der natürliche Körper des Menschen weiterleben kann, auch wenn er vom Geist getrennt ist. Bei der Seele trifft das nicht zu. Wenn die Seele den natürlichen Leib einmal verlassen hat, stirbt der Leib. Deshalb beziehen sich die vielen Schriftstellen, die vom natürlichen Tod reden, auch auf die Seele. Dennoch werden dem natürlichen Leib, wenn der Geist sich gerade nicht in ihm befindet, auf eigentümliche Weise Kräfte entzogen.

Während all der Jahre, seit ich in diesem Dienst stehe, hat mir der HERR gezeigt, daß diese Belastung auf der körperlichen Ebene insofern eigentümlich ist, als sie einen akuten Eiweißmangel zur Folge hat. Wenn wir nicht sorgfältig darauf bedacht sind, unsere Zufuhr von hochwertigem Eiweiß während intensiver geistlicher Kämpfe zu erhöhen, werden wir schwach werden. Die Bibel hat viel zu diesem Thema zu sagen.

Schon seit dem Bund Gottes mit Noah, in dem er Noah befahl, Fleisch zu essen, haben Satan und seine Dämonen versucht, die Menschen davon abzuhalten, Fleisch zu essen. Es ist interessant festzustellen, daß die modernen Hindus und viele östliche Religionen (die letztlich nur verschiedene Formen der Anbetung von Dämonen sind) glauben, daß der Erfolg eines Mediums oder auch eines Meisters, die ihre Kräfte von Dämonen bekommen, von denen sie besessen sind, von der Anwesenheit einer feinen Flüssigkeit im Körper, »Akasa« genannt, abhängt. Diese Flüssigkeit würde schnell aufgebraucht werden, und ohne sie könnten die Dämonen nicht wirken. Diese Flüssigkeit, sagen die Hindus, könnte nur durch eine vegetarische Ernährung und durch Enthaltsamkeit wieder neu gebildet werden.

Halten wir kurz inne und überlegen uns, wodurch die Sintflut verursacht wurde. Der Geschlechtsverkehr zwischen Menschen und Dämonen war es, der sozusagen das Faß zum Überlaufen brachte (1. Mose 6). Ich denke, daß es kein Zufall war, daß Gott Noah befahl, gerade nach der Sintflut mit dem Fleischessen zu beginnen. Er wußte sehr wohl um den geistlichen Kampf, den Noah und seine Nachkommen durchzustehen hatten, um die Dämonen daran zu hindern, sie und ihr Leben zu beherrschen.

Wenn wir das Alte Testament und die Gesetze studieren, die Gott Seinem Volk, den Kindern Israels, gegeben hatte, stellen wir fest, daß die geistlichen Krieger jener Tage die Leviten gewesen sind. Ein großer Teil ihrer Ernährung bestand ganz eindeutig aus Rind- und Lammfleisch.

Warum ließ Abraham, als Gott ihn besuchte, Rindfleisch für Ihn zubereiten, wenn Rindfleisch so schädlich sein soll? Abraham würde doch sicherlich nur das Beste zubereiten, was ihm zur Verfügung stünde (vgl. 1. Mose 18:1–7).

Wenn wir uns die verschiedenen namhaften geistlichen Kämpfer des Alten Testamentes ansehen, werden wir feststellen, daß Gott sie jedesmal, bevor sie in eine große Schlacht zogen, durch das Essen von Fleisch darauf vorbereitete. So zum Beispiel Elia. Bitte beachte das Menü, womit ihn der HERR persönlich während seiner Vorbereitungszeit versorgte, kurz bevor er den Baalspropheten entgegentrat.

>»Und es geschah das Wort des Herrn zu ihm: Geh von hier fort, wende dich nach Osten und verbirg dich am Bach Krit, der vor dem Jordan ist! Und es soll geschehen: aus dem Bach wirst du trinken und ich habe den Raben geboten, dich dort zu versorgen! Da ging er und tat nach dem Wort des HERRN: er ging hin und blieb am Bach Krit, der vor dem Jordan ist. Und die Raben brachten ihm Brot und **Fleisch** am Morgen und Brot und **Fleisch** am Abend, und aus dem Bach trank er.«
>
> 1. Könige 17:2–6

Der HERR spricht im Neuen Testament durch Paulus sehr direkt über diesen Punkt:

> »Der GEist aber sagt ausdrücklich, daß in späteren Zeiten manche vom Glauben abfallen werden, indem sie auf betrügerische Geister und Lehren von Dämonen achten, durch die Heuchelei von Lügenrednern, die in ihrem eigenen Gewissen gebrandmarkt sind, die verbieten, zu heiraten, und **gebieten, sich von Speisen zu enthalten**, die Gott geschaffen hat zur Annahme mit Danksagung für die, welche glauben und die Wahrheit erkennen. Denn jedes Geschöpf Gottes ist gut und nichts verwerflich, wenn es mit Danksagung genommen wird; denn es wird geheiligt durch Gottes Wort und durch Gebet.«
>
> 1. Timotheus 4:1–5

Ich habe die medizinische Literatur sorgfältig durchforscht und habe trotz der Fülle an Veröffentlichungen auf diesem Gebiet **keine einzige** gute Studie gefunden, die wirklich schlüssig aufzeigen konnte, daß Lamm- und Rindfleisch schädlich ist. (Bitte beachte, ich spreche von magerem, nicht von fettem Fleisch, von dem der HERR den Israeliten befohlen hat, es nicht zu essen, als Er ihnen das Gesetz gab.) In der Tat wurde viel daran gearbeitet, den Wert, den Eiweißzufuhr bei einer ganzen Reihe von Krankheiten hat, aufzuzeigen. Doch Satan hat die Medizin so stark in seiner Hand, daß es höchst schwierig ist, den Durchschnittsarzt dazu zu bringen, dem Stellenwert und der Notwendigkeit von Eiweiß nähere Beachtung zu schenken.

Wenn du dir einmal Zeit für eine Beurteilung nimmst, wirst du feststellen, daß bei jeder Lehre und jedem Trend über gesunde Ernährung der Grundgedanke das Enthalten von Fleisch ist. Das ist kein Zufall. Es ist ein sorgfältig ausgeklügelter Plan Satans, da er nur zu gut um den Eiweißbedarf unseres Körpers und den enormen Eiweißentzug weiß, der durch den geistlichen Kampf verursacht wird. Wenn es Satan gelingt, Gottes Kämpfer vom Fleischessen abzuhalten, kann er durch Eiweißmangel viel Schwäche und Krankheit unter ihnen bewirken. Der natürliche Körper verliert sehr schnell seine Fähigkeit, Infektionen abzuwehren, wenn ihm Eiweiß entzogen wird. Viele Leute sterben völlig unnötig in diesen

Tagen der »modernen Medizin«, weil ihre Ärzte ihren Eiweißbedarf nicht auffüllen.

Während Zeiten intensiven Kampfes halten wir es oft für nötig, mindestens zweimal täglich Fleisch zu essen. Wenn wir das nicht tun, verlieren wir sehr schnell unsere Kraft und werden oft sogar körperlich krank. Ich habe mit vielen Leuten zusammengearbeitet, die unter dem Einfluß von intensiven satanischen Angriffen, nur deshalb vollkommen schwach und sogar krank wurden, weil sie Gottes einfache Prinzipien über die notwendige Eiweißzufuhr nicht kannten. Alle zeigten eine deutliche Besserung ihres Zustandes, wenn sie die Fleischrationen in ihrer Kost erhöhten.

Wenn du Schmerzen, Depressionen oder Erschöpfung erlebst, weil du dich auf dem Schlachtfeld befindest (oder auch zu anderen Zeiten), dann vergiß nicht eine unserer Hauptwaffen, den Lobpreis. Ich werde die Nacht niemals vergessen, in der der Vater mich diese Lektion lehrte. Ich war gerade zu Bett gegangen und drehte mich von einer Seite zur anderen, weil ich nicht schlafen konnte. Ich war sehr bedrückt. Erschöpft durch viele Schmerzen, erschien mir alles so unmöglich. Mein eigentliches Problem war, daß ich in Selbstmitleid zerfloß.

Plötzlich erlaubte mir der Vater, mit den Augen meines geistlichen Leibes zu sehen. Ich sah, daß ich mich auf dem Schlachtfeld befand (d. h. mein geistlicher Leib), aber nicht kämpfte. Ich lag am Boden, umzingelt von vielen Dämonen, die mich alle verhöhnten und mit Steinen nach mir warfen. Mir war das völlig egal. Ich war so müde, daß ich hoffte, diese Dämonen würden mich umbringen, ich wollte nicht länger leben. Es gab keine Fluchtmöglichkeit, noch sonst irgendein Entkommen aus der Situation, außer sich hinzustellen und zu kämpfen, doch momentan war ich hierzu einfach zu müde und zu niedergeschlagen.

Ich weiß nicht, wieviel Elaine von dem wußte, was geschah, aber ich weiß, daß sie einen Befehl des Vaters ausführte, indem sie gerade jetzt in mein Schlafzimmer kam und eine von unseren christlichen Musikkassetten einlegte. Ich befand mich überhaupt nicht in der Stimmung, Musik zu hören, schon gar nicht die Kassette mit Lobpreisliedern, die sie ausgewählt hatte. Elaine sagte nichts. Sie setzte sich einfach hin und lauschte der Musik. Sanft und bestimmt zeigte mir der Heilige Geist, wie falsch es von mir war, mich in meinem Selbstmitleid gehenzulassen. Wieder einmal staunte ich über die Liebe und Gnade des HERRN, gerade dann, wenn wir versagen und fallen. Ich konnte nicht anders, als solch große Liebe zu erwidern. Während ich nun mit meinem natürlichen Leib die Lieder auf der Kassette mitsang, rappelte ich mich in der geistlichen Welt wieder auf und sagte den Dämonen, daß es mir ganz egal wäre, was sie täten, daß ich jedoch den HERRN für seine unglaubliche Liebe preisen würde. Ich erhob meinen Kopf, meine Hände und meine Arme zum Himmel und sang von ganzem Herzen, um dem HERRN Liebe, Anbetung und Lobpreis entgegenzubringen (sowohl mit meinem natürlichen wie auch mit meinem geistlichen Leib). Als ich so sang, schien plötzlich in der geistlichen Welt ein leuchtend weißes Licht um mich herum. Ich sah, wie alle Dämonen der Länge nach auf den Boden fielen und wie sie sich dann, einer nach dem anderen, in die Dunkelheit davonschlichen. Satan und seine Dämonen halten es in der Gegenwart von Lobpreis des HERRN nicht aus. Ich bin sicher, das ist der Grund, warum Paulus die vieldiskutierte Schriftstelle in 1. Thessalonicher 5:18 schrieb:

>Sagt **in** allem Dank . . .«

Bitte beachte, es heißt hier »in« und nicht »für«. Je schlimmer die Umstände sind, desto sicherer können wir sein, daß Satan und seine Dämonen uns umzingelt haben. Während wir dann den HERRN preisen, wird die Ursache unserer Probleme, nämlich Satan, sehr schnell seine Kraft verlieren, und wir werden gesegnet werden.

Wenn du in geistlichen Regionen kämpfst, denke daran, daß jede Waffe und jede Kampftaktik, die in der Bibel erwähnt wird, zu deiner Verfügung steht. Die Psalmen sind besonders hilfreich. Vergiß nicht, den Vater zu bitten, deine Füße auf »den Felsen« zu stellen, welcher Jesus ist, und daß du »den Felsen« im Rücken hast. Der HERR wird dir jeden Schritt zeigen und dich alles lehren, was du wissen mußt.

Bist **du** bereit, dem HERRN auf diese Weise zu dienen??

KAPITEL 15

Warum sollen wir kämpfen?

REBECCA:

Viele Leute stellen uns die Frage: »Warum sollen wir kämpfen?«
So viele Christen leben heutzutage ein überaus bequemes Leben,
und natürlich wollen sie ihre Bequemlichkeit nicht gestört sehen.
Sie sagen: »Warum sollten wir überhaupt kämpfen müssen?
Schließlich hat Christus doch den vollständigen Sieg für uns am
Kreuz errungen. Warum sollten sich deshalb Christen darüber Ge-
danken machen, Soldaten und Kriegsleute zu werden? Alles, was
Christen nur noch zu tun brauchen, ist, den Sieg, den Jesus bereits
errungen hat, in Anspruch zu nehmen.« Auf diese Haltung
möchte ich hier eingehen.

Wir wollen zuerst einmal sehen, was Jesus selbst, als er hier auf der
Erde war, zu diesem Thema zu sagen hatte. Ich denke nicht, daß
wir eine bessere Quelle finden können.

> »Meint nicht, daß ich gekommen sei, Frieden auf die Erde zu brin-
> gen; ich bin nicht gekommen, Frieden zu bringen, sondern das
> Schwert. Denn ich bin gekommen, den Menschen zu entzweien mit
> seinem Vater und die Tochter mit ihrer Mutter und die Schwieger-
> tochter mit ihrer Schwiegermutter; und des Menschen Feinde wer-
> den seine eigenen Hausgenossen sein. Wer Vater oder Mutter mehr
> liebt als mich, ist meiner nicht würdig; und wer Sohn oder Tochter
> mehr liebt als mich, ist meiner nicht würdig; und wer nicht sein Kreuz
> aufnimmt und mir nachfolgt, ist meiner nicht würdig. Wer sein Leben
> findet, wird es verlieren, und wer sein Leben verliert um meinetwil-
> len, wird es finden.«   Matthäus 10:34-39

Beachte bitte, daß Jesus im Vers 34 sagt: »Meint nicht, daß ich
gekommen sei, Frieden auf die Erde zu bringen, sondern das
Schwert.« Das schlägt dem »Frieden-und-Liebe-Evangelium«,
das so weit verbreitet ist, geradezu ins Gesicht. In Vers 39 sagt Jesus dann: »Wer sein Leben findet, wird es verlieren, und wer sein
Leben verliert um meinetwillen, wird es finden.« Das Christentum
ist mit Gewalt verbunden, **falls** wir es so praktiziern, wie Gott es

will. Unser Leben zu verlieren hat **nichts** mit einer friedlichen Koexistenz mit der Welt zu tun.

> »Siehe, ich sende euch wie Schafe mitten unter Wölfe; so seid nun klug wie die Schlangen und einfältig wie die Tauben. Hütet euch aber vor den Menschen; denn sie werden euch an Gerichte überliefern und in ihren Synagogen euch geißeln; und auch vor Statthalter und Könige werdet ihr geführt werden um meinetwillen, ihnen und den Nationen zum Zeugnis. Wenn sie euch aber überliefern, so seid nicht besorgt, wie oder was ihr reden sollt. Denn nicht ihr seid die Redenden, sondern der Geist eures Vaters, der in euch redet. Es wird aber der Bruder den Bruder zum Tode überliefern, und der Vater das Kind; und Kinder werden sich erheben gegen die Eltern und sie zu Tode bringen. Und ihr werdet von allen gehaßt werden um meines Namens willen. **Wer aber ausharrt bis ans Ende, der wird errettet werden.** Wenn sie euch aber verfolgen in dieser Stadt, so flieht in die andere; denn wahrlich, ich sage euch, ihr werdet mit den Städten Israels nicht zu Ende sein, bis der Sohn des Menschen gekommen sein wird. Ein Jünger ist nicht über dem Lehrer, und ein Sklave nicht über seinem Herrn.«
> Matthäus 10:16–24

Wir **müssen** bis ans Ende ausharren. Jesus verspricht uns auf keinen Fall einen »problemlosen Weg«, wie viele Leute denken.

> »Denn unser Kampf ist nicht gegen Fleisch und Blut, sondern gegen die Gewalten, gegen die Mächte, gegen die Weltbeherrscher dieser Finsternis, gegen die Geister der Bosheit in der Himmelswelt.«
> Epheser 6:12

Hier legt Paulus die Betonung für unseren Kampf auf die geistliche Welt. In Matthäus 10:16–24 redet Jesus von der sichtbaren Welt und der köperlichen Verfolgung. Hier betont Paulus die geistliche Welt. Beides ist miteinander verbunden, doch in diesem Land und zu dieser Zeit ist die körperliche Verfolgung in den meisten Gebieten noch nicht besonders stark. Ich habe keinen Zweifel daran, daß diese Art von Verfolgung bald kommen wird. In der Zwischenzeit liegt unser Kampf vor allem im geistlichen Bereich.

> »Nimm teil an den Leiden als ein guter Streiter Christi Jesu. Niemand, der Kriegsdienste leistet, verwickelt sich in die Beschäftigungen des Lebens, damit er dem gefalle, der ihn angeworben hat.«
> 2. Timotheus 2:3–4

> »Geliebte, da ich allen Fleiß anwandte, euch über unser gemeinsames Heil zu schreiben, war ich genötigt, euch zu schreiben und zu ermahnen, für den ein für allemal den Heiligen überlieferten Glauben zu kämpfen.«
> Judas 3

Warum sollen wir kämpfen? Die offensichtliche Antwort ist, weil

Gott es von uns will. Diese und noch viele, viele andere Schriftstellen machen Gottes Willen deutlich. Aber dennoch fragen viele Leute: »Warum möchte Gott von uns, daß wir kämpfen, wenn er doch selbst die Schlacht schon für uns geschlagen hat?«

Ich habe den HERRN ernsthaft gesucht, um hierauf eine Antwort zu erhalten. Natürlich mußte ich mir, als ich über all dies nachdachte, selbst die Frage stellen: Warum habe ich in dieser Schlacht so viel gelitten und verloren, wenn es gar nicht nötig gewesen wäre? Ich möchte euch hier die Antwort vorlegen, die der HERR mir auf diese Frage gegeben hat.

Der Hauptgrund ist der, daß ich mich ganz hingegeben habe. Seht, wenn das Evangelium heute gepredigt wird, wird es leider wie folgt gepredigt: »Jesus starb für deine Sünden, bitte Ihn, dir deine Sünden zu vergeben, und alles wird wunderbar sein.« Niemand erwähnt, daß dir Jesus deine Sünden nicht vergibt, wenn du dich Ihm nicht völlig auslieferst. Jahrelang ist das Evangelium derart gepredigt worden, als ob die Errettung eine Einbahnstraße wäre. Jesus macht alles, du brauchst überhaupt nichts tun.

Das ist nicht wahr. Das stimmt nicht mit dem überein, was Jesus selbst gesagt hat. Er sagte, wenn du sein Kreuz nicht auf dich nehmen und dich selbst verleugnen und vielleicht sogar für deinen Glauben an Ihn umgebracht werden würdest, wärest du Seiner nicht wert. Er sagte weiter, daß diejenigen das Heil erlangen würden, die bis zum Ende ausharrten. Er gibt denen, die nicht ausharren, keine Verheißung für Errettung und ewiges Leben. Diese Vorstellung wird von Paulus im Hebräerbrief viele Male wiederholt. Zum Beispiel:

> »... Christus aber als Sohn über sein Haus. Sein Haus sind wir, **wenn** wir die Freimütigkeit und den Ruhm der Hoffnung bis zum Ende standhaft festhalten.« Hebräer 3:6

> »Denn wir sind Genossen des Christus geworden, **wenn** wir die anfängliche Zuversicht bis zum Ende standhaft festhalten.« Hebräer 3:14

Wir können nicht durch Werke gerettet werden, doch Errettung ist mehr als nur zu sagen: »Jesus, bitte vergib mir«, und dann unseren glücklichen Weg weiterzugehen. Es geht um eine totale und vollständige Hingabe an Jesus. Wir verkaufen uns im wahrsten Sinne des Wortes an Gott, genausosehr wie sich Leute im Satanismus an Satan verkaufen. Wir sind dann Schuldner. Wir sind gekauft und bezahlt und gehören nicht mehr uns selbst. Wir haben keine Rechte mehr. Wir sind Knechte. Das Wort **Hingabe** wird heutzutage weder gelehrt noch praktiziert, viele Leute wissen nicht einmal, was das Wort Hingabe bedeutet.

Hingabe ist kein »Werk«. Hingabe ist ein Vertrag, ein buchstäbliches Verkaufen von sich selbst. Paulus sagt im Römerbrief, daß er ein Schuldner ist (Römer 1:14). Christus hat Paulus gekauft, so wie Er uns gekauft hat. Errettung ist ein Geschäft, es ist ein Rechtsgeschäft. Hingabe ist kein Werk, es ist buchstäblich ein Verkauf. Jesus hat uns gekauft und für uns bezahlt, sonst würden wir Satan gehören und in die Hölle gehen. Der einzige Ausweg ist durch so ein Kaufgeschäft. Was für einen schrecklichen Preis mußte Jesus für uns bezahlen!

Ich glaube, daß nicht genug Leute das verstehen. Die Heftigkeit, mit der Satan uns angreift, scheint direkt davon abzuhängen, wie sehr wir uns an dieses Geschäft halten – das heißt, wie tief unsere Hingabe an den HERRN ist.

Hiob war ganz und gar hingegeben. Nur Gott kann den Grad, wie weit du dich an Jesus verkauft hast, wissen. Gott kannte Hiobs Herz. Er wußte, daß Hiob Ihm völlig hingegeben war. Das ist auch der Grund, warum Gott die Herausforderung Satans annahm, weil Gott wußte, daß Hiob stehenbleiben würde. Gott wußte, daß Jesus stehenbleiben würde, denn als Jesus hier in menschlicher Gestalt war (Philipper 2), war Er dem Vater völlig hingegeben. Daher wußte Gott, der Vater, daß sein Sohn Jesus Christus sogar bis zum Tod stehenbleiben würde, was Er auch tat, und nicht nur bis zu Seinem eigenen Tod, sondern er litt auch schrecklich für uns alle.

Satan haßt Jesus mehr als alles andere, da Jesus nun der rechtmäßige Besitzer dieser Welt ist und in kurzer Zeit seinen Besitz in Anspruch nehmen wird und Satan von seinem Reich enteignen wird. Wir können uns gar nicht vorstellen, wie tief und intensiv Satan Gott haßt. Seht, in dem Augenblick, in dem wir uns bekehren und uns ganz hingeben, indem wir Jesus bitten, uns zu kaufen, werden wir Jesu Eigentum – dann haßt uns Satan mit dem gleichen Haß, mit dem er Jesus haßt. Das ist auch der Grund dafür, warum wir in dem Moment, in dem wir wirklich errettet sind, Hals über Kopf in einem unglaublichen Kampf stehen. Satan beabsichtigt, uns zu zerstören. Jesus hat uns das bereits gesagt.

186

»Wenn die Welt euch haßt, so wißt, daß sie mich vor euch gehaßt hat. Wenn ihr von der Welt wäret, würde die Welt das Ihre lieben; weil ihr aber nicht von der Welt seid, sondern ich euch aus der Welt erwählt habe, darum haßt euch die Welt. Gedenkt des Wortes, das ich euch gegeben habe: Ein Sklave ist nicht größer als sein Herr. Wenn sie mich verfolgt haben, werden sie auch euch verfolgen; wenn sie mein Wort gehalten haben, werden sie auch das eure halten. Aber dies alles werden sie euch tun um meines Namens willen, weil sie den nicht kennen, der mich gesandt hat. Wenn ich nicht gekommen wäre und zu ihnen geredet hätte, so hätten sie keine Sünde; jetzt aber haben sie keinen Vorwand für ihre Sünde.« Johannes 15:18–22

Hier sind zwei springende Punkte enthalten. Jesus sagt uns sehr deutlich, daß in dem Moment, in dem wir mit Ihm identifiziert werden – was eintritt, wenn wir sein Eigentum werden (d. h. seine Knechte oder Sklaven) –, die Welt, die gegenwärtig unter Satans Herrschaft steht, uns in genau der gleichen Weise hassen wird, wie sie auch Jesus haßt. Zum Zweiten sagen so viele Leute: »Warum sollte ich überhaupt leiden oder sterben müssen. Nachdem doch Jesus bereits den Sieg am Kreuz errungen und für mich gelitten hat, ist es doch für mich unnötig zu leiden.« Aber was sagte Jesus? Er sagte: »Ich habe euch gesagt, ein Sklave ist nicht größer als sein Herr. Wenn sie mich verfolgt haben, werden sie auch euch verfolgen . . .« (Vers 20). Jeder, der zu mir sagt, er müsse nicht leiden, da Jesus bereits alles am Kreuz vollbracht habe, sagt **tatsächlich**, daß er größer sei als sein Herr! Der Herr ist in diesem Fall Jesus Christus. Er sträubt sich damit absolut gegen die Worte, die Jesus selbst gesprochen hat. Diese Lehre über »kein Leiden, Gesundheit und Wohlstand«, die landauf, landab bei uns gelehrt wird, ist eine Lehre von Dämonen; laßt es uns so nennen, wie es ist.

Das Evangelium wird nicht wirklich in seiner ganzen Fülle dargebracht. Wann hast du schon einmal dies gehört: »Du kannst Errettung haben, nur unter einer Bedingung, daß du völlig hingegeben, völlig an Christus verkauft bist, du besitzt keinerlei persönliche Rechte mehr, du gehörst dir nicht mehr selbst, du hast keinerlei Anspruch auf irgend etwas, du wirst ein Knecht, du unterschreibst im Grunde dein eigenes Todesurteil, denn Satan wird dich hassen und versuchen, dich umzubringen. Du wirst das ewige Leben und das himmlische Bürgerrecht erhalten. Du gibst dein Leben hier auf Erden auf, um das ewige Leben im Himmel zu erhalten.« Wie viele Prediger kennst du, die so reden? Wie viele Traktate sprechen davon? **KEINE!**

Warum haßt Satan und die Welt Jesus so sehr? Weil sie, da Jesus gekommen ist,... »keinen Vorwand für ihre Sünde mehr haben« (Vers 22).

> »[Jesus spricht] Dies aber ist das Gericht, daß das Licht in die Welt gekommen ist, und die Menschen haben die Finsternis mehr geliebt als das Licht, denn ihre Werke waren böse.«   Johannes 3:19

Wir müssen verstehen, wenn wir Jesus als unseren Heiland, unseren HERRN und unseren Meister annehmen, nehmen wir das Bürgerrecht im Himmel **und damit den Tod** hier auf Erden an. Ich persönlich denke nicht, daß wir die Errettung unter irgendwelchen anderen Bedingungen haben können. Völlige Hingabe ist etwas, das Jesus immer wieder die ganzen Evangelien hindurch fordert. Ich befürchte, daß es eine riesige Anzahl Leute gibt, die erkennen werden, daß sie in Wirklichkeit gar nicht errettet sind. Sie haben das volle Evangelium niemals gehört.

Deshalb kann man den geistlichen Kampf nicht von der Errettung trennen. Wirkliche Errettung wird dich in die direkte Auseinandersetzung mit Satan bringen. Ich weiß, daß ich ab dem Tag, als ich mich in dem ersten Jahr meines Medizinstudiums total Christus hingab, in die direkte Auseinandersetzung mit Satan kam. Vier Jahre später, als der HERR mich fragte, ob ich Ihm mein Leben hingeben wollte, damit er es so gebrauchte, wie **Er** es wollte, um direkt gegen Satan zu kämpfen, hatte ich mich in Wirklichkeit nicht anders hingegeben. Der HERR forderte mich nun heraus, ob ich bereit wäre, zu meiner Hingabe zu stehen, die ich anfänglich gemacht hatte. Er öffnete mein Verständnis dafür, was diese Hingabe alles mit einschloß. Indem ich mich mit Christus identifizierte, machte ich mir Satan zum erbitterten Feind.

Immer und immer wieder sagt uns Jesus, daß wir ihm sogar bis zum Tod nachfolgen sollen. Wir wollen dazu noch ein paar Schriftstellen nachschlagen.

> »Wenn jemand zu mir kommt und haßt nicht seinen Vater und seine Mutter und seine Frau und seine Kinder und seine Brüder und Schwestern, dazu aber auch sein eigenes Leben, so kann er nicht mein Jünger sein; und wer nicht sein Kreuz trägt und mir nachkommt, kann nicht mein Jünger sein.«   Lukas 14:26–27

Was heißt es nun aber, sein Kreuz zu tragen? Die meisten Leute deuten es so, daß man einfach mit »schlechten« Dingen, die so des Wegs kommen, fertigwerden muß, wenn sie überhaupt über diese Stelle nachdenken. Laßt uns dazu Matthäus 16 anschauen:

> »Dann sprach Jesus zu seinen Jüngern: Wenn jemand mir nachkommen will, der verleugne sich selbst und nehme sein Kreuz auf und folge mir nach. Denn wenn jemand sein Leben erretten will, wird er es verlieren; wenn aber jemand sein Leben verliert um meinetwillen, wird er es finden. Denn was wird es einem Menschen nützen, wenn er die ganze Welt gewönne, aber sein Leben einbüßte? Oder was wird ein Mensch als Lösegeld geben für sein Leben? Denn der Sohn des Menschen wird kommen in der Herrlichkeit seines Vaters mit seinen Engeln, und dann wird er einem jeden vergelten nach seinem Tun.«
>
> Matthäus 16:24–27

Ich behaupte, daß **das Kreuz ein Tötungsinstrument** ist. Es bedeutet nicht nur, daß wir hier auf Erden Drangsale ertragen müssen, das Kreuz bedeutet buchstäblich unseren Tod. Was heißt es dann zu sterben? Für mich heißt das, daß ich, indem ich diese Hingabe an Gott vollzogen habe, alles, was mir etwas bedeutet, in seine Hände hingegeben habe. **Alles** gehört Ihm. In dem Augenblick, in dem ich das tue, weiß ich, daß Satan Gott um diese Dinge ersuchen wird, und Er könnte Satans Gesuch sehr wohl nachkommen, wie im Falle Hiobs. Täglich zu sterben bedeutet für mich, daß ich buchstäblich Tag für Tag alles verliere, was ich auf dieser Erde liebe. Gott fordert das nicht immer von jedem, doch die meisten Leute sind zu solch einer Hingabe einfach **nicht bereit**, sie **wollen** ihr Kreuz nicht auf sich nehmen.

Wenn uns Christus gekauft hat, werden wir Fremde auf dieser Erde, und es entsteht eine Barriere zwischen uns und allen Dingen hier auf Erden – Jesus Christus. Nichts auf dieser Erde gehört uns mehr. Das ist sehr schmerzlich. Das Kreuz ist wahrscheinlich **die** schmerzvollste Art zu sterben. Wir geben uns also einem Leben des Schmerzes hin. Unser Kreuz täglich auf uns zu nehmen, ist schmerzlich; so einfach ist das. Dies ist nicht die Art, wie die meisten Leute das Evangelium darstellen wollen. Doch so tat es Jesus. Ich möchte noch einen Punkt klarstellen: **Du** kannst das Werk des Kreuzes nicht tun, nur **Gott** allein kann es. Mit anderen Worten, Leute, die sich selbst Schmerz zufügen und meinen, dies sei der Weg des Kreuzes, liegen vollkommen falsch. Wir sind Knechte, wir gehorchen einfach den Befehlen unseres HERRN, **nicht** wir entscheiden, welche Leiden wir tragen müssen.

Ich schlage vor, daß sich jeder, der sich dem HERRN hingeben will, hinsetzt und ein Blatt Papier nimmt und jeden Bereich seines Lebens, der ihm in den Sinn kommt, aufschreibt. Dinge wie Ausbildung, Karriere, welche deine Freunde werden, ob du überhaupt Freunde haben wirst, was mit deiner Familie und deinem Körper geschieht, wo und wie du leben wirst, was mit deinem guten Ruf geschieht, ob du Geld haben wirst etc. Das ist keine leichte Hingabe, die wir so ohne weiteres vollziehen können. Sobald wir uns so hingeben, werden wir auch darin geprüft und versucht werden.

Du wirst ohne eine Hingabe nicht wirklich im Glauben wachsen. Dennoch, Glauben ist eine reine Gabe Gottes, so daß du deinerseits zuerst einmal so eine Hingabe machen kannst. Die beiden sind auf seltsame Weise miteinander verbunden. Wenn du durch Prüfungen hindurch an deiner Hingabe festhältst, bin ich überzeugt, daß Gott dir mehr und mehr Glauben schenken wird, je weiter du vorwärts gehst. Dein Glauben wird wachsen und gestärkt werden. Glauben heißt, zu sagen: »Ich habe mich hingegeben, ich bin diesen Vertrag eingegangen, und ich werde daran festhalten.«

Du darfst den Zweifeln Satans bezüglich deiner Hingabe keinen Raum in deinen Gedanken geben. Du mußt jeden Zweifel sofort hinauswerfen. Wenn du geprüft und versucht wirst, ist es wichtig zu begreifen, daß alles, was in der sichtbaren Welt abläuft, Auswirkungen auf die geistliche Welt hat. Jedesmal, wenn Satan zum Beispiel sagt: »Ich verlange die Eltern dieses Mädchens«, und der Vater sagt: »Gut, nimm sie« (das bedeutet, daß er ihren körperlichen Tod bewirkt, denn Satan kann unsere Seelen nicht anrühren), und ich diene dann **weiterhin** dem HERRN, dann ist ein Sieg in der geistlichen Welt errungen, der die geistlichen Mächte der Finsternis zurückdrängt, so daß weitere Seelen zu Jesus Christus finden können. Es wird immer Auswirkungen auf die geistliche Welt geben. Wir machen uns gar keine Vorstellungen, was durch Satans Niederlage im Fall Hiob in der geistlichen Welt alles geschehen ist.

Hiob wurde mit einemmal alles genommen. Satan geht meistens nicht so vor. Wenn uns alles innerhalb eines Tages genommen wird, ist es ganz eindeutig ein übernatürliches Ereignis. Satan geht bei uns normalerweise nicht so vor. Er nimmt uns hier eine Sache weg, eine geliebte Person dort. Du beginnst gerade, dich von dem Kummer zu erholen, dann nimmt er schon das nächste. Er ist ein Meister darin, Leid zu verursachen.

Wenn du fest stehen bleibst, egal wie die Umstände aussehen, und fortfährst, Gott zu dienen, dann sei dir bewußt, daß das ein Teil des buchstäblichen Sterbens ist. Dieses Sterben ist ein Resultat dessen, daß du täglich dein Kreuz trägst und ein gehaßter Fremder in dieser Welt bist. Von dem Moment an, an dem wir Jesus Christus angenommen haben, leben wir buchstäblich einen lebendigen Tod, weil unser Leben nun in das geistliche Reich versetzt ist und wir ewiges Leben für unsere Seele und unseren geistlichen Leib haben. Aber unsere sichtbare Existenz stirbt jetzt beständig. Deshalb stehst du von dem Moment deiner Errettung an im Krieg gegen Satan. Es gibt keine andere Wahl.

> ». . . als Sterbende, und siehe, wir leben . . .«   2. Korinther 6:9

Die Leute werden sagen: »Du redest wirklich hart.« Gott sagt in Jesaja:

> »Denn meine Gedanken sind nicht eure Gedanken, und eure Wege sind nicht meine Wege, spricht der HERR. Denn so viel der Himmel höher ist als die Erde, so sind meine Wege höher als eure Wege und meine Gedanken als eure Gedanken.«   Jesaja 55:8-9

Die klare Tatsache ist: **GOTT IST GOTT**. Wir können Ihn nicht in Frage stellen.

> »Viele nun von seinen Jüngern, die es gehört hatten, sprachen: Diese Rede ist hart. Wer kann sie hören? . . . Von da an gingen viele seiner Jünger zurück und gingen nicht mehr mit ihm.«
> Johannes 6:60.66

Was geschah mit Hiob? Was geschah mit ihm, nachdem ihm dies alles zugestoßen war? Durch all das bekam Hiob die Gelegenheit, einen kurzen Blick auf Gott zu werfen, und sobald er das tat, **MACHTE IHM ALLES ANDERE NICHTS MEHR AUS**. Nachdem Hiob Gott für einen kurzen Augenblick gesehen hatte, kümmerte ihn überhaupt nichts mehr, was ihm widerfuhr. In der Offenbarung heißt es einmal, daß der Vater jede Träne von unseren Augen abwischen wird, und ich weiß aus persönlicher Erfahrung, wenn wir nur einen flüchtigen Blick auf Gott werfen dürfen, wird uns alles andere absolut nichts mehr ausmachen. Es ist kaum zu glauben. Gott selbst ist überaus wunderbar und weit über allem, was wir uns vorstellen können. Gott ist lauter Macht, reine Liebe, reine Gerechtigkeit, reine Heiligkeit, lauter Größe, reine Schönheit. Nur ein einziger Blick auf IHN bewirkt, daß unsere Beziehungen, alles was wir haben oder uns lieb ist, so völlig unbedeutend wird. Nichts, was uns trifft, wird uns mehr etwas ausmachen, wenn wir nur einen kurzen Blick auf Gott geworfen haben.

> »Und Hiob antwortete dem HERRN und sagte: Ich habe erkannt, daß du alles vermagst und kein Plan für dich unausführbar ist. Wer ist es, der den Ratschluß verhüllt ohne Erkenntnis? So habe ich denn meine Meinung mitgeteilt und verstand doch nichts, Dinge, die zu wunderbar für mich sind und die ich nicht kannte. Höre doch, und ich will reden! Ich will dich fragen, und du sollst es mich wissen lassen! Vom Hörensagen hatte ich von dir gehört, jetzt aber hat mein Auge dich gesehen. Darum verwerfe ich mein Geschwätz und bereue in Staub und Asche.«   Hiob 42:1–6

Beachte, daß Hiob hier sagt: »Vom Hörensagen hatte ich von dir gehört, jetzt aber hat mein Auge dich gesehen. Darum verwerfe ich mein Geschwätz und bereue in Staub und Asche.« (Vers 5 + 6.) Hiob hatte nichts zu bereuen. Der Beginn des Buches zeigt ganz deutlich, daß Hiob bei allem nicht sündigte.

> »Bei alldem sündigte Hiob nicht und legte Gott nichts Anstößiges zur Last.«   Hiob 1:22

> »Bei alldem sündigte Hiob nicht mit seinen Lippen.«   Hiob 2:10

Aber in dem Augenblick, als Hiobs Auge Gott erblickte, und er Ihn sah, wie Er wirklich ist, war alles andere bedeutungslos. Es machte ihm einfach nichts mehr aus.

Es ist mein Gebet, daß sich der HERR sowohl mir als auch jedem, der dieses Buch liest, offenbart, so wie nur Er es kann. Wir können mit Sicherheit keine größere Segnung empfangen. Der HERR ruft viele Menschen in viele verschiedene Dienste, aber eines Tages wird jeder von uns von den bösen Angriffen Satans heimgesucht werden. Wenn dieser Tag kommt, müssen wir alle bereit sein, aufzustehen und zu kämpfen. Wenn wir das tun und wenn wir bis zum Ende ausharren, **wird** Jesus uns die Krone des Lebens geben, und wir werden den unbeschreiblichen Segen erhalten, Gott in all Seiner Herrlichkeit zu sehen.

> »Und ich hörte eine laute Stimme vom Thron her sagen: Siehe, das Zelt Gottes bei den Menschen! Und er wird bei ihnen wohnen, und sie werden sein Volk sein, und Gott selbst wird bei ihnen sein. Und er wird jede Träne von ihren Augen abwischen, und der Tod wird nicht mehr sein, noch Trauer, noch Geschrei, noch Schmerz wird mehr sein: denn das Erste ist vergangen.«   Offenbarung 21:3–4

KAPITEL 16

Wie wir kämpfen sollen

REBECCA:

Gott hat uns zu Soldaten, nicht zu Pazifisten berufen. Nirgendwo toleriert die Bibel »weiche« Christen. Wir sollen Kämpfer und Soldaten sein, und zwar vor allem in der geistlichen Welt, so wie wir es im vorangegangenen Kapitel besprochen haben. Wir leben in einer Welt, die von Satan beherrscht wird, und die Zeit geht ihrem Ende entgegen. Satan wird immer dreister.

> »Denn unser Kampf ist nicht gegen Fleisch und Blut, sondern gegen die Gewalten, gegen die Mächte, gegen die Weltbeherrscher dieser Finsternis, gegen die Geister der Bosheit in der Himmelswelt.«
>
> Epheser 6:12

> »Denn obwohl wir im Fleisch wandeln, kämpfen wir nicht nach dem Fleisch; denn die Waffen unseres Kampfes sind nicht fleischlich, sondern mächtig für Gott zur Zerstörung von Festungen.«
>
> 2. Korinther 10:3–4

> »Nimm teil an den Leiden als ein guter Streiter Christi Jesu. Niemand, der Kriegsdienste leistet, verwickelt sich in die Beschäftigungen des Lebens, damit er dem gefalle, der ihn angeworben hat.«
>
> 2. Timotheus 2:3–4

> »Verflucht sei, wer das Werk des HERRN lässig treibt, und verflucht, wer sein Schwert vom Blut zurückhält.«   Jeremia 48:10

Wenn wir die Macht und Autorität, die Jesus uns in Seinem Namen gegeben hat, in Anspruch nehmen und zum Angriff Satans übergehen, wird die Verfolgung, die unausweichlich kommen wird, nicht so kommen, wie wir erwarten. Keiner wird aufstehen und sagen, »wir verleumden euch, weil ihr euch für Jesus hinstellt«. Nein, du wirst beschuldigt werden, alle möglichen falschen Sachen getan zu haben, die du aber gar nicht getan hast, daß du zu radikal oder nicht ganz richtig im Kopf wärst. Schizophrenie und Wahnsinn sind sehr beliebte Anklagen Satans. Du wirst eher von **deinen eigenen Mitchristen** in Mißkredit gebracht werden, als von erklärten Nichtchristen. Satan betrügt und lügt immer, überhaupt nichts ist jemals so, wie es erscheint. Seine wirkungsvollsten Diener sind die, die anscheinend die besten Christen sind, die regelmäßigen Gottesdienstbesucher, die finanziell Erfolgreichen, die geachteten und geehrten Mitglieder deiner Gemeinde. Diese sind es, die diejenigen, die wirklich im geistlichen Kampf für Christus stehen, angreifen und verfolgen werden. Aber wir **müssen** kämpfen, wenn Seelen gerettet und zu Jesus gebracht werden sollen.

> »Glückselig die um Gerechtigkeit willen Verfolgten, denn ihrer ist das Reich der Himmel. Glückselig seid ihr, wenn sie euch schmähen und verfolgen und alles Böse lügnerisch gegen euch reden werden um meinetwillen. Freut euch und frohlockt, denn euer Lohn ist groß in den Himmeln; denn ebenso haben sie die Propheten verfolgt, die vor euch waren.« Matthäus 5:10–12

Sei nicht überrascht, wenn die Verfolgung aus der eigenen Gemeinde kommt, gerade von Leuten, von denen du geglaubt hast, sie seien deine christlichen Geschwister und von deiner eigenen Familie. Die Bibel schreibt darüber recht deutlich:

> »Ich weiß, daß nach meinem Abschied grausame Wölfe zu euch hereinkommen werden, die die Herde nicht verschonen. Und **aus eurer Mitte** werden Männer aufstehen, die verkehrte Dinge reden, um die Jünger abzuziehen hinter sich her.« Apostelgeschichte 20:29–30

> »Denn solche sind falsche Apostel, betrügerische Arbeiter, die die Gestalt von Aposteln Christi annehmen. Und kein Wunder, denn der Satan selbst nimmt die Gestalt eines Engels des Lichts an; es ist daher nichts Großes, wenn auch seine Diener die Gestalt von Dienern der Gerechtigkeit annehmen; und ihr Ende wird ihren Werken entsprechen.« 2. Korinther 11:13–15

Es gibt eine Sache, die wir beide klarstellen möchten. Wir versuchen **nicht**, dir Vorschriften zu machen oder dich in irgendeiner Weise zu steuern. Wir teilen dir nur einfach mit, was der HERR uns gezeigt hat. Du mußt letztendlich deine Führung direkt vom HERRN empfangen. Du mußt es lernen, den HERRN in deinem Geist und Verstand zu hören. Nur der Heilige Geist kann dir das beibringen, aber du mußt darum bitten und eine solche Verbindung ernsthaft suchen. Du mußt in der Tat erkennen, daß du als Einzelner Verantwortung vor dem HERRN hast, **alles** sorgfältig zu prüfen, was dir irgend jemand erzählt, um herauszufinden, ob es mit der Schrift übereinstimmt. Das schließt dieses Buch mit ein, genauso wie auch alles, was dein Pastor sagt. Paulus selbst unterweist die Korinther, das zu tun:

> »Propheten aber laßt zwei oder drei reden, und die anderen laßt urteilen« [sorgfältig abwägen, bewerten etc.]   1. Korinther 14:29

Der Leser täte gut daran, dieses ganze Kapitel zu lesen, da es viele vernachlässigte und übersehene Befehle enthält, die auf unsere heutigen Gottesdienste zutreffen.

Jeder, der im geistlichen Kampf steht, muß sich darauf einstellen, auf mehr als einem Gebiet zu kämpfen. Aber bitte denk daran, daß nicht **du** bestimmst, wie und wo du kämpfst. Das bestimmt ausschließlich der HERR. Wir stellen uns Ihm einfach zur Verfügung, um so gebraucht zu werden, wie **Er** es will. Er ist unser Befehlshaber. Unser Ziel ist immer, den Willen Jesu Christi zu tun, Seinem Namen Ehre zu bringen und andere zu der errettenden Erkenntnis Jesu zu führen. Denke immer daran, **JESUS IST GOTT!** Jeder, der behauptet, Er sei weniger als das, liegt **verkehrt**.

Sei vorsichtig, wem du dich anvertraust, sei weise und sei stets offen für die Führungen des HERRN. Unser HERR warnt uns:

> »Die Hände lege niemand schnell auf . . .«   1. Timotheus 5:22

Warte, bis du die Früchte im Leben eines Menschen erkennst; warte, bis der HERR dir vollständigen Frieden über sie gibt.

> »Geliebte, glaubt nicht jedem Geist, sondern prüft die Geister, ob sie aus Gott sind; denn viele falsche Propheten sind in die Welt ausgegangen.«   1. Johannes 4:1

Denke daran, Satan und seine Dämonen werden immer versuchen, dich zu betrügen. Besonders in geistlichen Angelegenheiten.

Es gibt mindestens acht Schritte, die von jedem ernst genommen werden sollten, der in den geistlichen Kampf eintritt. Es sind die folgenden:

1)   Du mußt für jeden Bereich deines Lebens den **völligen** Herrschaftsanspruch Jesu anerkennen.

2)   Du mußt bereit sein, das Kreuz in deinem Leben **völlig** wirken zu lassen. Dies muß eine fortwährende, tagtägliche Erfahrung sein. Es gibt ein Buch von A. W. Tozer: *The Persuit Of God (Das Trachten nach Gott)*. Meiner Meinung nach sollte jeder Christ dieses Buch lesen. Das folgende Zitat erklärt das Wirken des Kreuzes in deinem Leben besser, als ich es könnte.

»Alles im Neuen Testament stimmt mit dem Bild des Alten Testaments überein. Erlöste Menschen brauchen sich nicht länger fürchten, ins Allerheiligste einzutreten. Es ist Gottes Wille, daß wir in Seine Gegenwart hineinkommen und dort unser ganzes Leben führen sollen. Das soll für uns eine ganz bewußte Erfahrung sein. Es ist mehr als eine Lehre, es ist ein Leben, an dem wir uns jeden Moment, jeden Tag erfreuen sollen . . .

Genauso ist die Gegenwart Gottes zentrale Tatsache des Christentums. Im Zentrum der christlichen Botschaft steht Gott selbst, der darauf wartet, daß Seine erlösten Kinder in das bewußte Wahrnehmen Seiner Gegenwart hineintreten. Die Art von Christentum, die zur Zeit in Mode ist, kennt diese Gegenwart nur aus der Theorie. Sie versäumt es, das Vorrecht eines Christen zu betonen, diese Gegenwart ständig wahrzunehmen. Gemäß ihrer Lehren sind wir in Gottes Gegenwart versetzt, doch wird nichts davon gesagt, daß es notwendig ist, diese Gegenwart auch tatsächlich zu erfahren . . . Was hindert uns?

Die Antwort, die gewöhnlich gegeben wird, daß wir »kalt« seien, erklärt nicht alle Tatsachen. Es gibt da etwas, das noch ernster zu nehmen ist, als die Kälte unserer Herzen . . . Was ist es? Ist es nicht ein Vorhang vor unseren Herzen? Ein Vorhang, der nicht so wie der erste Vorhang hinweggetan wird, sondern der dort bleibt und noch immer das Licht aussperrt und das Angesicht Gottes vor uns verbirgt.

Unser ›ICH‹ ist der undurchsichtige Vorhang, der Gottes Angesicht vor uns verbirgt. Er kann nur durch geistliche Erfahrung, niemals durch bloße Unterweisung hinweggetan werden. Wir könnten genausogut versuchen, Aussatz durch Unterweisung zu behandeln. Bevor wir frei sind, muß Gott ein Zerstörungswerk vollbringen. Wir müssen das Kreuz einladen, sein todbringedes Werk an uns zu tun. Wir müssen unsere Ich-Sünden zur Verurteilung ans Kreuz bringen. Wir müssen uns auf qualvolle Leiden einstellen, in ähnlichem Maße wie die, die unser Heiland durchmachte, als Er unter Pontius Pilatus litt.

Wir wollen daran denken, daß, wenn wir von dem Zerreißen des Vorhangs sprechen, wir uns bildlich ausdrücken und der Gedanke mehr poetisch ist, ja beinahe angenehm, aber in Wirklichkeit ist es überhaupt nichts Angenehmes. In der menschlichen Erfahrung ist dieser Vorhang aus lebendigem, geistlichem Gewebe beschaffen. Er setzt sich zusammen aus dem empfindsamen, zittrigen Material, aus dem unser ganzes Sein besteht, und es zu berühren heißt, uns da zu berühren, wo wir Schmerz empfinden. Es niederzureißen bedeutet, uns zu verletzen, uns weh zu tun und uns bluten zu lassen. Alles andere würde das Kreuz nicht mehr Kreuz und den Tod überhaupt keinen Tod mehr sein lassen. Es macht keinen Spaß, zu sterben. Dieses liebe und zarte Material durchzureißen, aus dem unser Leben gemacht ist, kann nichts anderes als äußerst schmerzvoll sein. Doch das ist es, was das Kreuz Jesus antat, und das ist es auch, was das Kreuz jedem Menschen antun würde, um ihn freizusetzen.

Bewahren wir uns davor, an unserem inneren Leben selbst herumzubasteln in der Hoffnung, wir selbst könnten den Vorhang zerreißen. Gott muß alles an uns tun. Unser Teil besteht darin, uns hinzugeben und zu vertrauen. Wir müssen unser Eigenleben bekennen, verlassen, verstoßen und es dann für gekreuzigt halten. Aber wir müssen aufpassen, faules »Annehmen« von dem wirklichen Werk Gottes zu unterscheiden. Wir müssen darauf beharren, daß das Werk getan wird. Wir dürfen uns nicht mit einer netten Lehre über die Kreuzigung unseres »Ichs« zufriedengeben. Damit würden wir Saul nachahmen und die besten Schafe und Rinder zurückbehalten.

Beharre darauf, daß das Werk mit ganzer Wahrheit getan wird, und es wird getan werden. Das Kreuz ist rauh und todbringend, aber es ist sehr wirkungsvoll. Sein Opfer bleibt nicht für immer an ihm hängen. Es kommt der Moment, wenn sein Werk vollendet ist, und das leidende Opfer stirbt. Danach kommt Auferstehung, Herrlichkeit und Macht, und der Schmerz ist vergessen vor lauter Freude, daß der Vorhang weggenommen ist und wir in wirklicher, geistlicher Erfahrung in die Gegenwart des lebendigen Gottes hineintreten.«   Seite 46–47

3) Die Bereitschaft, sowohl dein **eigenes** Leben **wie auch** das deiner Lieben niederzulegen, wenn es der HERR so will. Du kannst wahrscheinlich eine völlige Veränderung deiner Lebensumstände erwarten.

»Wer Vater oder Mutter mehr liebt als mich, ist meiner nicht würdig; wer Sohn oder Tocher mehr liebt als mich, ist meiner nicht würdig; und wer nicht sein Kreuz aufnimmt und mir nachfolgt, ist meiner nicht würdig.«   Matthäus 10:37–38

». . . wer sein Leben verliert um meinetwillen, wird es finden.«
Matthäus 10:39

4) Du mußt es lernen, den HERRN in deinem Geist reden zu hören. Wenn ich sage, du mußt »den HERRN in deinem Geist reden hören«, meine ich **nicht** eine hörbare Stimme, die du mit deinen natürlichen Ohren hören kannst. Ich meine, der HERR sagt etwas zu deinem Geist und dann schießt dir plötzlich etwas in Form eines Gedankens in den Sinn. Das ist ein Grund, warum es so wichtig ist, unsere Gedanken genau zu prüfen und den HERRN zu bitten, unsere Sinne und unser Herz rein zu halten.

»Noch vieles habe ich euch zu sagen, aber ihr könnt es jetzt nicht tragen. Wenn aber jener, der Geist der Wahrheit, gekommen ist, wird er euch in die ganze Wahrheit leiten; denn er wird nicht aus sich selbst **reden**, sondern was er hören wird, wird er **reden**, und das Kommende wird er euch verkündigen. Er wird mich verherrlichen, denn von dem Meinen wird er nehmen und euch verkündigen.«
Johannes 16:12–14

197

> »Das bezeugt uns aber auch der Heilige Geist; denn nachdem er ge-
> sagt hat: ›Dies ist der Bund, den ich ihnen nach jenen Tagen errichten
> werde, spricht der Herr, ich werde meine Gesetze in ihre Herzen ge-
> ben und sie auch **in ihre Sinne** schreiben.‹«   Hebräer 10:15–16

Der Heilige Geist wird Gedanken in deinen Sinn legen. Auf diese
Weise spricht Er zu uns und bezeugt Sich uns. Auch Satan kann
uns Gedanken eingeben, aber denke daran, der Heilige Geist wird
dir im Herzen und im Geist bestätigen, was von Satan ist und was
nicht. Die Bibel ist hier unser Schutz. Der HERR wird dir **niemals**
etwas sagen, was nicht in Übereinstimmung mit Seinem Wort, der
Bibel, ist. Satan kann deine Gedanken nicht lesen, wenn du leise
zu dem HERRN betest und mit ihm redest, und so wird er keine
Gedanken in dich hineinlegen können, die im Zusammenhang mit
dem stehen, was momentan in deinem Verstand abläuft, während
du betest. Dies ist ein weiterer wichtiger Grund, warum du es lernen mußt, deine Gedanken zu kontrollieren, so daß sie nicht um-
herwandern, während du im Gebet und in der Gemeinschaft mit
dem HERRN bist.

> »Ich liebe, die mich lieben, und die mich früh suchen, werden mich
> finden.«   Sprüche 8:17

Gemäß *Strong's Exhaustive Concordance* lautet für das hebräi-
sche Wort »früh« die wörtliche Übersetzung »eifrig« und beinhal-
tet »Ernsthaftigkeit«. Du mußt solch eine Beziehung zum
HERRN eifrig suchen.

Nur der Heilige Geist selbst kann dich lehren, Seine Stimme zu
hören. Du mußt diese Art von Beziehung vielleicht mit viel Fasten,
Tränen und Gebet suchen. Denke daran, der HERR überstürzt
nichts, und Er wird dich wahrscheinlich prüfen, wie ernst es dir ist.
Wenn du den HERRN nicht gebeten hast, das Werk des Kreuzes
vollständig in dir zu vollbringen, wie es in dem Zitat von Tozer
beschrieben wird, wirst du nicht in der Lage sein, so eine Beziehung zum HERRN aufzubauen. Auch wenn du dem HERRN
nicht völlig hingegeben bist, wirst du nicht in der Lage sein, solch
eine Beziehung aufzubauen.

Wenn der HERR nun wirklich zu dir spricht und du überprüft
hast, ob das Gesagte mit der Bibel übereinstimmt, und der Heilige
Geist es deinem Herzen bestätigt hat, daß du tatsächlich Seine
Stimme gehört hast, dann mußt du dich im Glauben darauf stellen, daß es auch so ist. Ansonsten wird Satan dich zu überzeugen

versuchen, daß das, was du gehört hast, nicht wirklich vom HERRN war und du dir alles nur ausgedacht hast.

> »Der Geist selbst zeugt mit unserem Geist, daß wir Kinder Gottes sind.«
> Römer 8:16

> »Deshalb, wie der Heilige Geist spricht: Heute, **wenn ihr seine Stimme hört**, verhärtet eure Herzen nicht, wie in der Erbitterung an dem Tage der Versuchung in der Wüste.«
> Hebräer 3:7–8

Der Heilige Geist wird zu uns sprechen, **wenn** wir Seine Stimme hören wollen. Wenn es so ist, dürfen wir unsere Herzen nicht verhärten, sondern sollten Schritte im Glauben und Gehorsam gemäß dem, was der Heilige Geist zu uns geredet hat, tun. Gewöhnlich beginnt der Heilige Geist, zu einem Gläubigen zu reden, indem Er ihn auf etwas aufmerksam macht, was dem HERRN nicht gefällt. Die Versuchung besteht darin, diese Art der Kommunikation zu ignorieren und das, was dem HERRN nicht gefällt, weiterzumachen. Wenn du das tust, »verhärtest du dein Herz« und unterbindest damit jede weitere Kommunikation von seiten des HERRN.

Der Heilige Geist wird deinem Geist bezeugen, daß das, was du gehört hast, von Ihm ist. Wenn das, was du gehört hast, nicht von Ihm ist, mußt du es lernen, für das Zögern oder die innere Sperre, die du spürst, empfindsam zu werden. Zu oft wollen wir vorwärtsstürmen, um etwas zu tun, und vergessen dabei, diese innere Sperre zu beachten. Wir müssen lernen, geduldig zu sein und auf Bestätigung zu warten, bevor wir aktiv werden. Impulsivität hat keinen Platz im geistlichen Kampf.

5) Du mußt lernen, deine Gedanken absolut unter Kontrolle zu halten. Dies wird wahrscheinlich eines der schwersten Dinge sein, die du jemals tun wirst. Der HERR fordert ganz klar dazu auf:

> »Denn obwohl wir im Fleisch wandeln, kämpfen wir nicht nach dem Fleisch; denn die Waffen unseres Kampfes sind nicht fleischlich, sondern mächtig für Gott zur Zerstörung von Festungen; so zerstören wir Vernünfteleien und jede Höhe, die sich gegen die Erkenntnis Gottes erhebt, und nehmen jeden Gedanken gefangen unter den Gehorsam Christi.«
> 2. Korinther 10:3–5

> »Und seid nicht gleichförmig dieser Welt, sondern werdet verwandelt durch die **Erneuerung des Sinnes** . . .«
> Römer 12:2

Die Gedanken sind das Hauptschlachtfeld. Satan greift jeden in seinem Denken mehr als irgendwo anders an. Dieser Kampf ist ohne Unterbrechung, unerbittlich und wird andauern, solange wie wir hier auf dieser Erde sind. Du darfst deinen Gedanken nicht länger träge zugestehen, durch deinen Kopf zu schießen, wie sie gerade wollen. Wir haben die Verantwortung vor Gott, **jeden** Gedanken, der durch unseren Kopf geht, aufzuhalten und genau zu prüfen und zu entscheiden, ob er Christus gehorsam ist.

Sehen wir es doch, wie es ist. Im Grunde sind wir träge Kreaturen. Ich kann dir von mir sagen, als Gott mich die ersten Male darauf aufmerksam machte, war es eines der schwierigsten Dinge, zu denen Er mich je aufgefordert hatte. Um mein Medizinstudium zu bewältigen, mußte ich oft stundenlang ohne Unterbrechung lernen. Ich wußte, wie man sich auf eine Sache völlig konzentrieren konnte, hatte aber dennoch meine Gedankenwelt nicht unter Kontrolle.

Jeder von uns hat ein ununterbrochenes »Gedankenleben«, das in seinem Kopf vor sich geht; so sind wir geschaffen. Wir sind verantwortlich dafür, jeden von diesen Gedanken in Jesus Christus gefangenzunehmen.

Du mußt verstehen, daß Satan Gedanken in deinen Verstand hineininjiziert, genau so, wie ein Arzt Medikamente in deinen Körper injiziert. Satan und seine Dämonen können dies von **außerhalb** deines Körpers tun. Sie müssen dazu nicht in dir drin sein. Sie können aber deine Gedanken nicht lesen. Nur Gott kennt deine Gedanken und Gesinnungen (vgl. Hebräer 4:12–13 und Jeremia 17:9–10). Deshalb müssen wir Satan und seine Dämonen laut zurückweisen, so wie Jesus es uns zeigte, als Er als Mensch hier auf der Erde war.

Satan wird Gedanken in deinen Verstand hineinlegen, die mit dem Wort »Ich« anfangen, um dir vorzutäuschen, daß der Gedanke ursprünglich von dir kam. So könnte zum Beispiel ein Gedanke kommen wie: »Ich würde gerne . . . tun«, etwas, von dem du weißt, es ist Sünde. Sobald du erkennst, daß so ein Gedanke in deinem Kopf ist, mußt du seinen wirklichen Ursprung angreifen. Sag dann beispielsweise folgendes laut: »Satan und ihr Dämonen, ich weise euch in dem Namen Jesu Christi zurück. Ich nehme diesen Gedanken **nicht** an. Verschwindet!« Zwing dich dann, über ein Bibelwort nachzudenken. Zitiere, falls nötig, einen Abschnitt laut, um deine Gedanken unter Kontrolle zu bringen.

»Übrigens, Brüder, alles, was wahr, alles, was ehrbar, alles, was gerecht, alles, was rein, alles, was liebenswert, alles, was wohllautend ist, wenn es irgendeine Tugend und wenn es irgendein Lob gibt, das erwägt!«   Philipper 4:8

Hier haben wir ein weiteres Beispiel, wie wir unsere Gedanken unter Kontrolle bringen können. Wir müssen unsere Sinne buchstäblich umerziehen und erneuern, so wie es im Römerbrief beschrieben wird:

»Und seid nicht gleichförmig dieser Welt, sondern werdet verwandelt durch die **Erneuerung des Sinnes** . . .«   Römer 12:2

Das benötigt Zeit, Ausdauer **und harte Arbeit**!

»Zieht nun an als Auserwählte Gottes, als Heilige und Geliebte: herzliches Erbarmen, Güte, Demut, Milde, Langmut.« Kolosser 3:12

Hast du dich schon einmal gefragt, wie du vorgehen kannst, um Dinge wie herzliches Erbarmen, Güte etc. »anzuziehen?« Ich tat es schon viele, viele Male. Schließlich gab mir der HERR die Antwort. Wir müssen unsere Sinne schon im voraus darin üben, so daß wir nicht einfach nach unseren momentanen natürlichen Gefühlen reagieren, wenn die Situationen dann eintreten, in denen uns Leute verletzen. Wir **entscheiden** uns dann, mit Gottes Erbarmen zu reagieren, und überwinden das Böse mit Gutem.

Der bekannte chinesische christliche Autor Watchman Nee beschreibt den Kampf in unseren Gedanken folgendermaßen: (Denke bitte daran, daß alle seine Werke aus dem Chinesischen übersetzt worden sind und deshalb vielleicht etwas schwieriger zu lesen sind.)

»Nach der Bibel ist der Verstand des Menschen insofern außergewöhnlich, als er ein Kampffeld darstellt. Auf diesem streiten Satan und die bösen Geister gegen die Wahrheit und somit auch gegen den Gläubigen. Wir können das folgendermaßen veranschaulichen. Der Wille und Geist eines Menschen gleichen einer Zitadelle; diese trachten die bösen Geister zu erobern. Das offene Feld, auf dem der Kampf um die Zitadelle ausgefochten wird, ist der Verstand des Menschen. Beachten wir, was der Apostel Paulus schreibt: ›Ja, wir wandeln wohl im Fleische, führen aber unseren Kampf nicht nach Fleischesart; denn die Waffen, mit denen wir kämpfen, sind nicht fleischlicher Art, sondern starke Gotteswaffen zur Zerstörung von Bollwerken: wir zerstören mit ihnen klug ausgedachte Anschläge und jede hohe Burg, die sich gegen die Erkenntnis Gottes erhebt, und nehmen alle Sinne gefangen unter den Gehorsam Christi‹ (2. Korinther 10:3–5). Zunächst berichtet er uns von einem Kampf, dann vom Ort des Kampfes und schließlich, wozu der Kampf ausgefochten wird. Dieser Kampf bezieht sich ausschließlich auf den Verstand des Menschen. Der Apostel vergleicht die klugen Vernunftschlüsse und das Denken des Menschen mit Bollwerken des Feindes. Er stellt den Verstand als vom Feind beherrscht dar; deshalb muß hier eingebrochen und ein Krieg geführt werden. Er schließt damit, daß sich viele rebellische Gedanken in diesen Bollwerken aufhalten und daß sie unter den Gehorsam Christi gefangengenommen werden müssen. Dies alles zeigt uns deutlich, daß der menschliche Verstand das Schlachtfeld ist, auf dem die bösen Geister mit Gott zusammenstoßen. . . . Ist der Verstand des Menschen in Satans Klauen, ›verstockt‹ sich der Mensch. Die Menschen ›taten den Willen des Fleisches und der Sinne und waren Kinder des Zornes‹ und somit ›vormals ihm fremd und feindlich gesinnt‹, ›denn fleischlich gesinnt sein ist Feindschaft wider Gott‹ (2. Korinther 3:14; Epheser 2:3; Kolosser 1:21; Römer 8:7).

Wenn wir diese verschiedenen Schriftabschnitte lesen, erkennen wir deutlich, wie sehr die Finsternismächte besonders unseren Verstand beeinflussen, wie sehr er den Angriffen Satans ausgesetzt ist. Was den Willen, die Gefühle und den Leib betrifft, sind diese bösen Mächte unfähig, darin unmittelbar wirksam zu sein – es sei denn, sie haben zuvor aus irgendeinem Grund in diesen Bereichen Raum gewonnen. Aber mit dem Verstand des Menschen können sie ungehindert arbeiten, ohne zuvor den Menschen zu überführen oder sich seine Einladung zu sichern. Anscheinend ist der Verstand bereits ihr Besitz. Wenn der Apostel den Verstand mit einer feindlichen Festung vergleicht, so meint er wohl damit, daß Satan und seine bösen Geister bereits eine enge Beziehung zum menschlichen Verstand hergestellt haben, den sie als ihre Bastion benutzen, um ihre Gefangenen darin einzusperren. Durch den Verstand des Menschen üben sie ihre Macht aus, und durch den Sinn ihrer Gefangenen übertragen sie giftige Gedanken auf andere Menschen, daß auch sie sich gegen Gott erheben. Es ist schwer zu schätzen, in wieweit die Welt und ihre Philosophie, ihr Wissen, ihre Ethik, Wissenschaft und Forschung den Mächten der Finsternis entspringen. Aber eines wissen wir sicher: alle Argumente und überheblichen Hindernisse gegen die Erkenntnis Gottes sind Festungen des Feindes.

Ist es seltsam, den Verstand in einer solch engen Beziehung zu den Finsternismächten zu sehen? War nicht das Streben nach Erkenntnis des Guten und Bösen die erste Sünde, die der Mensch beging – und das durch die Verführung Satans? Daher steht der Verstand des Menschen in einer besonderen Beziehung zu Satan. Wenn wir die Schrift sorgfältig prüften und die Erfahrungen der Heiligen beobachteten, könnten wir feststellen, daß sich jeder Austausch menschlicher und satanischer Kräfte im Denkorgan abspielt. Jede Versuchung, mit der Satan den Menschen umstrickt, zielt auf seinen **Verstand** ab. Satan bedient sich wohl des Fleisches, um den Menschen gefügig zu machen. Aber bei jeglicher Versuchung bewirkt er irgendeinen Gedanken, um dadurch den Menschen zu verführen. Wir können Versuchung und Gedanken nicht voneinander trennen. Alle Versuchungen werden uns in Form von Gedanken präsentiert.

Die eigentliche Definition von Buße ist nichts anderes als eine ›Änderung des Sinnes‹. . . . Der Sinn des Menschen ist aber selbst nach der Buße von Berührungen mit Satan nicht völlig befreit. So wie Satan zuvor durch den Sinn wirkte, wird er es auch nachher tun. Paulus schrieb an die Gläubigen zu Korinth: ›Ich fürchte aber, es möchten wohl, wie die Schlange mit ihrer List Eva betrog, eure Gedanken von der Aufrichtigkeit gegen Christus hinweg ins Verderben gezogen werden‹ (2. Korinther 11:3). Der Apostel erkennt sehr wohl, daß der Fürst dieser Welt, der den Sinn der Ungläubigen verblendet, ebenso den Sinn der Gläubigen irreführen wird . . .

Sie wissen genau, daß dies der schwächste Punkt unseres gesamten Wesens ist, da ja dies vorher ihre Festung war, bevor wir gläubig wurden. Und bis heute ist dieses Bollwerk nicht völlig niedergerissen. Evas Herz war sündlos; trotzdem nahm sie die Gedanken an, die Satan ihr einflößte. Sie wurde durch seine List verführt, ihre Vernunft aufzugeben, und ging in Satans Falle. Darum ist einem Gläubigen Vorsicht geboten, daß er sich nicht rühmt, ein ehrliches und aufrichtiges Herz zu besitzen. Denn wenn er es nicht lernt, die bösen Geister in seinem Verstand von sich zu weisen, wird er auch in Zukunft versucht und so lange betrogen werden, bis er die Herrschaft über seinen Willen verloren hat.   Seiten 426–429

Gott möchte unserer Gedankenwelt wieder den hohen Stand geben, den sie hatte, als er sie schuf, damit wir Gott nicht nur in unserem Wandel verherrlichen, sondern auch in unserem Denken. Wer kann ermessen, wie viele Gotteskinder engstirnig, eigensinnig, hartnäckig und häufig sogar verunreinigt werden, weil sie ihren Verstand vernachlässigen? Sie mangeln des Ruhmes, den sie bei Gott haben sollten. Gottes Volk muß erkennen: Wenn es ein Leben in der Fülle besitzen will, muß sein Verstand erneuert werden. . . . Wenn also ein Gotteskind feststellt, daß es nicht mehr fähig ist, seinen Verstand zu lenken, sollte es sich augenblicklich darüber klar sein, daß es der Feind ist, der darüber waltet. . . . Gott will, daß wir unseren Willen selbst beherrschen. Der Mensch hat die Macht, jede seiner natürlichen Gaben zu steuern. Sein Denken sollte also seiner Willenskraft untertan sein. Ein Christ sollte sich daher fragen: Sind das meine Gedanken? Bin ich es, der denkt? Wenn nicht ich der Denkende bin, dann muß es der böse Geist sein, der in der Lage ist, im menschlichen Verstand wirksam zu werden. . . . Die Person sollte wissen, daß, wenn sie nicht denken wollte, aber dennoch Gedanken in ihrem Kopf aufsteigen, sie zu dem Schluß kommen muß, daß diese nicht von ihr, sondern von einem bösen Geist sind.«   Seiten 432–433
Der Geistliche Christ von Watchman Nee

Ich möchte euch einige Beispiele dazu geben.

A. Es gibt drei mögliche Quellen, aus denen die Gedanken in

den Verstand eines wirklich wiedergeborenen Gläubigen hineinkommen können. Die Person selbst, der Heilige Geist und Satan
und/oder seine Dämonen. An fast jedem Ort, an den wir gehen,
um einen Vortrag zu halten, treffen wir Leute an, die uns kritisie-
ren und uns sagen, wir dürften nicht über Satan reden, weil wir ihn
dadurch verherrlichen würden, etc., etc. Warum ist das so? Weil
sich fast immer einige Hexen unter den Zuhörern befinden. Sie
lehnen sich zurück und senden mit einer einfachen Beschwörungsformel einen Dämon zu jeder Person in der Zuhörerschaft (bitte
beachte, diese Dämonen gehen **nicht** in diese Leute hinein). Der
Dämon schießt den Gedanken ein, »diese Frauen sollen nicht
über Satan reden, denn wenn sie das tun, verherrlichen sie ihn damit.« Die Person nimmt an, daß der Gedanke von ihr selbst sei
und daß er deshalb wahr sein müsse.

B. Die Zimmerkollegin, mit der ich zusammen wohnte, als ich
Elaine traf, war keine Christin, und ehrlich gesagt, mochte ich sie
überhaupt nicht. Widerwillig hatte ich zugestimmt, daß sie während des Schuljahres bei mir wohnte, in der Hoffnung, sie zum
HERRN zu bringen, doch es war ein **sehr** schwieriges Jahr für
mich. Wir waren sehr verschieden, und sie regte mich die meiste
Zeit auf. Während dieser Zeit lehrte mich der HERR, meine Gedanken zu beherrschen. Eines der ersten Dinge, die mir der Heilige Geist zeigte, war eine Sache, die sich an vielen Tagen bereits in
der Frühe abspielte, während ich mich für die Arbeit fertig machte.
Ich hatte Sue noch nicht einmal gesehen, aber sie ging mir ständig
in den Gedanken herum, wobei ich mit ihr stritt. Wenn dann der
Zeitpunkt kam, an dem ich sie wirklich antraf, war ich schon so
ärgerlich auf sie, daß ich nicht einmal mehr anständig »Guten
Morgen« sagen konnte. Wo kamen nun diese Gedanken her?
Nicht von mir. Ich hatte solch einen Kampf, sie unter Kontrolle zu
bringen, daß es sogar Zeiten gab, wo ich zu mir selbst sagte, »Rebecca, **hör doch endlich auf**«. Aber das half überhaupt nichts, die
ärgerlichen Gedanken blieben ganz einfach. Warum war das so?
Das lag daran, daß ich Satan in meiner eigenen Kraft widerstand,
als ich zu mir selbst sagte, doch endlich aufzuhören. Wenn wir versuchen, Satan in unserer eigenen Kraft entgegenzutreten, verlieren
wir die Schlacht, bevor wir überhaupt angefangen haben zu kämpfen.

Als der Heilige Geist mich aber dann lehrte und ausbildete, zu erkennen, daß die Gedanken von außen und von Satan kamen, hatte

ich immer dann Sieg, wenn ich Satan laut im Namen Jesu zurückwies. Bald lernte ich, in dem Moment, wenn der erste negative oder ärgerliche Gedanke über Sue in meine Gedanken kam, sofort und laut zu sagen, »Satan und ihr Dämonen, ich weise euch zurück im Namen Jesu! Ich nehme diese Gedanken über Sue nicht an.« Dann zwang ich mich, über Bibelstellen nachzudenken und sie laut herzusagen. So hatte ich Sieg, weil ich Satan mit der Macht Jesu widerstand, und meine ganze Beziehung zu Sue verbesserte sich erheblich. Wieviele Ehen, Familien, Gemeinden und ganze Gemeinschaften sind durch diese einfache Taktik schon zerstört worden? (Vgl. **Bildergeschichten I, II und III**).

6)   Das Auswendiglernen von Bibelstellen ist ein weiterer wichtiger Punkt.

> »Wodurch hält ein Jüngling seinen Pfad rein? Indem er sich bewahrt nach deinem Wort. In meinem Herzen habe ich dein Wort verwahrt, damit ich nicht gegen dich sündige.« Psalm 119:9.11

Der Weg, wie wir Gottes Wort in unseren Herzen bewahren können, besteht im **Auswendiglernen**. Ich kann das gar nicht genug betonen. Glaub mir, wenn du mit Dämonen kämpfst, hast du keine Zeit, die Bibel durchzublättern. Du könntest leicht dein eigenes Leben oder das Leben desjenigen, den du zu befreien versuchst, verlieren, wenn du dir erst Zeit nehmen mußt, die Bibel zu öffnen.

Es gibt eine einfache Methode, Schriftstellen auswendig zu lernen. Nimm dir jeden Tag eine bestimmte Zeit vor. Für mich sind es die ca. 20 Minuten, die ich jeden Morgen zum Fönen meiner Haare verwende. Schreibe die Schriftstelle, die du auswendig lernen willst, auf eine Karte (beispielsweise eine halbierte Postkarte). Ich habe meine Karten an meinen Spiegel geklebt. Schreibe jeweils die Stellenangabe vor und hinter die Verse, die du auswendig lernen willst. Gewöhnlich ist es am besten, die Verse auf 2–3 zu begrenzen. Sage dir dann die Verse mit den Stellenangaben immer wieder **laut** vor, bis du sie ein- oder zweimal perfekt mit geschlossenen Augen aufsagen kannst. Zum Beispiel:

> Johannes 3:16 – »Denn so hat Gott die Welt geliebt, daß er seinen eingeborenen Sohn gab, damit jeder, der an ihn glaubt, nicht verloren gehe, sondern ewiges Leben habe.« – Johannes 3:16

Tue dies täglich. Füge einmal pro Woche einen neuen Bibelabschnitt hinzu. Wenn du dies über drei Monate treu tust, wirst du

Bildergeschichte I

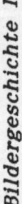

206

Bildergeschichte III

Hier erkennt Nancy den wirklichen Ursprung ihrer Gedanken. Sie bringt die Macht Jesu gegen diesen Ursprung (Satan und seine Dämonen) und hat Sieg. Dies ist ein praktisches Beispiel, wie wir jeden Gedanken unter den Gehorsam Christi gefangennehmen können (2.Kor.10:5).

diese Schriftstelle für immer in deinem Gedächtnis verankert haben. Du wirst bald bemerken, daß der Heilige Geist diese Verse öfters am Tag in deine Gedanken zurückbringen wird. Du wirst feststellen, daß dies ein schneller, einfacher und schmerzloser Weg ist, um Schriftstellen auswendig zu lernen.

7) Autorität. Gott stellt sein Volk immer unter Autorität. Das ist eine Lektion, die wir bald lernen müssen, wenn wir im geistlichen Kampf überleben wollen. Wenn wir es nicht gelernt haben, delegierter Autorität zu gehorchen, werden wir niemals Gottes direkter Autorität gehorchen, und so werden wir viele Schlachten verlieren, weil wir weder unseren Hauptmann Jesus Christus hören, noch Ihm gehorchen. Ich denke es ist sinnvoll, hier einen Abschnitt aus dem Buch *Spiritual Authority (Geistliche Autorität)* von Watchman Nee (Christian Fellowship Publishers, Inc., 1972) zu zitieren.

> »Gottes Kinder sollten es nicht nur lernen, Autorität anzuerkennen, sondern sie sollten ebenso nach denen suchen, denen sie gehorsam sein sollten. Der Hauptmann antwortete und sprach zu dem HERRN Jesus: ›Auch ich bin ein Mann unter Autorität und habe Soldaten unter mir.‹ (Matthäus 8:9). Er war wirklich ein Mann, der wußte, was Autorität bedeutet. So wie Gott heute das ganze Universum durch seine Macht aufrecht erhält, so verbindet Er Seine Kinder untereinander durch Seine Autorität. Wenn eines von Seinen Kindern unabhängig ist, sich auf sich selbst verläßt und sich der von Gott delegierten Autorität nicht unterstellt, dann kann derjenige niemals Gottes Werk auf Erden vollbringen. Jedes einzelne von Gottes Kindern muß sich eine Autorität suchen, um ihr zu gehorchen, so daß es mit anderen gut verbunden ist. Es ist traurig, das sagen zu müssen, doch viele haben diesen Punkt versäumt.«   Seite 115

Wenn du es nicht fertigbringst, dich der Autorität deines Chefs an deiner Arbeitsstelle zu unterstellen, wie kannst du dich dann jemals wirklich der Autorität Gottes unterstellen? Sei aber vorsichtig, welcher Autorität du dich unterstellst. Überstürze es nicht, Mitglied einer bestimmten Gemeinde zu werden, bis du ohne jeden Zweifel weißt, daß dies der Platz ist, wo der HERR dich haben will. Wenn du dich solch einer Autorität einmal unterstellt hast, nimmt es Gott sehr ernst, wenn du dieser Autorität dann ungehorsam bist. Wenn du solch einer Autorität dann ungehorsam bist, gibst du damit Satan legales Anrecht in deinem Leben.

Das gleiche gilt für Frauen. So viele junge Frauen meinen, nicht überleben zu können, wenn sie nicht heiraten. Deshalb neigen sie dazu, jeden jungen Mann zu heiraten, der nur irgendwie an ihnen interessiert ist. Ich habe so viele Tragödien mit jungen Frauen gesehen, die eine ernsthafte Sehnsucht haben, dem Herrn zu dienen, aber in einer Ehe mit einem Mann verbunden sind, der dem HERRN nicht dienen will. Weil sie sich jedoch dieser ehelichen Beziehung hingegeben haben, wird Gott zu **keinerlei** Rebellion ihrerseits gegen ihre Männer stehen. Sie werden **niemals** frei sein, dem HERRN so zu dienen, wie sie es könnten, wenn sie den Mann nicht geheiratet hätten.

Wenn die Zeit kommt, wo du Gottes Autorität mehr gehorchen mußt als der Autorität der Regierung, der du unterstellt bist, so mußt du Gott mehr gehorchen, jedoch öffentlich und bereit, die kommende Strafe zu tragen. Daniel zum Beispiel weigerte sich, dem Erlaß des Königs Darius zu gehorchen, der für die Zeit von 30 Tagen jedem verbot, zu Gott zu beten. Doch er tat es nicht im Verborgenen.

> »Und als Daniel erfuhr, daß das Schriftstück ausgefertigt war, ging er in sein Haus. Er hatte aber in seinem Obergemach offene Fenster nach Jerusalem hin; und dreimal am Tag kniete er auf seine Knie nieder, betete und pries vor seinem Gott, wie er es auch vorher getan hatte.« Daniel 6:11

Daniel gehorchte Gott mehr als der Regierung, aber er tat das öffentlich, bereit, die Strafe auf sich zu nehmen. Gott stellte sich dabei zu Daniel und rettete ihn aus der Löwengrube, in die er geworfen worden war. Viele Märtyrer haben ihr Leben gegeben, weil sie Gott mehr gehorchten als ihren Regierungen. Wie viele von euch, die ihr dieses Buch lest, wären bereit, eher die Arbeitsstelle zu verlieren, als das Gebet oder das Evangelisieren an der Arbeit zu unterlassen?

Ich möchte jedem, der in irgendeiner Weise im geistlichen Kampf steht, dringendst empfehlen, das Buch *Spiritual Authority* von Watchman Nee zu lesen.

8) Unterschätze **niemals** die Macht Satans, noch behandle ihn jemals respektlos. Denke niemals, er sei in deinem Leben nicht am Wirken oder könnte dies nicht tun.

> »Ebenso aber beflecken auch diese als Träumende das Fleisch, die Herrschaft aber verachten sie, Herrlichkeiten aber lästern sie. Michael aber, der Erzengel, wagte nicht, als er mit dem Teufel stritt und Wortwechsel um den Leib Moses hatte, ein lästerndes Urteil zu fällen, sondern sprach: Der Herr schelte dich! Diese aber lästern alles, was sie nicht kennen ...« Judas 8–10a

»Seid nüchtern, wacht! Euer Widersacher, der Teufel, geht umher wie ein brüllender Löwe und sucht, wen er verschlingen könne.«

1. Petrus 5:8

Vergiß niemals, daß der Kampf **real** ist. Wenn du dich an die Front begibst, ist es sehr viel leichter möglich, dich niederzuschießen. Der erste Schritt bei fast jeder Niederlage, die ich miterlebt habe, in der jemand, der für den HERRN gekämpft hat, vom Teufel getäuscht wurde, war Respektlosigkeit gegenüber dem Feind. Wir verherrlichen oder ehren Satan in **keiner** Weise! Aber er **ist** ein gefährlicher Feind. Er ist viel intelligenter als wir. Vergiß nicht was Gott sagte, als er Satan schuf:

»Du warst das vollendete Siegel, voller Weisheit und vollkommen an Schönheit.«

Hesekiel 28:12

Satan ist das schönste und intelligenteste Wesen, das Gott geschaffen hat. Wir können nicht hoffen, Satan mit unserer kleinen menschlichen Intelligenz zu überwinden oder seine Verführungen zu durchschauen. Wir müssen völlig abhängig vom HERRN bleiben, damit Er uns Satans Taktiken offenbart. Wir können Satan **nur** mit der Macht Jesu Christi widerstehen und überwinden.

Sobald jemand aufhört, Satan Respekt entgegenzubringen, wird er sorglos, und das Einfallstor für Stolz und eine Vielzahl anderer Verführungen Satans ist geöffnet.

Wir werden hier fünf Bereiche besprechen, die mit dem geistlichen Kampf zu tun haben. Wir behaupten damit bestimmt nicht, daß das Folgende vollständig sei, aber der HERR hat uns angewiesen, euch mitzuteilen, was wir bisher gelernt haben. Es ist unser ernstliches Gebet, daß dich der HERR selbst in all das geistliche Verständnis hineinführt. Die Bereiche sind: Dämonen, menschliche Geister von Satanisten, körperliche Wesen wie Wertiere (nicht nur Werwölfe, sondern auch andere Wertiere), Menschen und der direkte Kampf mit deinem geistlichen Körper auf dem geistlichen Schlachtfeld.

Zwei spezielle Quellen, die Anweisungen enthalten, wie wir im geistlichen Kampf vorgehen sollen, sind die Psalmen und das Buch Josua. Jede Waffe, die in der Bibel erwähnt wird, steht uns zur Verfügung, um sie in der geistlichen Welt zu gebrauchen. Studiere die Schrift. Nimm ein Notizbuch und schreibe alles auf, was dir der HERR offenbart, während du liest. Dann hast du alle Informationen beieinander, so daß du dann häufig darauf zurückgreifen und nachlesen kannst. Sonst mußt du viel Zeit darauf verwenden, Dinge, die du bereits wußtest, aber vergessen hast, wieder neu zu lernen.

DÄMONEN

Dämonen sind sehr intelligente Wesen. Sie sind Geister. Normalerweise besitzen sie keinen sichtbaren Körper, obwohl es möglich ist, daß sie zu bestimmten Zeiten einen sichtbaren Körper annehmen, den wir sehen und fühlen können. Einst waren sie Engel im Dienst Gottes. Satan, ihr Anführer, war damals ein Erzengel. Er ist eines der mächtigsten und intelligentesten Wesen, die Gott je geschaffen hat. Menschliche Intelligenz ist mit der Satans nicht zu vergleichen. Vor vielen, vielen Zeitaltern hat sich Satan entschlossen, gegen Gott zu rebellieren und versuchte, sich selbst gegen Gott zu erheben. Eine große Anzahl von Engeln folgte Satan, um in seinem Dienst, statt im Dienst Gottes zu stehen. Von diesen Engeln wird oft als den »gefallenen Engeln« gesprochen. Sie sind die verschiedensten Dämonen. Sie sind **alle** böse und Lügner. Sie haben die unterschiedlichsten Namen in den verschiedenen Teilen der Welt. Sie haben eine große Palette an Kräften und Fähigkeiten und können **nur** durch die Macht Jesu geschlagen werden. In Jesus haben wir eine beachtliche Autorität über die Dämonen, und wir sollten diese Autorität gebrauchen, jedoch immer mit dem nötigen Respekt.

Ihre Anzahl ist so groß und die verschiedenen Arten von Dämonen sind so zahlreich, daß wir sie niemals alle mit Namen nennen könnten. Der gleiche Dämon kann auch verschiedene Namen annehmen, je nachdem, in welchem geographischen Gebiet er sich aufhält. Satans Reich ist bestens organisiert und sehr leistungsfähig. Sehr hohe Dämonen, die die Bibel als Fürsten bezeichnet, herrschen über verschiedene Gebiete der Welt.

Dämonen kennen die Bibel sehr gut, deshalb müssen auch wir die Bibel gründlich kennen. Dämonen sind Experten im Verdrehen von Schriftstellen. Sie versuchen Schriftstellen so herumzudrehen, daß diese schließlich etwas ganz anderes ausdrücken, als Gott gesagt hat. Wenn wir die Schrift nicht kennen, werden wir eine leichte Beute für die Dämonen sein.

Wir sehen keine Veranlassung, eine Liste mit den Namen der Dämonen aufzustellen, nicht nur, weil das eine unmögliche Aufgabe wäre, sondern weil der Heilige Geist uns die Weisheit, die wir brauchen, jedesmal, wenn wir mit ihnen zu tun haben, geben wird. Zeit und Platz erlauben es nicht, hier viel über Befreiung zu reden, bis auf die Einzelheiten, die ich bereits in Elaines und in den anderen beschriebenen Fällen erwähnt habe. Wir gehen bei der Befreiung nach den Bereichen der Person und nach den uns bekannten Einfallstoren, die sie in ihrem Leben geöffnet hat, vor. Spätere Veröffentlichungen werden sich hiermit detaillierter beschäftigen.

MENSCHLICHE GEISTER VON SATANISTEN

Den menschlichen Geistern von Satanisten begegnet man in ungefähr gleicher Weise wie den Dämonen. Allerdings mußt du immer daran denken, daß du mit dem Leben und dem Geist eines Menschen umgehst, und daher ist das vorrangige Ziel seine Errettung. Weil wir sie nicht verletzen wollen, erdulden wir von menschlichen Geistern viel mehr Qualen ohne zurückzuschlagen als von Dämonen. Wir predigen ihnen immer auch das Evangelium.

Ich kann mich noch gut an einen Abend kurz nach Elaines endgültiger Befreiung erinnern, als ich nach dem Abendessen in der Küche stand und Geschirr spülte. Ich war alleine und weinte in mein Spülwasser hinein, während ich zum Vater betete. Es war ein besonders harter Tag gewesen. Elaine und ich waren ständig durch Geister von Satanisten gequält worden. Nichts schien sie unter Kontrolle zu bringen. Wir wurden beinahe ständig von diesen unsichtbaren Kräften hochgehoben und gegen eine Wand oder auf den Boden geworfen, oder es wurden Gegenstände auf uns geworfen. Wir waren völlig erschöpft und übel zugerichtet. Die Dämonen konnten wir relativ leicht bremsen, indem wir sie einfach im Namen Jesu zurückwiesen, aber diese menschlichen Geister konnten nicht auf dieselbe Art und Weise aufgehalten werden. Voller Verzweiflung schrie ich zum HERRN: »Vater, bitte, was können wir tun? Ich habe das Gefühl, daß mein Haus eine offene Durchgangsstraße für jede Macht und jeden bösen Geist ist, der hier durchgehen will. Du weißt, wie sehr uns diese Geister quälen. Ich halte das einfach nicht mehr aus!«

An diesem Punkt durchströmte mich der Heilige Geist und erinnerte mich an die Geschichte vom Passahlamm in 2. Mose 12.

Dann sagte Er zu mir: »Seit dem Tod Jesu gibt es keine Blutopfer mehr. Was ist deiner Meinung nach heute nun das Gegenstück zum Blut?«

»Das Öl?« fragte ich.

»Das ist richtig.« Dann erinnerte mich der HERR auch noch an die Schriftstelle in 2. Mose 40, wo er Mose die Anweisung gab, auch Salböl zu verwenden.

> »Darauf nimm das Salböl und salbe die Wohnung und alles, was darin ist, und heilige dadurch sie und ihre Geräte, damit sie heilig wird!«
>
> 2. Mose 40:9

Während ich über diese Schriftstellen nachdachte, zeigte mir der HERR, daß ich Öl nehmen und mein Haus salben und es dem HERRN heiligen sollte. So nahm ich das Öl, das ich gerade zur Hand hatte (Speiseöl) und tat etwas an die Türpfosten und Oberschwellen, an die Türen selbst und an jedes Fenster. Indem ich das tat, bat ich den HERRN, mein Haus für Ihn zu heiligen und es mit dem Schild Seines kostbaren Blutes zu versiegeln. Dann, indem ich die Türen offen ließ, ging ich zurück, stellte mich in die Mitte des Hauses und bat den HERRN, es zu reinigen und all die bösen Geister, die sich darin aufhielten, hinauszutreiben. Die Veränderung geschah unverzüglich und dramatisch. Mein Haus war versiegelt, und kein Dämon oder menschlicher Geist konnte von da ab mehr hereinkommen.

Wenn wir in einen besonders schweren Kampf gestellt sind und, wie gewöhnlich, viele Leute ständig in unserem Haus ein- und ausgehen, halten wir es für nötig, unser Haus gelegentlich von neuem zu salben und zu reinigen. Jeder, der im geistlichen Kampf steht, wird dies als sehr hilfreich empfinden. Der HERR hat uns auch gelehrt, daß wir jedesmal, wenn wir in ein anderes Haus umziehen, um das ganze Grundstück herumlaufen und das Grundstück für den HERRN beanspruchen sollen und Ihn bitten sollen, es Ihm zu heiligen, es zu versiegeln und es zu beschützen.

Wenn der HERR dir zeigt, daß du persönlich von einem menschlichen Geist geplagt wirst (nicht nur von dem eines Satanisten, sondern auch von dem eines Mitchristen, der gegen dich Haß im Herzen hat), wirst du es als sehr hilfreich empfinden, von einem christlichen Bruder oder einer christlichen Schwester mit Öl gesalbt zu werden. Sie sollen für dich beten und den HERRN um einen speziellen Schutz, nicht nur vor dämonischen Mächten, sondern auch vor menschlichen Geistern bitten.

Sei wachsam bezüglich der Möglichkeit, daß menschliche Geister durch eine unbefreite Person reden und handeln können. Das Restliche wird dir der Heilige Geist in jeder auftretenden Situation durch persönliche Führung geben.

WERTIERE UND SICHTBARE ERSCHEINUNGEN VON DÄMONEN

Vampire und Werwölfe sind seit vielen, vielen Jahren sagenumwoben. Viel wurde über sie geschrieben, viele Filme und Geschichten drehen sich um sie. Unglücklicherweise glaubt fast jeder, daß sie nur der menschlichen Vorstellungswelt entsprungene Phantasiegeschöpfe sind. Das allermeiste, das von ihnen erzählt wird, ist falsch.

Diese Wesen existieren **tatsächlich**. Laßt mich zunächst einmal definieren, was ich unter Wertieren und Vampiren verstehe, und laßt uns dann ein paar interessante Schriftstellen dazu betrachten.

»Denn ich erkenne meine Vergehen, und meine Sünde ist stets vor mir.«   Psalm 51:5

Seit Adams Fall werden Menschen immer in Sünde geboren, und ihr sichtbarer Körper ist von Ungerechtigkeit geprägt und in eigentümlicher Weise davon befallen (Ungerechtigkeit heißt soviel wie Bosheit). Aus diesem Grund haben die Dämonen große Macht über unsere sichtbaren Körper. Menschen, die sich Satan total verschrieben haben, können und werden bestimmte Dämonen bitten, in ihnen zu leben. Diese Dämonen sind in der Lage, außerordentliche physische Veränderungen in dem Körper der Menschen zu verursachen. Es ist bekannt, daß Dämonen Menschen ungewöhnliche Kräfte verleihen können. Erinnere dich an den besessenen Gerasener in Lukas 8. Wertiere werden durch solche Dämonen erzeugt. Dämonen verursachen diese physischen Veränderungen in dem Körper der Person, verleihen ihnen dadurch ein tierähnliches Aussehen und geben ihnen auch übermenschliche Kräfte und Eigenschaften.

Zu diesem Thema gibt es einige sehr interessante Schriftstellen. Natürlich werden keine Ausdrücke wie Wertier oder Werbestie verwendet, da das sehr moderne Ausdrücke sind. Aber laßt uns folgende Stellen betrachten:

>Und ich werde euch Frieden im Land geben ... und ich werde die bösen Tiere aus dem Lande austilgen.<   3. Mose 26:6

>Und ich will wilde Tiere unter euch senden ...<
3. Mose 26:22 (Luther)

In diesen zwei Bibelstellen wird eine Unterscheidung zwischen bösen und wilden Tieren getroffen. Gott sagt hier, daß er die *bösen Tiere* aus dem Land Kanaan austilgen wird, wenn die Israeliten Seine Gebote halten, aber *wilde Tier* senden wird, um sie zu töten, wenn sie Seine Gebote nicht halten. Zu einem früheren Zeitpunkt, als Gott Mose das Gesetz gab, bezeichnete Er bestimmte Tiere als rein oder unrein, sowohl unter den wilden als auch den zahmen Tieren. So sind böse Tiere etwas anderes als wilde Tiere.

>... [Gott spricht] die wilden Tiere auf dem Feld sind mein ...<
Psalm 50:11 (nach engl. Übersetzung)

Es gibt zahlreiche Bibelstellen über wilde Tiere, die dem HERRN gehören, aber keine über böse Tiere, die Ihm gehören.

Dann finden wir eine sehr interessante Schriftstelle in Hesekiel. Hier trägt der HERR Hesekiel auf, in den Tempel nach Jerusalem zu gehen, um das Böse zu sehen, das dort praktiziert wurde. Zu der Zeit haben die Israeliten Dämonen und Satan angebetet, mit all den damit verbundenen Perversionen.

>Und er sprach zu mir: Geh hinein und sieh die schlimmen Greuel, die sie hier verüben! Und ich ging hinein und sah und siehe, da waren allerlei Abbilder von Kriechtieren und Vieh: Abscheuliches und allerlei Götzen des Hauses Israel ringsherum auf der Wand als Ritzzeichnung zu sehen.<   Hesekiel 8:9–10

In einer früher bereits angeführten Schriftstelle, in 1. Korinther 10:19–20, wird ganz klar gesagt, daß diese Götzen Bilder von Dämonen waren, die angebetet wurden. Ich bin überzeugt, daß die Zeichnungen, die Hesekiel sah, nicht nur Dämonen, sondern auch Wertiere darstellten. Vor dieser Zeit war Israel über 400 Jahre in Ägypten. Die Hieroglyphen, die in ganz Ägypten gefunden wurden, enthalten Zeichnungen von Wesen, die halb Mensch, halb Tier waren, insbesondere menschliche Körper mit Wolfsköpfen. Es gibt viele Bibelstellen, die zeigen, daß die Israeliten ägyptische Traditionen und Anbetungsformen übernommen hatten.

Es gibt auch im Neuen Testament Stellen über böse Tiere. Ich bin überzeugt, daß die folgenden Schriftstellen auf das hinweisen, was wir heute Wertiere nennen.

> »Es hat einer von ihnen, ihr eigener Prophet, gesagt: ›Kreter sind immer Lügner, böse, wilde Tiere, faule Bäuche.‹ Dieses Zeugnis ist wahr;«
> Titus 1:12–13a

> »Wie auch Sodom und Gomorra und die umliegenden Städte, die in gleicher Weise wie sie Unzucht trieben und hinter fremdem Fleisch herliefen, als ein Beispiel vorliegen, indem sie des ewigen Feuers Strafe leiden. Ebenso aber beflecken auch diese als Träumende das Fleisch, die Herrschaft aber verachten sie, Herrlichkeiten [Dämonen] aber lästern sie. . . . Diese aber lästern alles, was sie nicht kennen; alles, was sie aber von Natur aus wie die unvernünftigen Tiere verstehen, darin verderben sie sich. Wehe ihnen! Denn sie sind den Weg Kains gegangen und haben sich für Lohn dem Irrtum Bileams völlig hingegeben . . . [Der Irrtum Bileams war die Anbetung von Dämonen, besonders den Baal]«
> Judas 7–11

Eine fast identische Stelle steht in 2. Petrus 2:10–12. Diese Stelle zeigt, wie verdorben die Menschen sind und sich in wilde Tiere verwandeln, da sie keine Achtung vor Dämonen haben, mit ihnen verkehren und sie anbeten. Es wird auch eindeutig von einem besonderen Beflecken des Fleisches und von »fremdem Fleisch« geredet.

In der Schrift ist vieles verborgen, und wir brauchen viel Weisheit vom HERRN, um das alles zu verstehen, doch wir denken, daß diese Schriftstellen auf das Phänomen hinweisen, daß Menschen sich buchstäblich in böse Tiere verwandeln, mit tatsächlichen vorübergehenden körperlichen Veränderungen, die durch Dämonen verursacht werden.

Die meisten Menschen halten solche Dinge wie Werwölfe, Vampire und Zombies für bloße Phantasie. Christen müssen verstehen, daß es Satan und seinen Dienern vollkommen ernst ist mit diesen Wesen und daß sie **wirklich** existieren. Die satanischen Aktivitäten im finsteren Mittelalter waren nur deshalb so intensiv, weil das Licht des Evangeliums von Jesus Christus so gut wie ausgelöscht war. Die Hexerei wucherte während dieser Zeit, bis Gott die Reformation brachte und das Evangelium wieder gepredigt wurde. Die einzigen genauen Schriften über die Existenz von Wertieren, die wir finden konnten, sind Übersetzungen von Schriften einiger weniger deutscher Christen aus den Anfangszeiten der Reformation. Unser HERR Jesus hat uns vorausgesagt, daß in den letzten

Tagen vor seiner Rückkehr das Böse außerordentlich zunehmen wird, viel mehr als zu der Zeit des finsteren Mittelalters. Satan ist in voller Fahrt, und wir werden mehr und mehr sichtbare Zeichen seiner Macht sehen. Die Explosion okkulter Filme, satanischer Rockmusik, satanischer Phantasie-Rollenspiele, okkulter Literatur, östlicher Religionen und lauwarmer, nicht hingegebener Christen sollte uns ein deutlicher Hinweis auf die Zeit sein, in der wir uns befinden.

> »[Jesus spricht über die letzten Tage vor Seiner Wiederkunft] Denn dann wird große Drangsal sein, wie sie von Anfang der Welt bis jetzt nicht gewesen ist noch je sein wird. Und wenn jene Tage nicht verkürzt würden, so würde kein Fleisch gerettet werden; aber um der Auserwählten willen werden jene Tage verkürzt werden. Denn es werden falsche Christi und falsche Propheten aufstehen und werden große Zeichen und Wunder tun, um so, wenn möglich, auch die Auserwählten zu verführen.«   Matthäus 24:21–22.24

Laßt uns nun einiges von dem betrachten, was über Wertiere – insbesondere Werwölfe – verbreitet wird. Vor allem wird allgemein behauptet, daß eine Person, die von einem Werwolf gebissen worden ist, selbst ein Werwolf wird. Ich denke, daß dies total verkehrt ist. Erstens weist die Bibel darauf hin, daß ein Mensch in einer von Gott verbotenen Beziehung zu Dämonen stehen muß, um überhaupt in dieser Weise angetastet werden zu können. Zweitens kann ich aus meiner eigenen Erfahrung und der von anderen sagen, daß es höchst unwahrscheinlich ist, daß eine Person von einem Werwolf lediglich gebissen wird. Diese Dämonen-Menschen haben nur ein Verlangen: Die Zerstörung anderer. Wenn ein Werwolf oder ein anderes Wertier nahe genug herankommt, um jemanden zu beißen, wird er denjenigen sehr wahrscheinlich in Stücke reißen und sich nicht einfach mit einem Biß zufriedengeben. Satan gebraucht diese Wertiere zur Züchtigung. Ich denke, daß sie sich während der Trübsalszeit enorm vervielfältigen werden.

Eine andere Überlieferung über diese Wesen enthält die Behauptung, sie könnten sich nur nachts und bei Vollmond in ihr Bestien-Aussehen verwandeln. Ich weiß, daß beide Behauptungen falsch sind, weil ich persönlich einem völlig verwandelten Werwolf bei Tageslicht begegnet bin, und das zu einer Zeit im Monat, als der Mond noch nicht ganz voll war.

Die offensichtliche Frage ist nun die: Wie können wir effektiv gegen diese Wesen kämpfen? In dem Namen und der Macht und Autorität von Jesus Christus. Bis heute habe ich noch nie von einer Befreiung solch eines Wertieres gehört, aber das Werk von Christus am Kreuz war so vollständig, daß ich sicher bin, daß es möglich ist, falls die beteiligte Person wirklich bereit ist, ihr Leben niederzulegen, um Befreiung zu erlangen. Diese Menschen haben ihren sichtbaren Körper dermaßen der Herrschaft von Dämonen ausgeliefert, daß ich bezweifle, daß der Dämon ausgetrieben werden kann, ohne daß das Ergebnis davon der körperliche Tod dieser Person sein würde, wenn nicht der HERR ein totales Wunder vollbringt.

Wie ich bereits erwähnt habe, bin ich selbst bisher einmal einem Werwolf Auge in Auge gegenübergestanden. Vielleicht ist es hilfreich, dieses Erlebnis hier zu beschreiben. Eines Abends fuhr ich in der Dämmerung aus meiner Praxis zurück ins Krankenhaus, um einen Patienten zu besuchen, dessen Zustand sich verschlechtert hatte. Ich war allein im Auto und fuhr ein Stück auf einer einsamen Landstraße entlang, an der in einem Umkreis von wenigstens 1,5 km keine Häuser oder Gebäude waren. Plötzlich trat in geringer Entfernung vor mir ein riesiger Werwolf auf die Mitte der Straße. Als ich näher herankam, richtete er sich auf und stellte sich auf seine Hinterfüße. Ich trat voll aufs Gaspedal, in der Absicht, einen Bogen um ihn herumzumachen, aber das Auto reagierte nicht. Es wurde immer langsamer, bis es, trotz all meiner Gebete und Versuche, es wieder in Gang zu bringen, mit laufendem Motor stehenblieb. Ich saß da und starrte voller Schrecken auf das unglaublichste, schlimmste und furchterregendste Wesen, das ich je gesehen hatte. Ich hatte das Gefühl, in der total bösen Macht, die von ihm ausging, zu ertrinken. Er warf seinen Kopf nach hinten und heulte – ein fürchterlicher Klang, den ich niemals vergessen werde.

Dann sah er mir geradewegs in die Augen und sagte: »Du entkommst mir nicht. Ich habe dein Auto angehalten, und du kannst nichts dagegen tun. Es wird mir jetzt ein Vergnügen bereiten, deine Kehle herauszureißen und dein Blut zu trinken. Du hast Satan lange genug ins Handwerk gepfuscht; ich werde dich dafür bestrafen. Du kannst meiner Macht nicht widerstehen.« Er beendete sein Reden mit einem tiefen Knurren und ging von der Vorderseite des Autos zu meiner Tür.

Wogen von Angst überrollten mich, aber ich wußte, ich mußte fest bleiben, da ich sicher war, daß es zu dem Zeitpunkt nicht der Wille des HERRN für mich war, zu sterben. Ich wußte, daß noch eine ganze Menge Arbeit vor mir lag. Der HERR hatte mich während meiner beinahe tödlich verlaufenen Erkrankung vor drei Jahren gut ausgebildet. Als ich mich entschlossen hatte, meine Stellung zu behaupten, gab der Heilige Geist Ruhe, Frieden und Kraft in meine Seele hinein. Er (der Heilige Geist) gab mir auch in meinen Gedanken zu verstehen, daß der Werwolf versuchte, mich so in Angst zu versetzen, daß ich voller Panik davonrennen würde. Wenn ich das getan hätte, hätte er mich umbringen können.

Nachdem ich tief Luft geholt hatte, streckte ich meine rechte Hand aus, deutete direkt auf ihn und schrie ihn an: »**HALT!** In dem Namen Jesu, **HALT!** Du widerwärtiger Diener Satans! Ich bin ein Diener Jesu Christi, der der allmächtige Gott ist! Es ist nicht der Wille meines HERRN, daß ich jetzt sterbe. Du darfst mich nicht antasten, denn ich habe noch Arbeit zu tun.« Der Werwolf blieb abrupt stehen, unfähig, sich zu bewegen. Er knurrte und jaulte voller Zorn.

Indem ich wieder direkt auf ihn deutete, sah ich ihm geradewegs in die Augen und sagte: »In dem Namen Jesu befehle ich dir, mir aus dem Weg zu gehen und zu verschwinden! Meine Todesstunde ist noch nicht gekommen. **GEH JETZT!**« Er heulte noch einmal auf, dann ließ er sich auf alle Viere fallen und verschwand am Straßenrand in einem hohen Getreidefeld.

Ich zitterte so stark vor Erleichterung, daß ich kaum noch fahren konnte. Aber da mein Wagen beschleunigte, fuhr ich davon und pries den HERRN, weil er wieder einmal »gegen den Zorn meiner Feinde Seine Hand ausgestreckt hatte« (Psalm 138:7b). (Gut einen Kilometer weiter hielt ich an; ich hatte eine Art »Nervenzusammenbruch«, bevor ich dann ins Krankenhaus weiterfuhr.)

Wenn die Menschen nur begreifen würden, was für eine Macht sie in Jesus haben. Es ist schon so viel über verschiedene Methoden geschrieben worden, wie man Werwölfe erfolgreich töten kann, während sie sich in ihrer Wolfsgestalt befinden. Ich würde niemals in Betracht ziehen, so etwas nur auszuprobieren, denn dabei würde ich einen Menschen töten, dessen Errettung mein tiefstes Herzensanliegen ist. Außerdem würden die Dämonen, wenn die Person erst einmal umgebracht worden ist, diesen Körper sofort verlassen, und dann würde der Körper wieder seine menschliche Form annehmen. Das wiederum würde natürlich eine ganz unangenehme Situation hervorrufen, denn wer würde schon glauben, daß der tote Leib je in einer anderen Gestalt gewesen war? Der Totschläger würde sehr wahrscheinlich des Mordes angeklagt werden, und das mit Recht.

Vampire existieren ebenfalls. Auch dieser Ausdruck ist relativ neuzeitlich. Im wesentlichen ist ein Vampir eine Person, die Blut trinkt, mit einer besonderen Vorliebe für menschliches Blut. Vampirismus ist eine gegenwärtig schnell wachsende »Masche« unter Heavy-Metal-Rockstars und ihren Fans. Viele Lieder sind über dieses Thema geschrieben worden. Das Trinken von Blut durch Rockstars während ihren Bühnenauftritten ist üblich geworden, und die Verwandlung ihrer Zähne in scharfe, spitze Spieße ist eine weitere zunehmende »Masche« unter diesen Personen. Neuere Veröffentlichungen zeigen Bilder von Dee Snider, Sänger der Rockgruppe Twisted Sister, dessen vordere Zähne spitz und scharf sind. Es gibt dazu eine faszinierende Stelle in der Bibel.

> »Meine Seele ist mitten unter Löwen. Ich muß mich niederlegen bei Menschenkindern, die Feuer schnauben; ihre Zähne sind Spieße und Pfeile...«   Psalm 57:5 (Luther)

Wenn wir uns daran erinnern, daß sich das meiste, was David in den Psalmen geschrieben hat, auf den geistlichen Kampf bezieht und daß er sagt, daß seine Seele, nicht sein sichtbarer Körper, angegriffen wurde, stellt sich mir die Frage, ob er vielleicht hier von Leuten spricht, die von eben diesen Vampir-Dämonen besessen waren.

Wiederum ist das meiste, was über Vampire verbreitet wird, falsch. Sie können mit Sicherheit bei Tageslicht auftreten, brauchen nicht in einem Sarg zu schlafen etc. Mir persönlich ist noch kein Vampir begegnet, aber ich habe mit mehreren Leuten gesprochen, denen, wie sie sagen, welche begegnet sind. Auch in diesem Fall müssen wir uns in der Macht und Autorität Jesu Christi fest und entschlossen hinstellen.

Dämonen können und werden in sichtbarer Gestalt erscheinen. Die Gestalten, die sie annehmen, können von auserlesener Schönheit bis hin zu erschreckendster Häßlichkeit reichen. Dämonen können auch eine sichtbare Erscheinung annehmen, die mit der eines wirklich existierenden Menschen völlig identisch ist. Diese

Dämonen werden von Satanisten häufig als Wechselbalg (mißgestaltetes Kind, das einer Wöchnerin durch Dämonen an Stelle ihres eigenen Kindes untergeschoben wird), Alp (menschen- oder tierähnliches Wesen, das sich einem Schlafenden auf die Brust setzt und ihn zu ersticken droht) oder Doppelgänger eingesetzt. Diesen müssen wir in gleicher Weise wie alle allen anderen Dämonen widerstehen, nämlich im Namen Jesu.

DER SICHTBARE KAMPF

Es gibt nicht viel, was ich zu dem unvermeidbaren Konflikt sagen könnte, den du direkt mit Menschen als Folge dessen haben wirst, daß du im geistlichen Kampf stehst. Du mußt den HERRN ernsthaft bitten, dich zu lehren, Seine Stimme deutlich zu hören, und du mußt gehorchen, ganz egal wie lächerlich es im Moment auch erscheinen mag. **Glaube** und **Gehorsam** sind die Schlüssel dazu.

Ich werde diesen einen Nachmittag im Juli niemals vergessen (kurz nach Elaines endgültiger Befreiung), als ich frühzeitig von der Arbeit nach Hause kam. Ich ging ins Haus und legte dort ein paar Sachen ab. Da ich noch ca. 45 Minuten Zeit hatte, bevor ich Elaine von der Arbeit abholen mußte, entschloß ich mich, noch zum Lebensmittelladen hinüberzulaufen. Ich tat es und war nach etwa 20 Minuten wieder zurück. Als ich gerade dabei war, meinen Schlüssel in das Schloß der Haustüre zu stecken, gab der Heilige Geist ein Wort in meine Gedanken und meinen Geist: »NEIN!« Ich sah mich um. Alles schien friedlich zu sein. Die Vögel zwitscherten, eine sanfte Brise ließ die Blätter in den Bäumen rascheln, meine zwei Katzen schliefen auf der vorderen Verandaschaukel. Ich schaute durch das Fenster direkt neben der Tür, konnte aber nichts Ungewöhnliches entdecken.

»Ich muß verrückt sein!« dachte ich. Ich bin nicht länger als 20 Minuten weg gewesen, und es ist hellichter Tag. Sofort kam der Befehl wieder: »NEIN!«

»Aber HERR«, sagte ich, »ich habe Eis besorgt, und bei dieser Hitze wird es schnell schmelzen.«

»Geh nicht hinein«, war der letzte Befehl. Dann Stille. Ich wußte in meinem Herzen, daß dies das letzte gewesen wäre, was der HERR zu diesem Thema sagen würde. Der HERR wird **niemals** mit uns streiten. So drehte ich mich mit einem Achselzucken um, ging zurück zum Auto und wartete, bis Elaine Dienstschluß hatte. Ich war zu gut geschult vom HERRN, als daß ich ungehorsam gewesen wäre. Eine halbe Stunde später, als Elaine und ich und das geschmolzene Eis zu Hause ankamen, stellten wir fest, daß der hintere Teil des Hauses durchwühlt worden war! Wer auch immer dort gewesen war, es mußte während der Zeit gewesen sein, als der Heilige Geist mich davon abhielt, hineinzugehen. Wir priesen den HERRN für Seine Führung. Ich hätte leicht umgebracht werden können, wenn ich eher hineingegangen wäre. Ich könnte noch viele ähnliche Erlebnisse anführen, doch der HERR wird dich in deinem eigenen Leben führen.

Sei sehr vorsichtig, wem du vertraust. Vertraue dich niemandem an, der nicht Zeit zur Bewährung hatte. Was sind die Früchte in seinem Leben und Wandel mit Christus? Warte immer, bis du vollständigen Frieden vom HERRN in deinem Geist und Herzen hast, bevor du irgend jemanden ins Vertrauen ziehst. Bete beständig darum, daß der HERR dir Satans Diener und Lügen offenbart. Wir können Satan **niemals** überlisten. Nur der HERR kann uns seine Fallen zeigen.

DER KAMPF IN DER GEISTLICHEN WELT

Dieser Bereich wurde des Zusammenhangs wegen bereits in Kapitel 14 besprochen. Dennoch gelten hier die acht Schritte, die zu Beginn dieses Kapitels angeführt wurden, genauso wie in den anderen Bereichen des Kampfes.

KAPITEL 17

Zerstörung von christlichen Gemeinden

ELAINE:

Während meiner Zeit in der Bruderschaft wurde ich sorgfältig ausgebildet und bildete im Gegenzug andere darin aus, die verschiedenen christlichen Gemeinden zu unterwandern und zu zerstören. Satans Ziel ist es, jede christliche Gemeinde zu einer Gemeinde, wie der von Laodicea zu machen, so wie sie von unserem HERRN Jesus Christus in Offenbarung 3:15-16 beschrieben wird:

> »Ich kenne deine Werke, daß du weder kalt noch heiß bist. Ach, daß du kalt oder heiß wärest! Also, weil du lau bist und weder heiß noch kalt, werde ich dich ausspeien aus meinem Munde.«

Gemeinden, die voller passiver Christen sind, die sich niemals die Mühe machen, die Bibel zu lesen oder zu studieren, die »einen Schein der Gottseligkeit haben, deren Kraft aber verleugnen...«, wie sie in 2. Timotheus 3:5 treffend beschrieben werden, sind **keine** Bedrohung für Satan.

Es wurde uns ein grundlegender Acht-Punkte-Angriffsplan gelehrt, der der jeweiligen Gemeinde, zu der wir gesandt wurden, angepaßt werden konnte, egal zu welcher Denomination sie gehörte. Die Tatsache, daß die meisten höherrangigen Satanisten regelmäßig christliche Gemeinden besuchen, sollte keinen überraschen. Besser gesagt, niemanden, der sich die Zeit nimmt, Gottes Wort zu lesen. Wir Christen werden klar gewarnt, daß Satans Angriffe von innerhalb der Gemeinden kommen werden – vor allem in Wohlstandszeiten.

Als Paulus sich von den Ältesten in Ephesus verabschiedete, gab er ihnen folgende Warnung:

> »Und nun siehe, ich weiß, daß ihr alle, unter denen ich umhergegangen bin und das Reich gepredigt habe, mein Angesicht nicht mehr sehen werdet. Deshalb bezeuge ich euch am heutigen Tag, daß ich rein bin vom Blut aller; denn ich habe nicht zurückgehalten, euch

den ganzen Ratschluß Gottes zu verkündigen. Habt acht auf euch selbst und auf die ganze Herde, in welcher der Heilige Geist euch als Aufseher gesetzt hat, die Gemeinde Gottes zu hüten, die er sich erworben hat durch das Blut seines eigenen Sohnes. Ich weiß, daß nach meinem Abschied grausame Wölfe zu euch hereinkommen werden, die die Herde nicht verschonen. **Und aus eurer eigenen Mitte werden Männer aufstehen, die verkehrte Dinge reden, um die Jünger abzuziehen hinter sich her.** Darum wacht und denkt daran, daß ich drei Jahre lang nicht aufgehört habe, einen jeden unter Tränen zu ermahnen.«   Apostelgeschichte 20:25–31

»Denn solche sind falsche Apostel, betrügerische Arbeiter, die die Gestalt von Aposteln Christi annehmen. Und kein Wunder, denn der Satan selbst nimmt die Gestalt eines Engels des Lichts an; es ist daher nichts Großes, wenn auch seine Diener die Gestalt von Dienern der Gerechtigkeit annehmen; und ihr Ende wird ihren Werken entsprechen.«   2. Korinther 11:13–15

»Denn gewisse Menschen haben sich heimlich eingeschlichen, die längst zu diesem Gericht vorher aufgezeichnet sind, Gottlose, welche die Gnade unseres Gottes in Ausschweifung verkehren und den alleinigen Gebieter und unseren Herrn Jesus Christus verleugnen.«
                                    Judas 4

Diese Schriftstellen zeigen es sehr klar, daß Satans Angriffe von **innerhalb** der Gemeinden kommen werden. Wir wollen nicht auf Hexenjagd gehen, vielmehr ist es unser Verlangen, dir die Haupttaktiken Satans aufzuzeigen, so daß du solche Tätigkeiten innerhalb deiner eigenen Gemeinde aufhalten kannst. Jeder einzelne ist verantwortlich vor Gott, wachsam und aufmerksam zu sein, Gottes Wort (die Bibel) zu lesen und betend zu studieren, und sorgfältig hinzuhören, was in seiner Gemeinde gelehrt wird. Jede Lehre, die nicht mit Gottes Wort übereinstimmt, **muß** abgelehnt werden, egal **wer** sie bringt. Aber die Ablehnung **muß** in **Liebe** erfolgen, sanft, aber entschieden. Paulus gab Timotheus hierzu einen sehr guten Ratschlag:

»Einen älteren Mann fahre nicht hart an, sondern ermahne ihn als einen Vater, jüngere als Brüder; ältere Frauen als Mütter, jüngere als Schwestern in aller Keuschheit.«   1.Timotheus 5:1–2

Das Wort »ermahnen« bedeutet: ernstlich bitten, anflehen, inständig bitten, mit Achtung. Vergiß niemals, daß Jesus diese Menschen liebt und für sie gestorben ist, genauso wie er dies für dich und mich tat. Deine Absicht ist nicht, jemanden bloßzustellen, sondern sie zu leiten und zu erretten.

Bitte vergiß nicht meine eigene Erfahrung. Die kleine Gemeinde, zu der ich gesandt wurde, um sie zu zerstören, wußte, daß ich eine Hexe war, aber sie stellten mich nicht öffentlich bloß und lehnten mich nicht ab. Wenn sie das getan hätten, wäre ich sofort getötet worden. Statt dessen liebten sie mich, überwachten mich, damit ich keine zerstörerische Lehre hereinbringen konnte und beteten für mich, bis ich schließlich errettet war.

Hier sind die 8 grundlegenden Angriffspunkte, die Satan seinen Dienern zur Zerstörung von christlichen Gemeinden lehrt:

1) Bekenne den Glauben

Als allererstes muß ein Satanist ein »Glaubensbekenntnis« ablegen. Er oder sie muß vorgeben, gerettet zu sein, um Glaubwürdigkeit bei den Leuten der Gemeinde zu erlangen. In Gemeinden, in denen Altarrufe gemacht werden, wird die Person nach vorne gehen, gewöhnlich unter Tränen, und vorgeben »gerettet werden zu wollen«. Wenn die betreffende Gemeinde eine charismatische Gemeinde ist, die großen Wert auf die Gabe des Zungenredens legt, wird der Satanist in Zungen sprechen. Das ist kein Problem, denn für Dämonen ist es ein Leichtes, in Zungen zu sprechen. Erinnere dich, als Mann-Chan in mir war, konnte ich jeden der ausländischen Würdenträger fließend in seiner eigenen Sprache ansprechen. Deshalb legt der HERR solchen Wert auf Auslegung.

> »Wenn ihr zusammenkommt . . . Wenn nun jemand in einer Sprache redet, so sei es zu zweien oder höchstens zu dritt und nacheinander, und einer lege aus. Wenn aber kein Auslegen da ist, so schweige er in der Gemeinde, rede aber für sich und für Gott. Propheten aber laßt zwei oder drei reden, und die anderen laßt urteilen.«
>
> 1. Korinther 14:26–28

Ach, wieviel Schaden wird angerichtet, weil Gemeinden diese einfache Warnung nicht beachten. In charismatischen Gemeinden ist es üblich, daß in ihren Gottesdiensten und Gebetsversammlungen viele Leute gleichzeitig ohne Auslegung in Zungen sprechen und beten. Satanisten ziehen hieraus großen Nutzen. Als ich Satan noch diente, sprach ich in all den Versammlungen und Gebetstreffen regelmäßig in Zungen, genauso wie die anderen Satanisten, mit denen ich zusammenarbeitete. **Keiner legte aus.** Wir verfluchten die Gemeinde, den Pastor, die Mitglieder und Gott! Und **keiner wußte es!** Wir fordern die Gemeinden immer wieder auf, diese Schriftstelle zu beachten. Wenn ihr als Gruppe zusammenkommt, schränkt euer Sprechen in Zungen ein, so wie es die Schrift lehrt. Wenn ihr das tun werdet, so habt ihr einen wesentlichen Schritt getan, um Satans Angriffe gegen euch einzuschränken.

Drei andere Schriftstellen, die die meisten Gemeinden übersehen, sind:

> »Geliebte, glaubt nicht jedem Geist, sondern prüft die Geister, ob sie aus Gott sind; denn viele falsche Propheten sind in die Welt ausgegangen. Hieran erkennt ihr den Geist Gottes: Jeder Geist, der Jesus Christus, im Fleisch gekommen, bekennt, ist aus Gott; und jeder Geist, der nicht Jesus bekennt, ist nicht aus Gott; und dies ist der Geist des Antichrists, von dem ihr gehört habt, daß er komme, und jetzt ist er schon in der Welt.« 1. Johannes 4:1–3

> »Er aber sprach: Seht zu, daß ihr nicht verführt werdet! Denn viele werden unter meinem Namen kommen . . .« Lukas 21:8

> »Nicht jeder, der zu mir sagt: Herr, Herr! wird in das Reich der Himmel eingehen, sondern wer den Willen meines Vaters tut, der in den Himmeln ist. Viele werden an jenem Tage zu mir sagen: Herr, Herr! Haben wir nicht durch deinen Namen geweissagt und durch deinen Namen Dämonen ausgetrieben und durch deinen Namen viele Wunderwerke getan? Und dann werde ich ihnen bekennen: Ich habe euch niemals gekannt. Weicht von mir, ihr Übeltäter!« Matthäus 7:21–23

Dies scheint eines der Gebiete zu sein, auf dem die größte Verwirrung unter Christen herrscht. Satanisten **können** und **werden** den Namen Jesu gebrauchen. Sie können über Jesus lehren und predigen, sie können den Namen Jesu im Gebet gebrauchen, etc. Die zitierten Schriftstellen in Lukas und Matthäus zeigen das klar. Eine Sache können sie jedoch nicht tun, und zwar den Test in 1. Johannes 4 bestehen. Sie können dir nicht geradewegs in die Augen schauen und sagen: »Jesus Christus, der Gott ist, der im Fleisch gekommen, am Kreuz gestorben und drei Tage später vom Tod auferstanden ist und nun zur Rechten Gottes des Vaters sitzt, dieser Jesus **ist** mein HERR und mein Retter und mein Meister.« Oh, sie können sagen: »Jesus hat mich errettet.« Aber von **welchem Jesus** sprechen sie? Jesus sagte, daß viele kommen und behaupten werden, Er selbst zu sein. Sie können auch ein Bekenntnis des Glaubens an Jesus Christus vorlesen oder wiederholen. Sie können und werden die Schrift lesen. Wenn du sie fragst, ob Jesus Christus, der im Fleisch gekommen ist, ihr Retter ist, können sie lügen und »Ja« sagen. Aber sie können nicht mit ihrem eigenen Mund obige Erklärung abgeben. Gott hat uns einen Test gegeben, um ihn zu gebrauchen, liebe Brüder und Schwestern in Christus. Laßt uns Gottes Wort **gebrauchen**.

2) Verschaffe dir Glaubwürdigkeit

Satanisten nutzen viele Möglichkeiten, um sich in den christlichen Gemeinden Glaubwürdigkeit zu verschaffen, je nachdem um welche Gemeinde es sich handelt. Sie sind regelmäßige Gottesdienstbesucher. Man kann sich darauf verlassen, daß sie immer bereit und willig sind, bei jedem Vorhaben mitzuhelfen. Auf diese Weise verschaffen sie sich nicht nur Glaubwürdigkeit, sondern sie lernen auch die Gemeinde und ihre Mitglieder kennen. Sie brauchen nicht lange, um herauszufinden, wer wirklich Christus hingegeben ist und wer nicht.

Geld ist ein weiteres wichtiges Werkzeug. Wenn die Gemeinde groß und wohlhabend ist, geben sie regelmäßig, wobei sie allmählich die Beträge, die sie geben, steigern, bis sie zu denjenigen gehören, die die Gemeinde finanziell am meisten unterstützen. In kleinen Gemeinden mit überwiegend armen Mitgliedern, werfen sie nicht mit viel Geld um sich, aber sie erhöhen schrittweise und sorgsam ihre Gaben, bis viele Programme in der Gemeinde von ihrer finanziellen Unterstützung abhängig werden. Natürlich stellt die Bruderschaft das Geld, das sie geben, zur Verfügung, und wer Geld gibt, hat das Sagen! Unglücklicherweise trifft dies auch auf unsere christlichen Gemeinden zu. Man wird selten arme Leute unter den Leitern einer Gemeinde finden.

3) Zerstöre die Gebetsbasis

> »Mit allem Gebet und Flehen betet zu jeder Zeit im Geist, und wachet hierzu in allem Anhalten und Flehen für alle Heiligen.« Epheser 6:18

Das allerwichtigste Ziel der Satanisten ist es, das Gebet der Gemeinde zu zerstören. Es gibt so viele Schriftstellen über das Gebet, daß wir nicht alle auflisten können. Eine starke Gemeinde ist eine betende Gemeinde. Gebet erfordert Selbstdisziplin, und leider verbringt die Mehrheit der Christen nur sehr wenig Zeit im Gebet. Laßt mich euch eine wahre Geschichte erzählen, wie ein Satanist die Vollmacht gerade der Gemeinde zerstörte, in der ich befreit wurde. Rebecca und ich haben ein gebrochenes Herz über das, was geschah, aber es gelang uns nicht, die Leiter dieser Gemeinde dazu zu bewegen, auf uns zu hören.

Kurz nachdem ich vollständig befreit worden war, sahen wir mit

Entsetzen, daß der Hohepriester des großen und machtvollen Hexenzirkels der Stadt, in der unsere Heimatgemeinde war, anfing, die Gemeinde zu besuchen. Ich kannte den Mann und seine Familie persönlich von der Zeit, als ich noch im Satanismus steckte. Er bedrohte sowohl Rebecca als auch mich mehrmals. Innerhalb von nur zwei Jahren zerstörten er und seine Mitarbeiter diese wunderbare und kraftvolle Gemeinde vollständig! Oftmals flehten Rebecca und ich den Pastor und einige der Ältesten unter Tränen an, zu unterbinden, was in der Gemeinde geschah, aber sie hörten nicht auf uns. Wir konnten »Roy« (der Name wurde geändert) nicht anklagen, ein Satanist zu sein, weil wir natürlich keine Beweise hatten. Unser Wort wäre gegen seines gestanden. Aber wir versuchten mehr als einmal dem Pastor und einigen der Ältesten aufzuzeigen, daß die Früchte seines Lebens nicht schriftgemäß waren. Folgendes war geschehen:

Roy war sehr wohlhabend. Kurz nachdem er begonnen hatte, die Gemeinde zu besuchen, trat er ihr bei. Er behauptete, in der Schrift gut gegründet zu sein und sie genau zu kennen, was auch stimmte. Er spendete der Gemeinde große Summen, wohnte jeder Versammlung und Betätigung bei und wurde Chormitglied. Zu dieser Zeit hatte unsere Gemeinde jeden Mittwochabend eine äußerst kraftvolle Gebetsversammlung. Jede Woche besuchten 200–300 Personen die Gebetsversammlung und beteten als ein vereinigter Leib. Es gab solch kraftvolle Gebetsversammlungen, daß der Heilige Geist buchstäblich das Gemeindehaus erschütterte. Diese Leute nahmen das Gebet wirklich ernst.

Dann, wie zu erwarten war, erlebte die Gemeinde ein gewaltiges Wachstum. In weniger als einem Jahr wuchs die Mitgliederzahl von 300 auf über eintausend an. Das ist eine im höchsten Maße gefährliche Zeit für jede Gemeinde. Der Pastor und die Ältesten waren nicht mehr in der Lage, jedes Mitglied persönlich zu kennen. Anstatt die Gemeinde in Schwestergemeinden aufzuteilen, damit die Mitgliederzahl auf eine überschaubare Größe reduziert worden wäre, bauten sie an das Gemeindehaus an, und die Gemeinde wuchs weiterhin schnell. Jeder dachte, daß sie von Gott reich gesegnet wurden – und das wurden sie auch. **Aber** viele der Neuen waren Satanisten, die sich als Christen ausgaben.

Knapp sechs Monate nachdem Roy der Gemeinde beigetreten

war, trat er vor die Gemeinde und erklärte, daß Gott ihm eine große Last für Amerika aufs Herz gelegt hätte. Er sagte, daß Gott von den Männern der Gemeinde möchte, daß sie einmal wöchentlich mittags zusammenkämen, um eine Stunde im Gebet für ihr Land zu verbringen. Er war bereit, die Gruppe zu leiten. Jedermann dachte, daß das doch wunderbar wäre, und Roy wurde in der Gemeinde sehr dafür bewundert. Innerhalb weniger Monate wurde er zum Ältesten gemacht und kurz darauf in das Leitergremium gewählt.

Ungefähr 4 Monate nach der Einführung der Gruppe »Gebet für Amerika«, startete er seinen nächsten Doppelangriff. Er, seine Frau und ungefähr 20 Chormitglieder erklärten dem Chorleiter unter Tränen, daß sie aus dem Chor austreten müßten, da sie durch ihn »zu lange von ihren Familien getrennt wären«. Sie erklärten, daß es für sie eine zu große Belastung wäre, mittwochabends sowohl die Gebetsversammlung als auch die Chorprobe **im Anschluß** an die Gebetsversammlung zu besuchen. Es erübrigt sich zu sagen, daß es nicht lange dauerte, bis der Chorleiter an die Ältesten herantrat, um die Chorprobe **während** der Gebetsversammlung abzuhalten und »natürlich ihr eigenes Gebet direkt vor der Probe zu haben«. Die Ältesten stimmten zu, und die 20 Mitglieder kamen wieder zurück. Der erste Angriff war erfolgreich gewesen. Da der Chor groß war, war ein bedeutender Teil der Gemeinde davon betroffen. Sie beteten nun weder selbst noch profitierten sie von diesen kraftvollen Gebetsversammlungen. Die meisten der anderen Gemeindemitglieder begannen sich zu fragen, ob die Gebetsversammlungen überhaupt so furchtbar wichtig wären.

Ungefähr einen Monat nach dem Sieg mit dem Chor griff Roy in einer gemeinsamen Versammlung der Ältesten und der Leiter erneut an. Roy erklärte ihnen, daß durch das schnelle Wachstum der Gemeinde nicht genügend Zeit dafür verwendet würde, die einzelnen zu lehren, wie sie im HERRN wachsen und das Evangelium an andere weitergeben könnten. Er sagte, daß die Sonntagsschulen mit dieser Aufgabe einfach überfordert wären. Er betonte auch, daß sich die Mitglieder nicht mehr so persönlich kennen würden, wie das der Fall war, als die Gemeinde noch kleiner war – alles stichhaltige Argumente. ABER seine Lösung für das Problem war, die große vereinigte Gebetsgruppe aufzulösen und alle in kleine »Jüngerschaftsgruppen« zu verteilen, wo sie »einzeln gelehrt« werden könnten, wie man »wächst und evangelisiert« und einer den anderen besser kennenlernen könnte. Der Pastor, die Ältesten und das Leitergremium ließen sich ködern.

Die Gebetsversammlung wurde aufgelöst und kleine Jüngerschaftsgruppen gebildet. Natürlich hatte Roy die Verantwortung, die Gruppen zu bilden. Die Personen, die er für die Leitung wählte, waren hauptsächlich Satanisten. Das Gebet und die Kraft der Gemeinde waren zerstört!

Rebecca und ich gingen unter Tränen zum Pastor und zu einigen der Ältesten und versuchten ihnen anhand der Schrift zu zeigen, daß diese kraftvollen Gebetsversammlungen das Rückgrat der Gemeinde wären. Sie wollten nicht auf uns hören. Von jedem hörten wir dieselbe Begründung: »Roy weiß über die Wichtigkeit des Gebets am besten Bescheid. Er hat doch das ›Gebet für Amerika‹ eingeführt.«

Viele der bewährten Christen der Gemeinde wanderten kurz darauf in andere Gemeinden ab. Innerhalb eines Jahres war die Gemeinde in einem heillosen Durcheinander. Der Pastor wurde entmutigt und verließ die Gemeinde, die älteren und bewährten Mitglieder der Gemeinde gingen weg, und die Kraft der Gemeinde war dahin.

Siehst du, wie leicht es ist? Geschieht so etwas auch in deiner eigenen Gemeinde, oder hat es bereits stattgefunden? Verlaß nicht einfach die Gemeinde, bitte stell dich hin und kämpfe gegen Satan. Gib dem Gebet wieder den richtigen Stellenwert in deiner Gemeinde!

4) Gerüchte

Wenn einmal die Gebetsbasis der Gemeinde zerstört ist, haben die Satanisten freie Hand, nahezu alles zu tun, was sie möchten. Eine der einfachsten Dinge, die sie gebrauchen, sind Gerüchte. Loses Geschwätz ist Satans Hauptwerkzeug. Wenige Leute sind stark genug, ein Gerücht, das sie gehört haben, nicht weiterzusagen. Satanisten können leicht die Glaubwürdigkeit des Pastors und der wahren Christen in einer Gemeinde zerstören, indem sie Gerüchte in Umlauf bringen.

Wir raten allen Gemeindeleitern dringendst, sehr vorsichtig zu

sein. Gehe **niemals** allein in die Wohnung eines Gemeindemitglie-
des des anderen Geschlechtes zur Hilfeleistung oder Seelsorge. Es
kann dir so leicht etwas angehängt werden. Selbst wenn du nichts
Ungebührliches oder Falsches getan hast, wer kann es beweisen?
Die Laufbahn von vielen Pastoren wurde durch solch ein abgekar-
tetes Spiel bereits zerstört. 1.Thessalonicher 5:22 sagt: »Von aller
Art des Bösen haltet euch fern.« Jeder Christ täte gut daran, diese
Schriftstelle genau zu befolgen.

5) Unterrichte und verändere Lehren

Satanisten begehren besonders Lehrpositionen in den Gemeinden. Dort können sie enormen Schaden anrichten. Wißt ihr wirklich, wie alle eure Sonntagsschullehrer zum HERRN stehen? Wißt
ihr wirklich, was sie euren Kindern oder auch sonst jemandem beibringen? Ich lehrte mehrere Jahre lang in der Sonntagsschule einer
großen bibelgläubigen, charismatischen Gemeinde in meiner Heimatstadt und leitete und unterrichtete den Jugendchor, während
ich gleichzeitig Satan diente. Heute bricht es mir das Herz, wenn
ich an die vielen jungen Leben denke, die ich zerstörte, indem ich
sie bei diesem Unterricht für den Satanismus anwarb und die zahl-
losen anderen, deren Zeit ich vergeudete, indem ich ihnen nicht
das wahre Evangelium von Jesus Christus lehrte.

Laßt euch nicht täuschen. Eine große Anzahl von Pastoren und
Mitarbeitern in großen und wohlhabenden Gemeinden in unserem Land sind Satanisten. Ihr Einfluß ist weitreichend, und sie
können ungehindert mit ihren Tätigkeiten fortfahren, weil die
Christen überall zu faul sind, ihre Bibeln zu studieren, um zu über-
prüfen, was sie sagen!

Es gibt drei wesentliche Gebiete, über die Satanisten vor allem lehren:

(a)   Gebet. Sie machen das Gebet zu einer sehr komplizierten Angelegenheit. Sie lehren oft, daß der Gläubige erst eine ganze Reihe
von Schritten tun muß, um sicher zu sein, daß er in der »richtigen«
Beziehung zu Gott steht, bevor er irgendeine Kraft im Gebet hat,
oder sogar bevor Gott ihn hören wird. Sie benutzen und verdrehen
viele Schriftstellen, um ihren falschen Lehren einen rechtmäßigen
Anschein zu geben. Zahllose Christen lassen sich entmutigen und
beten überhaupt nicht mehr, weil das Gebet als eine so beschwerli-

che und komplizierte Angelegenheit dargestellt wird. Wir ermutigen jeden, Hebräer 4:14–16 zu studieren:

> »Da wir nun einen großen Hohenpriester haben, der durch die Himmel gegangen ist, Jesus, den Sohn Gottes, so laßt uns das Bekenntnis festhalten! Denn wir haben nicht einen Hohenpriester, der nicht Mitleid haben könnte mit unseren Schwachheiten, sondern der in allem in gleicher Weise wie wir versucht worden ist, doch ohne Sünde. Laßt uns nun mit Freimütigkeit hinzutreten zum Thron der Gnade, damit wir Barmherzigkeit empfangen und Gnade finden zur rechtzeitigen Hilfe.«   Hebräer 4.14–16

(b)   Eine der zerstörerischsten satanischen Lehren dieser Zeit ist das Glaubens- und Wohlstandsevangelium. Einer der besten Wege, Personen von der Bereitschaft abzuhalten, etwas zu erleiden, um einem Bruder herauszuhelfen und einen wirklichen Christen, der Verfolgung erleidet, zu entmutigen (das passiert **tatsächlich** jeden Tag in unserm Land), ist die Lehre, daß **jeder** Christ allezeit gesund und reich sein sollte. Jeder, der dies nicht ist, versagt in einem Gebiet seines Lebens. Die Schriftstellen, die die Falschheit dieser Lehre zeigen, sind zu zahlreich, um sie aufzulisten. Ein kurzer Vers, der stellvertretend für viele steht, sagt:

> »Alle aber auch, die gottesfürchtig leben wollen in Christus Jesus, werden verfolgt werden.«   2. Timotheus 3:12

Bitte beachte, daß hier keine Einschränkung gemacht wird, unter welcher Art von Verfolgung der Gläubige leiden wird – es könnte finanziell, körperlich oder seelisch sein.

(c)   Die Liebes-Lehre: »Wir dürfen niemanden richten.« Satanisten schützen sich selbst durch diese Lehre, und passive Christen möchten niemandem auf die Zehen treten. Sie möchten sich nicht damit befassen, denn sonst könnte es sein, daß ihr ruhiges, kleines, wohlgeplantes, wohlhabendes Leben vielleicht nicht mehr so ruhig und wohlhabend bleibt.

6)   Sprenge die Famllieneinheit

Satan weiß, daß er die Einheit der Gemeinde und unserer ganzen Nation sprengen wird, wenn es ihm gelingt, die Familieneinheit zu sprengen. Satanisten, die in christlichen Gemeinden sind, setzen alles daran, um Familien auseinanderzubringen. Sie veranstalten alle möglichen Programme für Teenager, Schulkinder und Vorschulkinder. Sie entwickeln getrennte Programme für

Männer und Frauen, um auch die Eltern so viel wie möglich getrennt zu halten.

Kinder haben es genauso nötig, sich Predigten anzuhören und an Gebetsversammlungen teilzunehmen, wie auch ihre Eltern. Die ganze Bibel zeigt das Prinzip auf, daß Kinder durch das Vorbild ihrer Eltern lernen. Kinder lernen sowohl Gott als auch die Gemeinde zu achten, indem sie lernen in der Gemeinde still zu sitzen und dem Pastor zuzuhören. Sobald Programme für junge Leute angeboten werden, die sie von der Hauptgemeinde trennen, verlieren sie die Achtung vor dem Pastor und der Gemeinde. SIE müssen nicht still dasitzen und dem Pastor zuhören, er ist einfach zu langweilig. Dies ist die Haltung, die sie schnell entwickeln.

Gibt es einen besseren Weg für Kinder, das Beten zu lernen, als durch das Vorbild ihrer Eltern? Ehemänner und Ehefrauen werden ständig von Satan angegriffen. In diesen Tagen, in denen einem die Ehescheidung so leicht gemacht wird, müssen die Paare Zeit miteinander verbringen, um in Einheit zusammenzustehen. Sie in der Gemeinde, für Freizeiten oder Ähnliches zu trennen, ist eine wirksame Art, schnell Keile zwischen die Ehepartner zu treiben.

7) Unterbinde jede klare Lehre über Satan

»... damit wir nicht vom Satan übervorteilt werden; denn seine Gedanken sind uns nicht unbekannt.«   2. Korinther 2:11

»Mein Volk kommt um aus Mangel an Erkenntnis. Weil du die Erkenntnis verworfen hast, so verwerfe ich dich, daß du mir nicht mehr als Priester dienst. Du hast das Gesetz deines Gottes vergessen, so vergesse auch ich deine Kinder.«   Hosea 4:6

»Seid nüchtern, wacht! Euer Widersacher, der Teufel, geht umher wie ein brüllender Löwe und sucht, wen er verschlingen könne.«
                              1. Petrus 5:8

»Dies aber ist das Gericht, daß das Licht in die Welt gekommen ist, und die Menschen haben die Finsternis mehr geliebt als das Licht, denn ihre Werke waren böse.«   Johannes 3:19

Eines der Hauptziele Satans und seiner Diener ist es, jede Lehre über ihn und seine Aktivitäten zu verhindern. Solange die Leute nichts über Satan wissen, kann er relativ ungehindert alles tun, was er will. Satanisten wird **immer** befohlen, jegliche Lehre über Satan in den Gemeinden, die sie besuchen, zu verhindern.

Es gibt viele Gründe, die sie als Ausreden anführen. Sie sagen, daß jede Lehre über Satan ihm Ehre gibt, die Gedanken der Leute vom HERRN weglenkt und Personen der Versuchung aussetzt, sich Satan zuzuwenden, etc., etc., die Ausreden nehmen kein Ende. Gottes Wort spricht dagegen ganz klar und viel von Satan und warnt uns, daß unser Feind uns sicherlich überlegen sein wird, wenn wir ihn nicht kennen.

Ein einfacher Zauberspruch eines hohen Satanisten wird jeder Person, die die Gemeinde des Satanisten besucht, einen Dämon zuweisen. Die Aufgabe des Dämons besteht darin, aufzupassen und in dem Augenblick, wenn irgend jemand etwas über Satan sagt, Gedanken in den Verstand der Person hineinzusenden, sie sollte doch nicht hinhören, wenn es um Satan ginge.

Habt acht, gerade die Gemeindemitglieder, die sich am lautesten über jedes Lehren über Satan und seine Taktiken beklagen, werden sich möglicherweise selbst als Satanisten entpuppen.

8) Direkte Angriffe gegen leitende Mitglieder der Gemeinde durch Schwarze Magie

Dies ist ein weiterer Grund, warum Gebet so wichtig ist. Jeder Pastor, Gemeindeleiter und Gemeindemitglied, die wirklich für den HERRN und gegen Satan eintreten, werden mittels Schwarzer Magie gewaltig angegriffen werden.

Sie werden von allen möglichen körperlichen Krankheiten heimgesucht werden, von Schwierigkeiten, sich zu konzentrieren, von Verwirrung, Müdigkeit, Schwierigkeiten im Gebet, etc. Die Leiter einer Gemeinde müssen beständig durch die Gebete und Fürbitte der Gemeindemitglieder unterstützt werden. Sobald einmal diese Gebetsbasis verlorengegangen ist, stehen der Pastor und die Leiter diesen Angriffen allein gegenüber. Oftmals werden sie überwältigt. Deshalb bat Paulus seine Mitchristen am Ende fast jedes seiner Briefe, für ihn zu beten.

Die unvorstellbare große Anzahl von kraftlosen und toten christlichen Gemeinden in unserem Land heute ist ein Beweis für den Erfolg der sorgfältig geplanten Taktiken Satans. Wir beten darum, daß jeder Christ, der diese Worte liest, im Gebet den HERRN bittet, ihm zu zeigen, wie er gegen solche Angriffe in seiner eigenen Gemeinde ankämpfen kann.

KAPITEL 18

Von Dämonen
verursachte Krankheiten

REBECCA:

Die Frage, inwieweit Dämonen Krankheiten im menschlichen Körper verursachen können, wird vielfach diskutiert und mißverstanden. Ich versuche hier nicht, diese Frage auszudiskutieren, weil ich weiß, daß dies unmöglich ist. Ich möchte dir, dem Leser, einige Schriftstellen und persönliche Erfahrungen als Arzt auf diesem Gebiet darlegen und mit dir teilen, was der HERR mich bezüglich dieses Problems gelehrt hat.

Mir ist wohl bewußt, daß einige Gemeindeleiter lehren, daß jede körperliche Krankheit ein direktes Resultat von dämonicher Heimsuchung ist und daß Befreiung der einzige Weg zur Heilung ist. Andere wiederum nehmen genau den entgegengesetzten Standpunkt ein und sagen, daß Christen nicht von Dämonen angerührt werden können. Laßt uns Gottes Wort betrachten.

Als Ärztin genieße ich es besonders, das Lukasevangelium zu lesen, da ich so vieles sehe, über das Lukas aus der Sicht eines Arztes schreibt. Er versucht Unterschiede in Krankheitsgebieten aufzuzeigen, bei denen andere nicht das gleiche Wissen haben.

> »Und als er [Jesus] mit ihnen herabgestiegen war, trat er auf einen ebenen Platz, und eine Menge seiner Jünger und eine große Menge des Volkes von ganz Judäa und Jerusalem und von der Seeküste von Tyrus und Sidon, die kamen, ihn zu hören und von ihren Krankheiten geheilt zu werden; und die von unreinen Geistern Geplagten wurden geheilt.« Lukas 6:17-18

Bitte bemerke die klare Unterscheidung, die hier gemacht wird, daß manche Krankheiten einfach geheilt wurden und manche als Folge der Austreibung von unreinen Geistern geheilt wurden.

> »In jener Stunde aber heilte er [Jesus] viele von Krankheiten und Plagen und bösen Geistern, und vielen Blinden schenkte er das Augenlicht.« Lukas 7:21

Wieder wird dieselbe Unterscheidung getroffen. Im Lukasevangelium werden zwei weitere Beispiele beschrieben, die denselben Punkt klar aufzeigen – nämlich den, daß einige Krankheiten rein körperlicher Art sind und einige von Dämonen verursacht werden.

> »Aber noch während er [Jesus] herzukam, warf ihn der Dämon nieder und zerrte ihn zusammen. Jesus aber **bedrohte den unreinen Geist** und heilte den Knaben und gab ihn seinem Vater zurück.«
>
> Lukas 9:42

> »Er [Jesus] machte sich aber auf von der Synagoge und kam in das Haus Simons. Die Schwiegermutter des Simon aber war von einem starken Fieber befallen, und sie baten ihn für sie. Und er beugte sich über sie, **bedrohte das Fieber**, und es verließ sie; sie aber stand sogleich auf und diente ihnen.«　　Lukas 4:38–39

Die herausgehobenen Worte zeigen den klaren Unterschied. In dem ersten Fall heilte Jesus durch das Bedrohen des unreinen Geistes, im zweiten Fall heilte er durch das Bedrohen des rein körperlichen Fiebers.

Dämonen können Krankheiten verursachen und tun es auch. **Nicht jede**, aber doch ein bedeutender Anteil der Krankheiten sind dämonischen Ursprungs. Wir müssen uns daran erinnern, daß sowohl der körperliche als auch der geistliche Tod die Folge von Adams Fall gewesen ist. Die Veränderung in unserem sichtbaren Körper, verursacht durch Sünde, macht uns für eine Fülle von körperlichen Krankheiten anfällig. Der HERR hat mich auf diesem Gebiet viel gelehrt. Dämonen sind Experten in der Handhabung von Bakterien und Viren und verursachen viele Krankheiten, indem sie diese in den menschlichen Körper hineinlegen, doch sie können auch direkt Schaden anrichten.

Dämonen können den Körper auf der molekularen Ebene völlig durcheinanderbringen. Auf diese Weise kann an den verschiedenen Organen verheerender Schaden angerichtet werden, ohne daß dabei das Aussehen der Zellstrukturen, wie es unter dem Mikroskop sichtbar ist, verändert wird. Der Schaden, den sie anrichten, erfordert gewöhnlich die Behandlung mit Medikamenten, einer besonderen Nahrung, etc., jedoch kann der Arzt **nur** durch direkte Offenbarung vom HERRN wissen, was einem solchen Patienten wirklich fehlt und welche Behandlung er anzuwenden hat. Wenige christliche Ärzte sind bereit, das Risiko auf sich zu nehmen, so völlig vom HERRN abhängig zu sein. Ich trete **nicht** dafür ein, einen Patienten ohne die Durchführung aller, für eine Diagnose erforderlichen Untersuchungen zu behandeln, aber jeder Arzt sieht sich, ob er es zugibt oder nicht, mit einer beunruhigenden Anzahl von Fällen konfrontiert, in denen die ganze Diagnostik nicht die richtige Antwort darauf gibt, was dem Patienten wirklich fehlt. In diesen Fällen ist es die Verantwortung des Arztes, die Führung des HERRN durch Fasten und Beten speziell zu suchen.

Eines der deutlichsten Beispiele dieser Art dämonischen Schadens, war ein Fall, der kurz vor Ende meiner Ausbildung passierte. Zu dieser Zeit hatte ich die Verantwortung für die Intensivstation. Ein 35jähriger Mann namens Bob wurde eines Tages von einem Krankenhaus einer kleineren, nahegelegenen Stadt, in dem er eine Woche gelegen hatte, auf die Intensivstation eingeliefert. Er war ganz plötzlich erkrankt und hatte extrem hohes Fieber. Seine Ärzte waren nicht in der Lage gewesen, die Ursache zu finden. Als ich ihn an dem Tag, an dem er eingewiesen wurde, untersuchte, konnte auch ich nichts Besonderes finden. Doch er war offensichtlich schwerst krank. Als wir die üblichen Routineuntersuchungen starteten und auch andere Spezialisten baten, ihn zu untersuchen, begann ich intensiv zu beten und den HERRN zu bitten, mir zu zeigen, was ihm fehlte.

Am nächsten Morgen sprang er plötzlich aus dem Bett und erklärte, daß er das Krankenhaus auf der Stelle verlassen würde, und daß er umgebracht werden würde, wenn er es nicht täte. Absolut keine Überredungskünste konnten ihn von seinem Vorhaben abbringen. Schließlich konnte sein Privatarzt eine Verfügung vom Gericht erhalten, mit der Bob für 72 Stunden im Krankenhaus gehalten werden konnte. Als Bob die Verfügung gezeigt wurde, »flippte er regelrecht aus«; er lag auf dem Bett, starrte an die Decke, murmelte zusammenhangloses Zeug und reagierte auf keinerlei Reize. Er blieb während der nächsten beiden Tage in diesem Zustand, gleichzeitig verschlechterte sich sein körperlicher Zustand rapide.

Schließlich, am dritten Morgen, als ich mich für die Arbeit fertig machte, sprach der Vater zu mir und sagte, daß Bob ein Hoherpriester in einer nahegelegenen Stadt wäre. Seine Krankheit wäre satanische Züchtigung, weil er Satan in irgendeiner Weise mißfallen hätte. Bob wollte das Krankenhaus verlassen, weil er in den dämonischen Machtbereich von »David« geraten wäre, dem örtlichen Hohenpriester, der Arzt im »Memorial Hospital« wäre. Außer nach gegenseitiger Übereinkunft begeben sich zwei Hohepriester niemals in dasselbe Gebiet, ohne sich zu Tode zu duellieren. Bob wußte, daß er in seinem geschwächten Zustand keine Chance hatte, gegen David stehen zu können. Der Vater gab mir Anweisung, die Dämonen, die seinen Verstand gebunden hielten und ihn verwirrten, zu binden und dann Bob zu erzählen, daß ich wüßte, wer er wäre und was vor sich ginge. Dann sollte ich ihm vom Evangelium erzählen. Ich hoffte inbrünstig, daß ich den HERRN richtig verstanden hatte und ging, um Seinen Befehl an diesem Morgen auszuführen.

Als ich an diesem Morgen Bobs Zimmer betrat, versicherte ich mich, daß niemand sonst in dem Raum war und schloß die Tür. Ich versuchte, ihn dazu zu bringen, irgendwelche Reaktionen zu zeigen, doch ohne Erfolg. Er setzte sein zusammenhangloses Gemurmel fort. Dann lehnte ich meine Arme auf die Querstange seines Bettes und sagte:

»Ihr Dämonen, die ihr seinen Verstand gebunden haltet und ihn verwirrt, mein Meister Jesus schickt mich, euch zu binden, und das tue ich jetzt in dem Namen von Jesus Christus. Ihr dürft diesen Mann nicht mehr länger quälen.«

Das Ergebnis war dramatisch. Sofort hörte das Gemurmel von Bob auf, er drehte seinen Kopf und schaute mich bei völlig klarem Verstand an. »Guten Morgen«, sagte er, »wollten Sie etwas?«

»Ja, ich habe eine Botschaft für Sie von dem allerhöchsten Gott.« Ich fuhr fort, ihm die Dinge zu sagen, die der Vater mir aufgetragen hatte. Dann teilte ich ihm kurz das Evangelium mit.

»Bob, Sie müssen begreifen, daß Ihre **einzige** Hoffnung Jesus ist. Satan ist entschlossen, Sie zu töten. Wenn Sie fortfahren, ihm zu dienen, wird das nur Ihre Zerstörung bedeuten und, was noch schlimmer ist, eine Ewigkeit in der Hölle.«

Er schaute mich in vorgetäuschter Überraschung an. »Wer sind Sie?! Sie sind verrückt! Ich weiß nicht, wovon Sie reden!«

»O doch, Sie wissen es genau, **mein** Gott lügt nicht.«

»Oh, verschwinden Sie, ich möchte mit Jesus nichts zu tun haben!«

»Nun gut, es ist Ihre Entscheidung.«

Mit diesen Worten verließ ich den Raum. Von diesem Zeitpunkt an blieb Bob völlig klar und bei vollem Bewußtsein. Ich muß gestehen, daß ich einigen Spaß daran hatte, die Spezialisten an diesem Morgen herauszufordern, mir eine Erklärung zu geben, wieso Bob plötzlich wieder zu Bewußtsein gekommen war, obwohl sich sein körperlicher Zustand nicht verbessert hatte. Keiner von ihnen konnte mir eine vernünftige Erklärung liefern.

Ich fuhr fort, für Bob intensiv zu fasten und zu beten und bat den Vater, ihm wenigstens noch eine weitere Chance zu geben. Vier Tage später war Bob dem Tode sehr nahe. Seine Nieren hatten zwei Tage zuvor versagt, seine Leber arbeitete beinahe überhaupt nicht mehr, er hatte ein Herzversagen, und seine Lungen begannen sich mit Wasser zu füllen. Sein Blutdruck war so niedrig, daß man ihn mit einer Infusionstherapie auf einer vernünftigen Höhe zu halten versuchte. Ich wußte, daß er innerhalb kürzester Zeit an ein Atemgerät angeschlossen werden müßte. Er hatte ständig Schmerzen, die wir nicht unter Kontrolle bringen konnten. Dann sprach der Vater wieder zu mir und trug mir auf, noch einmal hinzugehen und ihm das Evangelium zu sagen.

Wie zuvor vergewisserte ich mich, daß niemand im Zimmer war. »Bob, Sie liegen im Sterben! Begreifen Sie das nicht? Meinen Sie nicht, daß es Zeit wird, ehrlich mit mir zu sein?«

»Ja, vielleicht haben Sie recht.«

»Erinnern Sie sich an unser Gespräch vor vier Tagen?«

»Ja, sehr gut. Sie hatten recht, ich bin ein Hoherpriester, und ich wollte gehen, weil David mich töten würde.«

»Bob, Sie **müssen erkennen**, daß Ihre **einzige** Hoffnung Jesus ist. Möchten Sie Ihn nicht bitten, Ihnen zu vergeben und anstatt Satan Ihr HERR zu werden?«

»Ja, aber ich glaube, daß man mir das nicht erlauben wird.«

»Warum?«

»Weil Satan dort steht.« Er deutete mit seiner Hand auf die mir gegenüberliegende Seite des Bettes. Ich konnte überhaupt nichts sehen, aber mein Geist verspürte seine Gegenwart.

»Nein, der HERR hat ihn gebunden. Brauchen Sie ein Zeichen, daß das so ist?« (Der HERR hatte mir gesagt, ich könnte den Dämon der Schmerzen als Zeichen meiner Glaubwürdigkeit austreiben. Das Austreiben dieses Dämons hätte sofortige Erleichterung seiner Schmerzen zur Folge gehabt.)

»Nein, allein die Tatsache, daß Sie verrückt genug sind, das Risiko einzugehen, in dieser Weise hier hereinzukommen, ist genug, um es mir zu zeigen.«

Dann, mit Tränen, die über sein Gesicht herunterströmten, nahm er meine Hand und bat Jesus mit einer zitternden Stimme, ihm zu vergeben und sein HERR zu werden. Dann wandte er sich auf die andere Seite seines Bettes, sprach Satan direkt an und teilte ihm mit, er würde ihm nicht länger dienen, egal, was passieren würde.

Unter der Leitung des HERRN trieb ich mehrere Dämonen aus, die für sein Fieber, seine Schmerzen, das Nierenversagen, etc. verantwortlich waren. Seine Schmerzen hörten augenblicklich auf, und er war seit vielen Tagen das erstemal frei von Schmerzen. Innerhalb von zwei Stunden konnte die Behandlung seines Blutdrucks abgesetzt werden. Nach zwei Tagen konnte er von der Intensivstation verlegt und nach weniger als zwei Wochen völlig gesund aus dem Krankenhaus entlassen werden! (Die Spezialisten schrieben seine Krankheit einem »Virus« zu. Diese Diagnose wird häufig benutzt, wenn niemand die wirkliche Krankheitsursache kennt.)

Ich wundere mich manchmal, wie viele Patienten ich doch in der Vergangenheit gesehen habe, die an verheerenden Krankheiten gestorben sind, die niemals wirklich diagnostiziert werden konnten. Normalerweise werden solche Krankheiten einem »Virus« zugeschrieben. Christliche Ärzte sollten ernstlich, mit viel Gebet und Fasten, die Führung und Offenbarung des HERRN in solchen Fällen suchen. Sowohl von Gemeinden als auch von Ärzten wird Jakobus 5 viel zu oft übersehen. Häufig ist das Gebet des Glaubens und die Salbung mit Öl die einzige Möglichkeit, wie von Dämonen verursachte Wunden und Krankheiten geheilt werden können.

Schmerzen sind ein anderes häufiges Mittel, mit dem die Dämonen den Körper von Menschen foltern. Schmerzen, die in ihren Graden unterschiedlich, aber meist entsetzlich sind, und für die medizinisch keine Ursache gefunden werden kann. Jedesmal, wenn ich einen Patienten behandle, der unter solch bezeichnenden

Schmerzen leidet, für die ich keine körperliche Ursache finden kann, beginne ich sofort den HERRN nach der Ursache zu fragen. Gewöhnlich stecken Dämonen dahinter. Wenn Satanisten mit ihren magischen Kräften gegeneinander kämpfen, endet der Verlierer häufig in der Notaufnahme eines Krankenhauses, geplagt von schwerzen Schmerzen, für die keine Ursache gefunden werden kann. Wenn Dämonen Schmerzen verursachen, fügen sie gleichzeitig nicht immer unbedingt auch körperlichen Schaden zu. Sie müssen auch nicht innerhalb des Körpers sein, um Schmerzen zu verursachen.

Häufig werden auch Christen von dieser Art Schmerzen gequält. Gewöhnlich haben sie keine Ahnung, daß das Problem dämonischen Ursprungs ist, oder wo die Dämonen herkommen. Dämonen, die von Hexen ausgesendet werden, quälen die Person gewöhnlich von außerhalb ihres Körpers – insbesondere bei wiedergeborenen Gläubigen. Ebenso können menschliche Geister (wie sie in Bild F von Kapitel 14 beschrieben werden) genauso wie Dämonen Personen von außerhalb quälen, obwohl die häufigere Ursache Dämonen sind, es sei denn, daß ein Einfallstor durch Haß geöffnet wurde. Ich habe eine Reihe von Fällen gesehen, bei denen die Qualen einer Person das Ergebnis von Haß waren, der von einer anderen Person gegen sie gerichtet wurde. Wenn alle anderen Maßnahmen fehlschlugen, war in diesen Fällen eine einfache Salbung mit Öl und das Gebet der gequälten Person sehr wirkungsvoll. Darin bat sie den HERRN, sie von jedem Haß, der gegen sie gerichtet war, zu beschirmen.

Ein gutes Beispiel für diese Art von Schmerzen ist der Fall eines jungen Mannes Mitte dreißig, den ich John nennen möchte. Eines Nachts kam John in die Notaufnahme und klagte über schwere Brustschmerzen, typisch für Schmerzen, die auch bei einem Herzinfarkt auftreten. Ich nahm ihn ins Krankenhaus auf und führte viele Untersuchungen durch – die alle normal ausfielen. Zwei Wochen nach seiner Entlassung kam er unter offensichtlichen Qualen mit denselben Schmerzen in meine Praxis. Ich vermutete, daß er ein Satanist war, der das schlimmste Ende eines Kampfes empfing, aber ich hatte zu diesem Zeitpunkt noch keine klare Offenbarung vom HERRN. Nachdem ich bereits alle Untersuchungen durchgeführt hatte, die mir in dem Krankenhaus, in dem ich arbeitete, möglich waren, überwies ich ihn in eine große nahegelegene Stadt, um ihn dort von Kardiologen weitergehend untersuchen zu lassen. Sie nahmen ihn dort ins Krankenhaus auf und führten weitere Untersuchungen durch. Sie führten auch eine sogenante Herzkatheterisierung durch, wobei ein Kontrastmittel in die Herzarterien gespritzt wird, um zu erkennen, ob dort irgendeine Behinderung des Blutkreislaufes besteht. Wieder waren alle Ergebnisse normal.

Als John zurückkam, um mich nach den eingehenden Untersuchungen wieder zu sprechen, war er zutiefst entmutigt, da er immer noch durch das häufige Auftreten der Brustschmerzen sehr beeinträchtigt war. Unter der Leitung des HERRN unterhielt ich mich mit ihm und konfrontierte ihn mit meiner Ansicht, daß er Satanist wäre und daß seine Brustschmerzen das Ergebnis eines dämonischen Kampfes zwischen ihm und jemand anderem wären. Er war schockiert, so schockiert, daß er nicht einmal versuchte, das Gesagte abzustreiten. Ich sprach ausführlich mit ihm, wobei ich ihm das Evangelium verkündigte und ihm sagte, daß seine einzige Hoffnung Jesus Christus wäre. Leider wollte dieser junge Mann Macht um jeden Preis. Trotz allem, was ihm widerfahren war, war er entschlossen, Satanist zu bleiben. Er gab zu, daß seine Schmerzen durch dämonische Kämpfe verursacht waren. Zuletzt verließ er den Staat, um von dem anderen, stärkeren Satanisten wegzukommen und um sich in einem neuen Hexenzirkel niederzulassen und dort an Macht zuzunehmen. Ich bete oft für diesen jungen Mann und frage mich, wie es ihm wohl jetzt gehe. Wie traurig, ansehen zu müssen, wie solch ein Leben aus reiner Machtgier verschwendet wird!

Die verschiedenen Arten von seelischen Problemen, die durch Dämonen verursacht werden können, sind endlos. Aber wir können auch in diesem Bereich nicht folgern, daß ALLE solchen seelischen Funktionsstörungen dämonischen Ursprungs sind. Ich habe einige sehr traurige Fälle von Christen erlebt, denen schwerwiegender Schaden zugefügt wurde, indem andere ihnen erzählten, ihr Problem sei dämonisch, obwohl sie nur eine ganz natürlich menschliche Reaktion auf den Streß in ihrem Leben erfuhren. Laßt uns nie vergessen, daß wir menschliche Wesen BLEIBEN. Wenn wir Christen werden, sind wir nicht eine Art Superwesen, die nicht mehr empfänglich für Schwachheiten und Reaktionen auf Streß sind.

Ich denke, wir sollten hier eines der häufigsten Probleme diskutieren, an denen die Menschheit leidet – **DEPRESSION**. In der Bibel findet man viel über Depression.

> »Was bist du so aufgelöst, meine Seele, und stöhnst in mir? Harre auf Gott! – denn ich werde ihn noch preisen für das Heil seines Angesichts. Mein Gott, aufgelöst in mir ist meine Seele; darum denke ich an dich aus dem Land des Jordan und des Hermon, vom Berg Misar.« Psalm 42:6–7

Es gibt in den Psalmen und an anderen Stellen eine Fülle von Hinweisen auf Depressionen. Der Kampf ist real und wir sind sehr menschlich! Ich bin so dankbar, daß der HERR solche Schriftstellen in die Bibel mit aufgenommen hat. Betrachtet die folgenden Verse:

> »Erwache! Warum schläfst du, Herr? Wache auf! Verwirf uns nicht auf ewig! Warum verbirgst du dein Angesicht, vergißt unser Elend und unsere Bedrückung? Denn unsere Seele ist in den Staub gebeugt, unser Bauch klebt an der Erde.« Psalm 44:24–26

Wenn irgendein wirklich wiedergeborener Christ mir erzählen möchte, daß er niemals solche Gefühle gehabt hat, wie sie in den obigen beiden Abschnitten beschrieben werden, muß ich sagen, daß er sich entweder niemals für den HERRN hingestellt hat und dadurch in den geistlichen Kampf verwickelt wurde, oder lügt!

Seht, mit welch großer Ehrlichkeit der Apostel Paulus das Folgende schreibt:

> »Denn wir wollen euch nicht in Unkenntnis lassen, Brüder, über unsere Drangsal, die uns in Asien widerfahren ist, daß wir übermäßig beschwert wurden, über Vermögen, so daß wir sogar am Leben **verzweifelten**. Wir selbst aber hatten in uns selbst schon das Urteil des Todes erhalten, damit wir nicht auf uns selbst vertrauten, sondern auf Gott, der die Toten auferweckt.« 2. Korinther 1:8–9

Es gibt viele, viele Ursachen für Depressionen. Leider sagen viel zu viele Leute, die im Befreiungsdienst stehen, daß **alle** Depressionen dämonisch sind. Ich glaube, das liegt daran, daß wir Menschen immer nach dem einfachsten Ausweg aus einer Situation suchen. Wenn jede Depression dämonischen Ursprungs ist, dann ist die Lösung einfach: Den Dämon austreiben und schwuppdiwupp ist die Depression vorbei! Meine Erfahrung ist es jedoch, daß in der Mehrzahl der Fälle, die ich erlebt habe, die schweren Depressionen **nicht** auf einen, in der Person steckenden, Dämon der Depression zurückgingen.

Die allerhäufigste Ursache der schweren Depressionen, die ich erlebt habe, war das nahezu vollständige Fehlen von Gedankenkontrolle. (Bitte beachte die detailliertere Behandlung der Gedankenkontrolle in Kapitel 16.) Gottes Wort fordert uns eindeutig auf, jeden Gedanken unter den Gehorsam Christi gefangen zu nehmen (2.Korinther 10:5). Ernsthaft depressive Menschen (Christen eingeschlossen) befolgen diesen direkten Befehl des HERRN fast nie. Sie erlauben jedem Gedanken, den Satan und/oder seine Dämonen in ihre Sinne hineinlegt, dort zu bleiben. Sie halten niemals inne, um zu beurteilen, ob ihre Gedanken mit der Realität ihrer Situation oder mit ihrer Situation im Lichte der Bibel übereinstimmen. Sie akzeptieren alle Gedanken als ihre eigenen, kurz gesagt, sie sind **faul**! Sie haben ihrem Denken erlaubt, in faule Passivität zu gleiten, und in einem solchen Zustand kommen sie unter gewaltige seelische Qualen, die von dämonischen Mächten verursacht werden.

Der Kampf, die Kontrolle über deine Gedanken wiederzuerlangen, ist eine der schwierigsten Schlachten, in die du dich je einlassen wirst, aber sie ist der Mühe sehr wohl wert. Ich erlebte in meiner medizinischen Praxis viele Fälle von Depression, da es sich schnell herumsprach, daß ich eine christliche Ärztin war. Abgesehen von den paar Fällen, die das direkte Ergebnis von dämonischer Heimsuchung waren, kann ich wirklich behaupten, daß bei jedem anderen Auftreten von Depressionen eine einschneidende Besserung eintrat, wenn mit den Schritten zur Gedankenkontrolle, wie sie in Kapitel 15 beschrieben sind, begonnen wurde. Bitte beachtet, wie David dies praktizierte, wenn er in Psalm 42 sagte: ». . .ich werde den HERRN noch preisen . . .« Er benutzte seinen Willen, um die depressiven Gedanken in seiner Seele (Verstand) zu überwinden und erklärte, daß er den HERRN preisen würde. Lobpreis spielt eine sehr wichtige Rolle bei der Überwindung von Depressionen. Bitte beachtet meine eigene Erfahrung, die ich gegen Ende des 14. Kapitels beschrieben habe.

Andere häufige Ursachen von Depression sind schwere Verluste, wie beispielsweise von einer geliebten Person, körperliche Krankheit oder Schwäche, große, widrige Veränderungen in den Lebensumständen und natürlich reine Erschöpfung – besonders bei Leuten, die im geistlichen Kampf stehen. Diejenigen von uns, die im geistlichen Kampf stehen, müssen gegenüber der Leitung des HERRN in diesem Bereich allezeit **sensibel und gehorsam** sein.

Wenn dir der HERR befiehlt, aufzuhören und auszuruhen, solltest du besser gehorchen, ganz egal, wie unnötig du dieses Ersuchen im Moment findest, sonst wirst du sicherlich schnell niedergeschossen werden. Damit meine ich, daß du entweder ernste körperliche oder seelische Schwierigkeiten erleiden wirst (insbesondere auf dem Gebiet der Beziehungen zu anderen Leuten), oder du wirst Fehler machen und wirst getäuscht werden, weil du nicht mehr so wachsam sein kannst, wie du es müßtest. Zu viele Leute vergessen, daß sie immer noch Menschen sind mit menschlichen Schwachheiten und Begrenzungen. Wenn wir uns vom HERRN in diesem Gebiet leiten lassen, werden wir viele Schwierigkeiten vermeiden.

Als Folge von Blutschande (Inzest) in einer Familie und von den verschiedenen sexuellen Perversionen, insbesondere dem Sadomasochismus (er ist in unserer Zeit durch die Heavy-Metal-Rockmusik sehr populär geworden), kann einer der mächtigsten Dämonen, denen ich je begegnet bin, in eine Person hineinkommen.

Diese mächtigen Dämonen gehören oft zu einer Sorte von Dämonen, die in der Lage sind, alle drei Bereiche eines Menschen auf einmal zu bewohnen – Körper, Seele und Geist. Laßt mich euch hierzu ein Beispiel geben.

Eines Nachmittags erhielt ich in meiner Praxis einen Anruf von einem Pastor aus einer nahegelegenen Stadt. Er fragte, ob ich die im Befreiungsdienst tätige Ärztin wäre. Als er meine bestätigende Antwort erhielt, sagte er, daß er eine junge Frau hätte, die noch heute meine Hilfe bräuchte. Ich war einverstanden, und sie kamen abends gegen Ende meiner Sprechstunde zu mir.

Jane (der Name wurde geändert) war eine 25jährige junge Frau, die vor zwei Jahren geheiratet hatte. Ihr Mann war ein sehr intelligenter junger Mann und ein wenig älter als sie. Beide hatten ungefähr ein Jahr vor ihrer Hochzeit Jesus ihr Leben übergeben und dann regelmäßig ihre Gemeinde besucht. Sie hatten sich bei dem Pastor und seinem Assistenten in Seelsorge begeben, weil Jane total frigide war. Sie waren nicht in der Lage, ihre Ehe zu vollziehen.

Drei Tage bevor sie zu mir kamen, hatten der Pastor und einige andere Mitglieder der Gemeinde richtig erkannt, daß das Problem von Dämonen verursacht wurde und hatten versucht, sie zu befreien. Sie waren erfolglos gewesen, und als Folge hatte Jane in den 48 Stunden, bevor sie zu mir kam, ihre geistigen Funktionen vollständig verloren. Sie babbelte ständig unsinniges Zeug vor sich hin, konnte ihre Körperfunktionen nicht kontrollieren und weder essen noch trinken. Sie wußte nicht, wer oder wo sie war.

Sie waren alle sehr verängstigt, da ihr Mann an demselben Tag einen Anruf von ihren sehr dominierenden Eltern erhalten hatte, die ihm gesagt hatten, daß sie am nächsten Tag kommen würden, um Jane mit sich nach Hause zu nehmen und ». . . wir werden sie in eine Nervenklinik bringen, wo sie hingehört«. Eine Einweisung auf eine psychiatrische Station war das **Letzte**, was Jane an diesem Punkt brauchte. Eine Behandlung mit allen möglichen starken Medikamenten und möglicherweise mit Elektroschocktherapie hätte nur noch mehr Schaden angerichtet. Was für Schwierigkeiten! Die gesetzlichen Konsequenzen der Situation waren nicht auszumachen, und es überkam mich ein unwiderstehlicher Wunsch, ihnen allen zu sagen, daß sie doch gehen sollten! Aber ich war beeindruckt, daß ihr Ehemann hingegeben genug gewesen war, mehr als zwei Jahre in einer unvollzogenen Ehe auszuhalten, und ich erkannte, daß er sehr verzweifelt war. So sagte ich ihnen, daß ich etwa 20 Minuten bräuchte, um den Willen des HERRN zu suchen, was ich tun sollte.

Ich ging alleine nach oben und fiel vor dem Vater auf die Knie, um im Gebet ernstlich Seinen Willen zu suchen. Beinahe sofort gab Er mir völligen Frieden darüber, daß Er Jane freisetzen wollte. Dann offenbarte Er mir, daß Jane von einem der mächtigen Dämonen besessen war, die alle drei Bereiche eines Menschen gleichzeitig bewohnen. Diese Leute hatten das nicht erkannt und waren deshalb mit ihren Versuchen, Jane freizusetzen, erfolglos geblieben. Sie hatten den Dämon aufgebracht, und er schritt methodisch voran, sie zu töten, bevor sie befreit werden könnte. Der HERR öffnete meine geistlichen Augen und ließ mich sehen, was in ihrem Körper vor sich ging. Ihr Gehirn war zerschlitzt und zerrissen, wie wenn jemand mit riesigen Krallen versucht hätte, es zu zerfetzen. Andere Gebiete ihres Körpers waren in demselben Zustand. Der HERR wies mich an, Jane mit Öl zu salben, meine Hände auf ihren Kopf zu legen und zu beten, bis der HERR sie befreit hätte. Er wies mich auch speziell an, daß ich in diesem konkreten Fall niemand anderem erlauben sollte, sie zu berühren.

Als ich in meine Praxis zurückkam, versuchte ich ihnen die Eigenschaften dieses Dämons zu erklären, und warum sie nicht in der Lage gewesen waren, ihn auszutreiben. Dann fuhr ich fort, zu tun, was der HERR mir aufgetragen hatte. Ich setzte mich auf die Armlehne von Janes Sessel und legte meine Hände auf ihren Kopf. Sofort entbrannte der Kampf. Als erstes mußte ich den Dämon mit eher geringerer Macht, der ständig durch ihren Mund babbelte und sie so ruhelos machte, in den Griff bekommen. Sobald der HERR ihn herausnahm, wurde Jane ruhig. Sie war jedoch immer noch völlig verwirrt. Mehrere andere Dämonen mit geringerer Macht versuchten mich aufzuhalten und Jane von mir wegzuschieben, aber sie waren schnell ausgetrieben. Der letzte ging, indem er schrie:

»Du denkst, du bist so clever, aber du wirst Yurashuha niemals herausbekommen! Er ist zu stark und hier schon zu lange drin gewesen!«

»Wie ist Yurashuha hereingekommen?«, fragte ich schroff. Der Dämon lachte, »so eine dumme Frage, er kam herein, als ihr Vater sie als Kind sexuell mißbrauchte«. Der HERR hatte mir schon zuvor gezeigt, daß dies das Einfallstor gewesen war, durch welches dieser mächtige Dämon in sie hineingekommen war.

Es ist in medizinischen Kreisen wohl bekannt, daß traumatische sexuelle Überfälle in der Kindheit eine der häufigsten Ursachen für Frigidität im späteren Leben der Frauen ist – insbesondere Inzest. Es wurde uns in unseren Psychiatriekursen an der Universität gelehrt, daß der Prozentsatz an Frauen, denen jemals erfolgreich geholfen werden kann, furchtbar gering ist.

Nach ungefähr 20 Minuten verließen uns der Pastor und die anderen, die mit ihm waren, mit der Begründung, daß sie keine Zeit mehr hätten. Ich muß gestehen, daß ich eher erleichtert war. Es war eine bleibende Erfahrung für mich. Als ich so dasaß, die Hände auf Janes Kopf hatte, betete und den HERRN pries, fühlte ich, wie Seine Kraft durch mich hindurchgeleitet wurde und durch meine Arme und Hände strömte. Mir wurde so heiß, vor allem an meinen Armen und Händen, daß es mir richtig unbehaglich wurde. (Nachher beklagte sich Jane, daß meine Hände so heiß gewesen wären, daß sie ihren Kopf regelrecht verbrannt hätten. Sie hatte tatsächlich Stellen auf ihrer Kopfhaut, die fast wie Verbrennungen ersten Grades aussahen. Nach ungefähr einer Stunde waren sie wieder verschwunden.) Der Kampf tobte weiter, und für etwas mehr als zwei Stunden veränderte ich meine Haltung nicht. Wie immer war der HERR treu, und der Dämon verlor schließlich doch seinen Halt und verließ Jane unter lautem Fluchen.

Als der Dämon draußen war, geschah mit Jane augenblicklich eine große Veränderung. Sie kam zu sich und war wieder fast völlig klar. Da noch leichte Anflüge von Verwirrung blieben, war ihr Mann im Zweifel, ob sie schon vollständig befreit wäre. Ich klärte ihn über den körperlichen Schaden auf, der angerichtet worden war und sagte ihm, daß die vollständige Heilung einige Zeit in Anspruch nehmen würde. Dann machte ich mich daran, während der nächsten Tage eine Reihe von medizinischen Untersuchungen vorzunehmen, einerseits um sie zu beruhigen, andererseits um sicherzugehen, daß ich nichts übersah. Jane machte täglich deutliche Fortschritte. Alle Untersuchungen verliefen normal, genau wie ich erwartet hatte. Es dauerte ungefähr noch einen Monat, bis Jane vollständig genesen war. Ich traf die beiden ungefähr drei Monate nach Janes Befreiung zum letztenmal. Sie waren sehr glücklich, und Janes Mann erzählte mir freudig, daß sie nun eine normale sexuelle Beziehung hätten, und daß Jane ihr erstes Kind erwartete. Ich kann dem HERRN gar nicht genug für Sein großartiges Werk im Leben dieses jungen Paares danken!

Satans Reich steht weit über unserem Fassungsvermögen. Wir müssen täglich in vollständiger Abhängigkeit zum HERRN stehen, um Weisheit und Führung zu erhalten. Es gibt keine zwei Menschen, die sich gleich sind, und so ist auch jeder Angriff Satans verschieden. Wir sind nicht »clever« genug, um Satans Hinterlist selbst zu entlarven. So ist es mein ständiges Gebet, daß der HERR uns Weisheit gibt, denn dieser Kampf ist real, und wenn wir nicht innigen Kontakt mit unserem »Feldherrn« haben, können wir großen Schaden bei denen anrichten, denen wir eigentlich helfen wollten.

Janes Fall bringt mich zu einem Thema, das viele im Befreiungsdienst leicht vergessen. Jesaja 42 drückt dies in der prophetischen Beschreibung von Jesus am treffendsten aus:

> »Siehe, mein Knecht, den ich halte, mein Auserwählter, an dem meine Seele Wohlgefallen hat: Ich habe meinen Geist auf ihn gelegt, er wird das Recht zu den Nationen hinausbringen. Er wird nicht schreien und die Stimme nicht erheben und seine Stimme nicht hören lassen auf der Straße. Das geknickte Rohr wird er nicht zerbrechen, und den glimmenden Docht wird er nicht auslöschen. In Treue bringt

er das Recht hinaus. Er wird nicht verzagen noch zusammenbrechen, bis er das Recht auf Erden aufgerichtet hat. Und die Inseln warten auf seine Weisung.« Jesaja 42:1–4

»Kinder, laßt uns nicht lieben mit Worten noch mit der Zunge, sondern in Tat und Wahrheit.« 1.Johannes 3:18

Ich habe viele, viele Leute gesehen, die nicht oder nur teilweise befreit wurden, weil die Helfer bei der Befreiung zu wenig Liebe hatten. Ich fordere jeden, der in irgendeiner Weise im Befreiungsdienst tätig ist, heraus. **Wie sehr liebst du** die Person, die du versuchst zu befreien?? Liebst du sie genug, um geduldig dazusitzen oder geduldig über mehrere Stunden zu kämpfen, vielleicht sogar auf mehrere Male, um ihr zu einer ganzen Befreiung zu verhelfen?

Reicht deine Liebe aus, um sie eine Zeitlang in **deine eigene Wohnung** aufzunehmen, wenn das nötig wird, um den Kampf fortzuführen? Reicht deine Liebe aus, um die Zeit und die Mühe aufzubringen, sie für die Befreiung an einen **abgeschiedenen** Ort zu bringen, damit sie nicht bloßgestellt wird? Habt ihr Männer genügend Liebe, um euren Stolz aufzugeben und den Raum zu verlassen, wenn mit bestimmten sexuellen Dämonen in einer Frau umgegangen wird, und könnt ihr die Befreiung in diesem Fall Frauen überlassen? Genauso umgekehrt bei Männern? Oder würde dein Stolz dich davon abhalten, eine solche Aufforderung des HERRN überhaupt zu hören?

Jesus würde das geknickte Rohr niemals abbrechen. Liebe schützt immer. Warum solltest du dir dann nicht Gedanken machen und versuchen, die Person, die befreit werden soll, vor der oft damit verbundenen enormen Bloßstellung unter allen Umständen zu bewahren? Der große seelische Schock, den sie haben, reicht doch schon aus. Befreiung von mächtigeren Dämonen, die in tiefere Schichten vorgedrungen sind, kann im allgemeinen **nicht** in 5–10 Minuten erledigt werden, vorne am Altar, vor der ganzen Gemeinde oder vor den Fernsehkameras. Unser Gott ist ein Gott der Liebe und des Mitgefühls. Wenn du nicht Seine Liebe und Sein Mitgefühl für jede Person, mit der du umgehst, hast, bist du **nicht** geeignet für einen Befreiungsdienst. Wenn du »zu beschäftigt« bist, um dir **Zeit** für einzelne zu nehmen, dann solltest du nicht versuchen, dich in einen Befreiungsdienst einzulassen.

Die gleichen Grundsätze gelten für das Gebiet der Heilung, egal, ob die Ursache der Krankheit nun dämonischer oder rein körperlicher Art ist. Jakobus 5 und Markus 16 geben **keine** Zeitbegrenzungen.

»Diese Zeichen aber werden die, welche glauben, begleiten:
... Kranken werden sie Hände auflegen, und sie werden sich wohl
befinden.«   Markus 16:17–18

»Ist jemand krank unter euch? Er rufe die Ältesten der Gemeinde
zu sich, und sie mögen über ihm beten und ihn mit Öl salben im
Namen des Herrn. Und das Gebet des Glaubens wird den Kranken
retten, und der Herr wird ihn aufrichten ...«   Jakobus 5:14–15

Warum haben wir Menschen es immer so eilig? Warum denken
wir gewöhnlich auch von Gott, daß Er es so eilig hat? Zeigt die
Bibel selbst nicht Seite für Seite, daß Gott **niemals etwas in Eile
tut**? Ich möchte euch ganz klar sagen, warum wir es immer so
eilig haben: wegen unserer **Selbstsucht**. Unsere Zeit ist das
Letzte, was wir hergeben möchten. Wie viele Menschen gehen im
Glauben nach vorne zum Altar und bitten die Ältesten, für ihre
Heilung zu beten, und werden aber doch nicht geheilt? Wir wären verblüfft, wenn wir den hohen Prozentsatz wüßten, doch die
geringe Wertschätzung der Gemeinde in der Welt sollte uns dazu
ein guter Gradmesser sein. In der Apostelgeschichte sehen wir,
daß die Welt die Gemeinde damals ganz anders achtete:

»Und es kam große Furcht über die ganze Gemeinde und über alle,
welche dies hörten. Aber durch die Hände der Apostel geschahen
viele Zeichen und Wunder unter dem Volk; und sie waren alle einmütig in der Säulenhalle Salomos. Von den übrigen aber wagte keiner, sich ihnen anzuschließen, doch das Volk rühmte sie.«
                                        Apostelgeschichte 5:11–13

Älteste, seid ihr bereit, für 30 Minuten, für eine Stunde, für zwei
Stunden in Liebe und im Gebet zu verweilen, wenn das nötig
wird, damit jemand geheilt werden kann? Gott ist so mächtig, Er
kann auf der Stelle heilen, und oftmals tut Er es auch. Aber oft
tut Er es gerade wegen Seiner großen Liebe und Seinem Mitgefühl nicht, weil eine so starke Zellveränderung in so kurzer Zeit
heftige Schmerzen und einen seelischen Schock auslösen würde.
Wie viel Leute werden nicht geheilt, weil der Älteste, der für sie
betet, so selbstsüchtig mit seiner Zeit umgeht, daß er nicht bereit
ist, im Gebet zu verweilen, während der HERR wirkt?

»Und Jesus bedrohte ihn, und der Dämon fuhr von ihm aus; und
von jener Stunde an war der Knabe geheilt. Da traten die Jünger
für sich allein zu Jesus und sprachen: Warum haben wir ihn nicht
austreiben können? Er aber spricht zu ihnen. ... Diese Art aber

fährt nicht aus außer durch Gebet und Fasten.«

Matthäus 17:18–19.21

Braucht Gebet und Fasten nicht beides, Zeit und Liebe? Gott wählt nicht jedesmal denselben Weg, um zu heilen oder zu befreien. Wenn Er es täte, würden wir bald mehr von der Methode als von Gott abhängig werden. Wenn wir mit unserer Zeit selbstsüchtig umgehen, werden wir gerade in diesem Bereich die Führung Gottes nicht erkennen können. Gottes Arbeit muß in Seiner Zeit getan werden, nicht in der unseren!

Es gibt noch einen weiteren Punkt bezüglich Heilung, den nur sehr wenige bereit sind zu erwägen, geschweige denn ganz praktisch in die Tat umzusetzen. Betrachten wir den Propheten Jesaja:

> »Ist nicht vielmehr das ein Fasten, an dem ich Gefallen habe: Ungerechte Fesseln zu lösen, die Knoten des Joches zu öffnen, gewalttätig Behandelte als Freie zu entlassen und daß ihr jedes Joch zerbrecht? Besteht es nicht darin, dein Brot dem Hungrigen zu brechen und daß du heimatlose Elende ins Haus führst? Wenn du einen Nackten siehst, daß du ihn bedeckst und daß du dich deinem Nächsten nicht entziehst? Dann wird dein Licht hervorbrechen wie die Morgenröte, und deine Heilung wird schnell sprossen. Deine Gerechtigkeit wird vor dir herziehen, die Herrlichkeit des Herrn wird deine Nachhut sein.«
> Jesaja 58:6–8

> »Einer trage des anderen Lasten, und so werdet ihr das Gesetz des Christus erfüllen.«
> Galater 6:2

Im Lichte dieser und anderer Schriftstellen bin ich absolut überzeugt, daß die Ursache, warum es in den christlichen Gemeinden heute so wenig übernatürliche Heilungen gibt, darin zu finden ist, daß das Volk Gottes es in selbstsüchtiger Weise ablehnt, die Lasten des anderen zu tragen.

> »Dies ist mein Gebot, daß ihr einander liebt, wie ich euch geliebt habe. Größere Liebe hat niemand als die, daß er sein Leben hingibt für seine Freunde.«
> Johannes 15:12–13

Hast du schon einmal darüber nachgedacht, ob du dein Leben für einen Bruder oder eine Schwester noch auf andere Weise niederlegen kannst als dadurch, daß du hinausgehst und dich vor ein Gewehr stellst und an seiner oder ihrer Stelle erschossen wirst? Es gibt viele andere Wege! Sieh dir alleine die Möglichkeiten an, die Gott in Jesaja 58:6–8 (siehe oben) aufzählt. Wie stehst du dazu, jemanden in dein Haus aufzunehmen, um mit ihm zu leben? Das geht wirklich an die Substanz! Die Leute möchten so gern die Privatsphäre ihrer Wohnungen bewahren. Unsere Wohnungen gehören dem HERRN und sollen Ihm frei zur Verfügung stehen. Das heißt, daß wir kein Recht mehr auf unsere »Privatsphäre« haben, denn draußen sind Leute, die in unsere Wohnungen aufgenommen werden müssen. Sehr wenige Christen hören je die Bitte Gottes, jemand in ihre Wohnung aufzunehmen, weil sie auf diesem Gebiet so selbstsüchtig sind.

Bist du, wenn ein Bruder krank ist, bereit zu sagen: »HERR, laß mich meines Bruders Last mittragen, laß mich buchstäblich etwas von seiner Schwachheit und/oder seinen Schmerzen tragen, damit Du ihn schneller heilen kannst.« **Ja**, wir beten um Heilung, und Gott heilt, **ja**, wir weisen Satan zurück, **aber** sind wir auch bereit, die Last mitzutragen? Seht, ihr Lieben, so können wir unser Leben für den anderen hinlegen, und ich denke, wenn wir dies tun, wird Gottes Kraft freigesetzt werden, um viel öfter auf übernatürliche Weise zu heilen. In Jesaja 58 sagt uns der HERR, wenn wir solche Dinge tun »... wird deine Heilung **schnell** sprossen ...« (Vers 8). Gott hat sicherlich alle Gewalt im Himmel und auf Erden! Er hat in **jedem** Fall die Macht, zu heilen und Tote aufzuerwecken, aber ich glaube fest, daß Er in vielen Fällen daran gehindert wird, so zu handeln, wie Er will, weil wir in selbstsüchtiger Weise nicht dazu bereit sind, die Lasten des anderen zu tragen und »so das Gesetz Christi zu erfüllen« (Galater 6:2).

Vor nicht allzu langer Zeit verletzte sich ein Bruder in Christus, mit dem ich täglich zusammenarbeite, seinen Rücken. Die Verletzung war so schwer, daß sein Arzt ihm absolute Bettruhe verordnete. Ich wußte, daß er dringend in der Arbeit gebraucht wurde, und als ich für seine Heilung betete, sagte ich dem HERRN, wenn es **Sein Wille** wäre, wäre ich bereit, meines Bruders Rückenverletzung mitzutragen. Ich vertiefte mich in die Aktivitäten des Tages und vergaß mein Gebet.

Als ich etwas später an diesem Tag von einem Stuhl aufspringen wollte und es wie üblich eilig hatte, fiel ich überrascht zurück. Mein Rücken schmerzte so sehr, daß ich mich kaum noch rühren konnte! Sofort fragte ich den HERRN, was geschehen war, und Er erinnerte mich schnell an mein Morgengebet. Der HERR erlaubte mir, die Verletzung meines Bruders mitzutragen. An diesem Abend rief der Bruder bei seiner Arbeitsstelle an und freute sich, daß er wieder auf den Beinen sein konnte, obwohl er immer noch Schmerzen hatte.

Während der nächsten Tage heilte der HERR seinen Rücken vollständig, zum großen Erstaunen seines Arztes. Ich kann euch sagen, während dieser fünf Tage vergaß ich nicht ein einziges Mal, für meinen Bruder zu beten! Jedesmal, wenn ich mich bewegen wollte, erinnerte ich mich daran, zu beten, denn ich trug seine Schmerzen mit. Als der HERR meinen Bruder heilte, wurde auch ich völlig frei von Schmerzen. Dies ist ein praktisches Beispiel für das, was ich meine. Ich weiß aus meiner medizinischen Erfahrung, daß Heilung ein schmerzhafter Prozeß sein kann. Ich glaube, der HERR muß manchmal den Heilungsprozeß verlangsamen, weil solche Schmerzen damit verbunden sind. Wenn wir bereit sind mitzutragen, kann die Heilung viel schneller vollendet werden.

Dieser Krieg ist real und die Wunden sind real. Wir müssen bereit sein, einander zu helfen. Wenn jemand predigt oder im Befreiungsdienst tätig ist, so laßt jemand anderen sich hinsetzen und sagen »HERR, laß mich die Last dieser Person mittragen«.

Laßt mich euch ein Beispiel geben. Vor ein paar Monaten kam eine hübsche, nette junge Frau in mein Haus, und ich sprach längere Zeit mit ihr. Sie war in Schwarze Magie verstrickt gewesen, herausgekommen und völlig freigesetzt worden. Sie besitzt ein, wie ich es ausdrücken möchte, sanftmütiges Herz. Sie ist eine sehr zarte und liebevolle Person. Wegen ihrer Verstrickung in die Schwarze Magie wird Satan sie den Rest ihres Lebens hart traktieren. Das geschieht mit jedem, der Satan einmal in dieser Weise gedient hatte – das ist die Realität des Lebens. Diese junge Frau wurde fürchterlich geschlagen, und sie ist rein körperlich keine starke Person. Sie ist stark im HERRN, aber in ihrer Persönlichkeit ist sie eine zarte Person. Sie hat eine so feine Liebe für andere Menschen in ihrem Herzen.

Nun gibt es Leute, die einfach von Natur aus mehr Kämpfer sind als andere. Gott hat solch eine Fülle von Diensten. Diese junge Frau ist von Natur aus **keine** Kämpferin, und doch muß sie all ihre Zeit und Energie darauf verwenden, sich gegen die dämonischen Angriffe zu verteidigen. Diese junge Frau wurde dazu geschaffen, in Sanftmut und Liebe zu dienen und nicht dauernd nur zu kämpfen.

Nachdem ich mit ihr gesprochen hatte, war ich so aufgebracht, mein Herz zerbrach förmlich, und ich ging wegen ihr unter Tränen zu Gott, dem Vater, und fragte: »Vater, WARUM? Leute mit einem so sanftmütigen Herzen wie sie sind so rar, und ihre Liebe wird so benötigt unter deinem Volk, warum muß sie all ihre Zeit und Energie zum Kämpfen aufwenden?« Seine Antwort war: »Weil mein Volk nicht gewillt ist, ihre Lasten mitzutragen.« Wenn die Leute in ihrer Gemeinde bereit wären, ihre Lasten mitzutragen, wäre sie frei, um in Sanftmut und Liebe zu dienen, da sie dann nicht so viel kämpfen müßte. Solche, denen Gott die Persönlichkeit und die Kraft zum Kämpfen mitgegeben hat, würden dann für sie kämpfen, und sie würde im Gegenzug mit den Gaben dienen, die Gott ihr gegeben hat, und es wäre ein Miteinander und ein großer Segen für alle. Dann würde Satan sehr bald aufhören, sie so hart anzugreifen, weil er herausfinden würde, daß solche Angriffe nutzlos wären. Es ist nicht so, daß sie nicht die Kraft Christi hätte, diesen Angriffen zu widerstehen. Sie hat sie, aber wir müssen lernen mitzutragen.

Dies ist ein Krieg, der alles kostet! Lernen wir es doch, die Last des anderen zu tragen. Darum geht es letztlich, wenn es heißt, daß wir Glieder eines Leibes, des Leibes Christi, sind.

KAPITEL 19

Ein direktes Wort an die, die aus dem Okkultismus herauskommen wollen

REBECCA:

Ich möchte nun direkt zu denjenigen sprechen, die dieses Buch lesen, in den Okkultismus (d. h. den Satanismus) verstrickt sind und ihn verlassen wollen. Was ich euch zu sagen habe, wird hart klingen, aber es ist die ehrliche Wahrheit, gegründet auf dem Wort Gottes. Es gibt **keinen** einfachen Weg heraus. Jesus ist **kein** einfacher Fluchtweg. Jesus hat alle Gewalt und Autorität über Satan und seine Dämonen. Diese Gewalt kann dir zugänglich werden, aber **du** hattest es dir ausgesucht, Satan zu dienen, und Satan gibt seine Diener nicht ohne weiteres auf. Dies ist einfach eine Tatsache. Du wirst kämpfen müssen, um frei zu sein. Deine einzige Hoffnung besteht darin, in der Macht und Autorität von Jesus Christus zu kämpfen. Aber der Kampf ist **real**. All die okkulten Bindungen zu verlassen, ist eine Alles-oder-Nichts-Entscheidung. Du kannst den Satanismus nicht teilweise oder schrittweise verlassen. Du mußt dich ein für allemal dazu entschließen, ihn vollständig zu verlassen. Wenn du versuchst zurückzugehen, wirst du wahrscheinlich getötet werden, und du wirst niemals mehr eine Chance haben herauszukommen. Das ist eine ernste Angelegenheit.

> »Denn **es ist unmöglich**, die, welche einmal erleuchtet worden sind und die himmlische Gabe geschmeckt haben und des Heiligen Geistes teilhaftig worden sind und das gute Wort Gottes, und die Kräfte des zukünftigen Zeitalters geschmeckt haben, **wenn sie dann abgefallen sind, wieder zu erneuern zur Buße,** da sie für sich den Sohn Gottes wiederum kreuzigen und dem Spott aussetzen.« Hebräer 6:4–6

Wenn du einmal die Kraft und die Güte von Jesus Christus und Seiner Errettung geschmeckt hast und dann zum Okkultismus zurückkehrst, wirst du **niemals** mehr in der Lage sein, Buße zu tun, und du wirst die Ewigkeit unter den schlimmsten Qualen in der Hölle verbringen.

Es gibt nur **einen** Weg, wie du zu Gott, dem Vater, kommen und aus Satans Reich befreit werden kannst, nämlich durch Jesus Christus. Wenn du von den Ketten Satans frei werden willst, so wird dir das **nur** gelingen, wenn du Jesus zu deinem Meister und Retter und **HERRN über alles** machst. Du kannst Jesus und Satan nicht gleichzeitig dienen, und wenn du nicht völlig Jesus dienst, BIST du im Dienst Satans. Alles, was du tun mußt, ist, Jesus laut zu bitten, dir zu vergeben, alle deine Sünden durch Sein kostbares Blut, das Er am Kreuz vergossen hat, abzuwaschen, und Ihn zu bitten, die völlige Herrschaft über dein Leben zu übernehmen. Die Dämonen in dir und um dich herum werden **alles** tun, um dich davon abzuhalten, aber werden dazu nicht in der Lage sein.

Du **mußt** einen vollständigen Bruch mit **allem** Bösen vollziehen. Es ist mir wohl bewußt, daß dies eine sehr schwierige Angelegenheit sein wird, da nahezu alles, was du hast, dir von Satan gegeben worden ist. Du **mußt** alle deine Zaubereikräfte aufgeben – dies schließt insbesondere deine Fähigkeit ein, mit der Geisterwelt in Verbindung zu treten. Du mußt den HERRN bitten, **alle** deine Kräfte wegzunehmen und zwar so vollständig, daß selbst dann, wenn du rebellieren und versuchen solltest, sie wieder zurückzubekommen, dies nicht mehr möglich wäre. Du mußt den HERRN bitten, zwischen Seele und Geist zu scheiden, so daß du deine Fähigkeit, mit Satan und seinen Dämonen zu kommunizieren, oder deinen eigenen geistlichen Leib zu benutzen, vollständig und für immer verlierst. Du darfst deine Zauberei nicht einmal zu deinem eigenen Schutz gebrauchen.

Vor Gott kannst du nichts verstecken! Du mußt einen vollständigen Bruch mit allem Bösen vollziehen. Wenn du mit anderen, die immer noch in Satanismus verwickelt sind, zusammenlebst, wie beispielsweise in einer Kommune, mußt du ausziehen, egal, was es dich kosten wird. Du mußt begreifen, daß du nicht mehr länger mit Freunden oder Verwandten, die Satan weiter dienen, verkehren kannst. Du wirst sonst unter massiven Einfluß und Angriff insbesondere von Familienmitgliedern, die im Satanismus bleiben, kommen.

> »Wenn sie euch aber verfolgen in dieser Stadt, so flieht in die andere . . .«   Matthäus 10:23

Wenn du erst einmal Jesus Christus gebeten hast, dir zu vergeben und dich zu reinigen und dein HERR und Meister zu werden, hast du Seine Kraft und Autorität über die Dämonen in dir und um dich herum.

Versuche dich nicht selbst zu betrügen. Nur, weil du Jesus gebeten hast, dich zu retten, haben die Dämonen nicht höflich »Auf Wiedersehen« gesagt und sind aus dir herausgesprungen. **Du** hast sie hereingebeten, indem du Satan dientest, nun erwartet der HERR auch von DIR, die Macht und Autorität, die dir in dem Namen Jesu zu Verfügung steht, zu gebrauchen und sie wieder herauszuwerfen. Du mußt begreifen, daß die Dämonen in dir entschlossen sind, dich zu töten, selbst wenn die Satanisten nicht körperlich an dich herantreten werden.

Laß dich nicht von den Dämonen beherrschen. **Du** mußt nun über sie herrschen. Weise sie laut in dem Namen Jesu zurück und befehle ihnen, aus dir herauszukommen und dich in dem Namen Jesu zu verlassen.

> »Diese Zeichen aber werden denen folgen, die glauben: In meinem Namen werden sie Dämonen austreiben . . .«   Markus 16:17

> »Siehe, ich gebe euch die Macht, auf Schlangen und Skorpione zu treten, und über die ganze Kraft des Feindes . . .«   Lukas 10:19

Du brauchst Hilfe. Bete und bitte den HERRN, dich zu anderen christlichen Geschwistern zu führen, die in der Lage und willens sind, dir zu helfen, aber sei vorsichtig. Satan hat viele Diener in den christlichen Gemeinden und es gibt viele Christen, die dem HERRN nicht völlig hingegeben sind. Suche die Bestätigung und Leitung des HERRN, bevor du irgend jemand vertraust. Du wirst höchstwahrscheinlich Hilfe brauchen, um es zu schaffen, vollständige Befreiung von den Dämonen in dir zu erhalten. Vollständige

Befreiung IST möglich – laß dir von niemandem etwas anderes einreden. Suche, so schnell wie möglich vollständige Befreiung zu erlangen. Wenn du den HERRN ernstlich suchen wirst, wird Er dich hören und dir helfen.

Du **mußt** Gottes Wort lesen, studieren und lernen. **Gehorsam** Gott gegenüber ist eine absolute Notwendigkeit.

> [Jesus spricht] »Wenn ihr mich liebt, so werdet ihr meine Gebote halten; . . .« Johannes 14:15

> [Jesus spricht] »Wenn ihr meine Gebote haltet, so werdet ihr in meiner Liebe bleiben, wie ich die Gebote meines Vaters gehalten habe und in seiner Liebe bleibe.« Johannes 15:10

> »Nicht jeder, der zu mir sagt: Herr, Herr! wird in das Reich der Himmel eingehen, sondern wer den Willen meines Vaters tut, der in den Himmeln ist.« Matthäus 7:21

Dein bester Schutz gegen die Angriffe Satans ist sofortiger Gehorsam gegenüber Gottes Geboten – nicht nur gegenüber den Geboten in der Bibel, sondern auch denen gegenüber, die dir direkt durch den Heiligen Geist gegeben werden. Du mußt begreifen, daß du im Grunde eine rebellische Person bist, sonst hättest du dich nicht als erstes in den Okkultismus verstrickt. Der Satanismus zieht Menschen an, weil sie Macht wollen, ihr eigenes Leben und das von anderen zu beherrschen. Der Herrschaftsanspruch Jesu wird ein Gebiet in deinem Leben sein, in dem dich Satan hart angreifen wird. Er wird dich mit allerlei Fragen in deinen Gedanken bombardieren, wie beispielsweise: »Warum muß ich immer alles so machen, wie der HERR es will? Es ist immer noch **mein** Leben.« Nein, das stimmt nicht. Vergiß es nie, du bist mit einem furchtbaren Preis erkauft worden – dem Leiden Jesu am Kreuz. Du gehörst nun dem HERRN. Die Schrift ist diesbezüglich sehr klar:

> »Denn Ungehorsam ist Zaubereisünde, und Widerspenstigkeit ist Frevel und Abgötterei . . .« 1. Samuel 15:23a

Du **mußt** in Gottes Wort forschen und es auswendig lernen. Es ist zu deinem eigenen Schutz. Gott selbst wird dir das Verständnis für die Heilige Schrift geben. Akzeptiere nichts, was dir sonst jemand sagt, ohne es anhand der Schrift zu prüfen und den HERRN darüber zu fragen.

Du wirst wahrscheinlich eine totale Veränderung deiner Lebensumstände erfahren – insbesondere finanziell. Vergiß nicht, alles was du hast, hast du von Satan erhalten, es gehört ihm, und er hat das legale Recht, es dir wegzunehmen. Gott ist zu Satan genauso absolut gerecht wie zu uns. Aber laß dich ermutigen, der Reichtum, den der HERR dir geben wird, ist viel mehr wert als alles, was Satan dir bieten könnte.

> »Sammelt euch nicht Schätze auf der Erde, wo Motte und Rost zerstören und wo Diebe durchgraben und stehlen; sammelt euch aber Schätze im Himmel, wo weder Motte noch Rost zerstören und wo Diebe nicht durchgraben noch stehlen; denn wo dein Schatz ist, da wird auch dein Herz sein.«   Matthäus 6:19–21

Der wertvollste Schatz, den du überhaupt haben kannst, ist Gott persönlich zu kennen. Bitte Ihn, Sich dir zu offenbaren.

Jesus fragte Petrus, und Er stellt auch jedem von uns heute diese klare Frage:

> ». . . liebst du mich mehr als diese?«   Johannes 21:15b

Die Herrschaft Jesu ist absolut:

> »Wer Vater oder Mutter mehr liebt als mich, ist meiner nicht würdig; und wer Sohn oder Tochter mehr liebt als mich, ist meiner nicht würdig; und wer nicht sein Kreuz aufnimmt und mir nachfolgt, ist meiner nicht würdig.«   Matthäus 10:37–38

Du wirst von Satan diesbezüglich direkt herausgefordert werden. Bist du bereit, den HERRN Jesus Christus vor alles und jeden zu stellen? Wenn Jesus nicht vor denen kommt, die du lieb hast, sind deine Hoffnungen, Satan zu entkommen, auf Sand gebaut. Satan wird deine Lieben benutzen, um dich in seinen Fesseln zu halten. Ich will euch dazu ein Beispiel geben, um zu zeigen, was ich meine.

Wir hatten das Vorrecht, mit einem wunderbaren Negerehepaar zusammenzuarbeiten, denen ich den Namen »Herr und Frau Black« geben möchte. Sie waren beide Ende 20, waren sehr intelligent und hatten im örtlichen Hexenzirkel der Bruderschaft eine recht hohe Stellung erreicht. Sie übergaben Jesus ihr Leben und weigerten sich Satan noch länger zu dienen. Wir rieten ihnen, den Staat zu verlassen, aber sie zögerten verständlicherweise, da Herr Black eine sehr gut bezahlte Arbeitsstelle hatte. Sie hatten zwei Kinder, ein vierjähriges Mädchen und einen zweijährigen Jungen. Sie erlebten eine furchtbare Prüfung ihrer Hingabe an Jesus.

Ungefähr sechs Monate nachdem sie aus dem Satanismus herausgekommen waren, wurden Herr und Frau Black und ihre vierjährige Tochter von der Bruderschaft entführt. Sie wurden zu einer Versammlung geführt, wo ihre kleine Tochter vor ihren entsetzten Augen buchstäblich lebendig gehäutet wurde. Es wurde ihnen mehrfach gesagt, daß die Qualen für ihre Tochter aufhören würden, wenn sie nur beide Jesus Christus absagen und Satan als Herrn bekennen würden und bereit wären, ihm erneut zu dienen.

Trotz der unaussprechlichen Qualen, die sie erlebten, als sie gezwungen wurden, zuzusehen wie ihr geliebtes Kind gequält wurde, und die Schreie seiner Qualen mit anhören mußten, blieben sie fest. Sie hatten Jesus an die erste Stelle ihres Lebens gestellt und würden Seine Herrschaft nicht verleugnen. Schließlich starb ihr kleines Mädchen, und sie wurden von ihren Entführern freigelassen. Eine Woche später erkrankte ihr Sohn ernstlich. Er wurde ins Krankenhaus gebracht und von den führenden Spezialisten der Gegend behandelt – alles umsonst. Er starb innerhalb von 48 Stunden, die Ärzte fanden niemals heraus, was ihm gefehlt hatte. Er wurde offensichtlich durch Schwarze Magie getötet. Wieder blieben Herr und Frau Black fest stehen und dienten Jesus weiterhin.

Kurz nach dieser zweifachen Tragödie verließen sie den Staat. Wir blieben in losem Kontakt. Zwei Jahre später gebar Frau Black Zwillinge, einen Jungen und ein Mädchen. Herr Black ging auf eine Schule, um Pastor zu werden.

Du sagst vielleicht: »Wie kann das sein, warum hat der HERR ihre Kinder nicht beschützt, nachdem sie doch Christen geworden waren?« Es ist kein Spiel! Wenn du diese vollständige Hingabe an Jesus Christus vollzogen hast, gibst du Ihm alles. Du kannst sicher sein, daß Satan vom HERRN alles fordern wird, was du dem HERRN hingegeben hast, genauso wie er es bei Hiob tat. Der Vater wird Satan vielleicht die Erlaubnis geben, zu nehmen, was er fordert.

> »Denn meine Gedanken sind nicht eure Gedanken, und eure Wege sind nicht meine Wege, spricht der HERR. Denn so viel der Himmel höher ist als die Erde, so sind meine Wege höher als eure Wege und meine Gedanken als eure Gedanken.« Jesaja 55:8–9

GOTT IST GOTT. Wir können Seine Gedanken oder Gründe, warum Er bestimmte Dinge tut, nicht verstehen. So schrecklich es auch war, das Opfer, das die Blacks gaben, um Jesus zu dienen, es verblaßt zu nichts, wenn man es mit dem vergleicht, was Jesus für uns am Kreuz opferte und litt. Jesus sagt uns ganz klar:

> »Fürchte dich nicht vor dem, was du leiden wirst! Siehe, der Teufel wird einige von euch ins Gefängnis werfen, damit ihr geprüft werdet, und ihr werdet Drangsal haben zehn Tage. Sei treu bis zum Tod, und ich werde dir den Siegeskranz des Lebens geben.« Offenbarung 2:10

> »Und fürchtet euch nicht vor denen, die den Leib töten, die Seele aber nicht zu töten vermögen; fürchtet aber vielmehr den, der sowohl Seele als Leib zu verderben vermag in der Hölle.« Matthäus 10:28

Ich möchte eine Sache ganz klar herausstellen. Diese Schlacht ist **sehr real und tödlich.** Es ist mir wohl bewußt, daß mir viele massiv widersprechen werden und sich glattweg weigern, anzunehmen, was ich sage. Aber ich für meinen Teil muß das sagen, was mein HERR Jesus mir befohlen hat, ungeachtet allen Widerspruchs.

Jeder Christ, der sich in wirklichen geistlichen Kampf hineinbegibt, und **jeder** Christ, der Jesus Christus dient und einmal ein Diener Satans gewesen ist, muß mit Verfolgung, Leiden und Wunden, die durch den Kampf bedingt sind, rechnen. **Und** außerdem wirst du wahrscheinlich **nicht** sofort Erleichterung oder Heilung von einem dieser Dinge erhalten.

> »**Alle** aber auch, die gottesfürchtig leben wollen in Christus Jesus, **werden** verfolgt werden.« 2. Timotheus 3:12

Wieweit bist du bereit für den HERRN zu leiden? (Ich spreche von körperlichem, geistigem, seelischem, geistlichem und finanziellem Leiden.) Wieviel ist **dir** eine Seele wert? Welchen Preis bist **du** bereit zu zahlen, um die Errettung einer Seele zu bewirken oder für die Verweigerung, Satan weiter zu dienen und dem HERRN Jesus Christus, der dich von der Bindung an Satan befreit hat, Ehre zu geben? Jesus war bereit, einen sehr hohen Preis zu bezahlen – unglaubliches Leiden und den Tod!

> »Der [Jesus] in Gestalt Gottes war und es nicht für einen Raub achtete, Gott gleich zu sein. Aber er machte sich selbst zu nichts und nahm Knechtsgestalt an, indem er den Menschen gleich geworden ist, und der Gestalt nach wie ein Mensch erfunden, erniedrigte er sich selbst und wurde gehorsam bis zum Tod, ja zum Tod am Kreuz. Darum hat Gott ihn auch hoch erhoben und ihm den Namen verliehen, der über jeden Namen ist, damit in dem Namen Jesu jedes Knie sich beuge, der Himmlischen und Irdischen und Unterirdischen, und jede Zunge bekenne, daß Jesus Christus Herr ist, zur Ehre Gottes, des Vaters.« Philipper 2:6–11

Aber, mögen einige sagen, »in Christus haben wir doch Sieg und nicht Niederlage«. Das ist wahr. In der Tat ist der Sinn dieses ganzen Buches und unseres Lebens der, diesen Sieg zu verkündigen. Aber dieser Sieg ist in unserer sichtbaren, zeitlichen Welt nicht immer augenblicklich zu haben. Da muß oft zuvor noch viel Ringen, Kämpfen und Leiden erfolgen. Letztlich werden wir am Ende vollständigen Sieg in Jesus haben, jede Träne wird von Gott selbst abgewischt werden, und wir werden die ganze Ewigkeit damit verbringen, diesen Sieg in endloser Freude zu feiern.

Was ist nun aber in der Zwischenzeit unsere Hoffnung, während wir so mitten im Leiden stehen, das oft unser Durchhaltevermögen übersteigt? Wie werden wir damit fertig? Oftmals erscheint die Ewigkeit gerade in so einer Situation so nebulös und weit weg zu sein, daß die Gedanken daran wenig Trost bringen. Wie oft wurde mir die banale Antwort gegeben: »Oh, sei unbesorgt, Gott wird nicht mehr zulassen, als du ertragen kannst!« Das ist falsch und ein verkehrtes Zitieren der Schrift. Die Schriftstelle, auf die Bezug genommen wird, ist die folgende:

> »Daher, wer zu stehen meint, sehe zu, daß er nicht falle. Keine Versuchung hat euch ergriffen als nur eine menschliche; Gott aber ist treu, der nicht zulassen wird, daß ihr über euer Vermögen versucht werdet, sondern mit der Versuchung auch den Ausgang schaffen wird, so daß ihr sie ertragen könnt.« 1. Korinther 10:12–13

Es ist ein großer Unterschied zwischen Versuchung und Leiden. Paulus schrieb sehr klar in 2. Korinther 1:8:

> »Denn wir wollen euch nicht in Unkenntnis lassen, Brüder, über unsere Drangsal, die uns in Asien widerfahren ist, daß wir übermäßig beschwert wurden, über Vermögen, so daß wir sogar am Leben verzweifelten.«

Beachte die folgende Schriftstelle:

> »Deshalb, da wir es nicht länger aushalten konnten, beschlossen wir, allein in Athen zurückzubleiben, und wir sandten Timotheus, unseren Bruder und Mitarbeiter Gottes in dem Evangelium des Christus, um euch zu befestigen und zu trösten eures Glaubens wegen, daß niemand wankend werde in diesen Drangsalen. – Denn ihr selbst wißt, daß wir dazu bestimmt sind; ...« 1. Thessalonicher 3:1–4

Was ist dann aber unsere Hilfe, Hoffnung oder Antwort? Ich spreche aus meiner eigenen Erfahrung, als jemand, der mehr als drei Jahre mitten im Leiden und unter Druck weit über meinem Durchhaltevermögen gestanden war. Dabei war kein Ende und keine Erleichterung in Sicht gewesen. Ich weiß ohne den geringsten Zweifel, daß ich eine »Krone des Lebens« ererben und große Freude in der Ewigkeit haben werde. Aber ganz ehrlich, das erleichtert meinen Schmerz kaum. Ich habe keine Patentlösung anzubieten. Alles, was ich sagen kann ist, wenn ich meine Füße fest auf »den Felsen« (Jesus Christus) stelle und Tag für Tag den HERRN unter vielen Tränen bitte, mir Seine Kraft und Gnade zum Stehenbleiben zu geben, werde ich die Wirklichkeit dieser wunderbaren Verse erleben, die besagen:

> »Gepriesen sei der Gott und Vater unseres Herrn Jesus Christus, der Vater der Erbarmungen und Gott alles Trostes, der uns tröstet in all unserer Drangsal, damit wir die trösten können, die in allerlei Drangsal sind, durch den Trost, mit dem wir selbst von Gott getröstet werden.«   2. Korinther 1:3–5

Wenn ich fest stehenbleibe, hilft mir der HERR, die Leiden und den Druck und den Kummer zu tragen, so daß ich nicht vom Tode überwältigt werde, und ich die Arbeit, die mir gegeben wurde, weiterführen kann, in der vollen Sicherheit der Bibelstelle:

> »... denn ich weiß, wem ich geglaubt habe, und bin überzeugt, daß er mächtig ist, mein anvertrautes Gut bis auf jenen Tag zu bewahren.«   2. Timotheus 1:12b

Oftmals werden wir uns selbst in einer Situation befinden, in der wir alles getan haben, was wir wußten, und die Situation trotzdem weiterhin hoffnungslos erscheint. Dann müssen wir uns an den weisen Rat von Paulus an die Epheser erinnern:

> »Deshalb ergreifet die ganze Waffenrüstung Gottes, damit ihr an dem bösen Tag widerstehen und, wenn ihr alles ausgerichtet habt, stehen könnt.«   Epheser 6:13

Einfach stehenzubleiben, unseren Grund in Christus Jesus festzuhalten und auf Ihn zu warten, ist das Schwerste, was wir jemals tun müssen. So laßt uns stehenbleiben, meine lieben Geschwister in Christus. Laßt uns in dem Bewußtsein zusammenstehen, daß:

> »Wenn ich auch mitten in Bedrängnis wandeln muß – du belebst mich. Gegen den Zorn meiner Feinde wirst du deine Hand ausstrecken, und deine Rechte wird mich retten. Der Herr wird's für mich vollenden [Er wird seinen Plan für mich vollenden]. Herr, deine Gnade währt ewig ...«   Psalm 138:7–8

Egal, was passiert, der unsagbar große Gott des Universums hat einen Plan mit **dir**. Mit **DIR**! Du als Individuum und Er **werden** ihn vollenden. Alle Mächte des Feindes und seiner riesigen Armee können Gott nicht aufhalten, Seinen Plan mit dir zu vollenden. Viele Dinge verstehst du nicht und wirst sie auch niemals verstehen solange du hier auf dieser Erde bist. Was auch immer das Ergebnis sein wird – sei es Leben oder Tod oder fortwährendes Leiden bis zum Ende – das darfst du wissen und darin darfst du ruhen: Tag für Tag, irgendwie, auf irgendeine Weise, wie du es nicht verstehen kannst, **vollendet** Gott Seinen Plan mit dir, und Seine Liebe für dich währt ewiglich!

Gib nicht auf! Der HERR **wird** dich von den Bindungen an Satan befreien. Der HERR ist der **einzige** der dich befreien kann – du bist nicht stärker oder intelligenter als die Dämonen! Du kannst nichts aus dir selber tun, aber **Jesus kann und will!**

Jesus kam, um die Gefangenen zu befreien!

KAPITEL 20

Definitionen

REBECCA:

Ich denke es ist hilfreich, einige der gängigen okkulten Begriffe hier zu erklären. Die Aufzählung könnte noch beliebig ergänzt werden, doch wir haben uns entschlossen, sie auf die häufigsten Ausdrücke zu beschränken, denen ein Christ möglicherweise begegnen kann.

DEN DÄMONEN VERTRAUTE GEGENSTÄNDE

Darunter versteht man Gegenstände, an die sich Dämonen heften. Alles, was in der Satansanbetung oder im Dienst für Satan benutzt wird, ist legaler Boden für Dämonen. Mit anderen Worten, die Dämonen haben das Recht, sich an solche Gegenstände zu heften oder sie zu benutzen. Laßt uns hierzu einige Schriftstellen betrachten.

> »Die Bilder ihrer Götter sollt ihr mit Feuer verbrennen. Du sollst nicht das Silber und das Gold, das an ihnen ist, begehren und es dir nehmen, damit du dadurch nicht verstrickt wirst; denn ein Greuel für den HERRN, deinen Gott, ist es. Und du sollst keinen Greuel in dein Haus bringen, damit du nicht gleich ihm dem Bann verfällst. Du sollst es als abscheulich verabscheuen und es für einen greulichen Greuel halten, denn Gebanntes ist es.«   5. Mose 7:25–26

> »Was sage ich nun? Daß das einem Götzen Geopferte etwas sei? Oder daß ein Götzenbild etwas sei? Nein, sondern daß das, was sie opfern, sie den Dämonen opfern und nicht Gott. Ich will aber nicht, daß ihr Gemeinschaft habt mit den Dämonen.«
> 1. Korinther 10:19–20

Diese beiden Bibelstellen zeigen, daß sich hinter den Götzen Dämonen verbergen. Der Abschnitt in 5. Mose zeigt ganz klar, daß alle Gegenstände, die im Dienst Satans gebraucht werden, dem HERRN ein Greuel sind. Nicht einmal das Gold und Silber von ihnen darf verwendet werden – es muß alles vernichtet werden.

Gott hat sich bei jedem Befehl, den Er gibt, Gedanken gemacht. Er wollte nicht, daß die Israeliten diese »dämonisch verseuchten« Gegenstände in ihre Wohnungen brächten, weil Er die Wirkung kannte, die diese Dinge auf sie gehabt hätten. Gott warnte sie davor, da sie sonst ebenfalls dem Bann verfallen würden. Warum? Weil der mächtige Einfluß, der von den Dämonen ausgeübt wurde, auch sie selbst zur Anbetung der Dämonen verführt hätte.

Die Bibel zeigt uns immer wieder, mit welcher Ernsthaftigkeit Gott die im Dienst Satans gebrauchten Gegenstände betrachtet. Gegenstände, die im Dienst Satans gebraucht werden, werden in der Schrift immer und immer wieder demonstriert. Lies die Geschichte von Achan in Josua 7. Gott befahl den Israeliten, keine Beute von der Stadt Jericho mitzunehmen. Ganz Jericho diente Satan und betete ihn an. Aber Achan hatte einige Gegenstände aus der Stadt entwendet. Gott sprach zu Josua:

> »Israel hat sich versündigt, sie haben meinen Bund übertreten, den ich ihnen geboten habe. Und sie haben sogar von dem **Gebannten** [verfluchte oder verwünschte Gegenstände] genommen und haben es gestohlen und haben es verheimlicht und es zu ihren Geräten gelegt!«   Josua 7:11

Als Resultat von Achans Machenschaften wurde die ganze Armee Israels in ihrer nächsten Schlacht geschlagen. Dies ist eine sehr ernste Warnung an uns. Wenn wir unsere Wohnung oder unser Leben nicht gereinigt haben, werden wir jedesmal, wenn wir versuchen gegen Satan zu kämpfen, besiegt werden.

Gebräuchliche *dämonisch vertraute Gegenstände* sind: Sämtliche okkulten Gegenstände, die in der Ausübung von okkulten Künsten verwendet werden, sämtliche Rock & Roll Platten, Kassetten, Posters, T-shirts, etc., sämtliche Gegenstände der okkulten Phantasie- Rollenspiele, sämtliche Kunstgegenstände östlicher Religionen, wie kleine Götterstatuen, die die Leute als Reisesouvenirs kaufen, sämtliche Rosenkränze und Gegenstände, die im Katholizismus verwendet werden, sämtliche Gegenstände, die in der Freimaurerei verwendet werden, sämtliche Literatur oder Kassetten der okkulten und heidnischen Religionen und so weiter – die Aufzählung ist beinahe endlos. Diese Gegenstände müssen alle vernichtet werden. Ich denke, daß die Epheser uns in der Apostelgeschichte ein ausgezeichnetes neutestamentliches Vorbild gegeben haben:

> »Dies aber wurde allen bekannt, sowohl Juden als Griechen, die zu
> Ephesus wohnten; und Furcht fiel auf sie alle, und der Name des
> Herrn Jesus wurde erhoben. Viele aber von denen, die gläubig gewor-
> den waren, kamen und bekannten und gestanden ihre Taten. Viele
> aber von denen, die vorwitzige Künste [okkulte Künste] getrieben
> hatten, trugen die Bücher zusammen und verbrannten sie vor allen;
> und sie berechneten ihren Wert und kamen auf fünfzigtausend Sil-
> berdrachmen.« Apostelgeschichte 19:17–19

Es gibt noch eine andere Sorte von *Dämonen vertrauten Gegenständen.* Die Diener Satans können Dämonen heraufrufen und
sie auch an bestimmte nicht-okkulte Gegenstände binden. Sie geben diese Gegenstände dann jemandem als Geschenk weiter und
bringen so den Dämon direkt in deren Wohnung, ohne daß die
Leute wissen, was geschieht. Es ist die Absicht dieser Dämonen,
einen starken dämonischen Einfluß auszuüben, um z. B. Ehezwi-
stigkeiten, Streit zwischen Familienmitgliedern, Krankheiten, Depressionen, Schwierigkeiten beim Gebet und Bibellesen und so
weiter, zu erzeugen. Diese Gegenstände brauchen normalerweise
nicht vernichtet zu werden. Ein einfaches Salben mit Öl und Gebet, wobei man den HERRN bittet, diese Gegenstände zu heiligen
und zu reinigen, ist gewöhnlich ausreichend. Dies steht in Übereinstimmung mit dem Prinzip, das Gott Mose in 2. Mose 40:9 ff
gegeben hat:

> »Darauf nimm das Salböl und salbe die Wohnung und alles, was
> darin ist, und heilige dadurch sie und all ihre Geräte, damit sie heilig
> wird!« 2.Mose 40:9

> »Aufziehende Wolken mit Wind, doch kein Regen, so ist ein Mann,
> der mit trügerischem Geschenk prahlt.« Sprüche 25:14

Christen müssen sehr wachsam sein, von wem sie Geschenke annehmen, besonders dann, wenn sie nicht genau wissen, welche Beziehung diese Person zum HERRN hat. Auf diesem Gebiet müssen wir sehr sensibel für die Leitung des HERRN sein.

VERTRAUTE GEISTER DER HEXEN UND ZAUBERER

> »Es soll unter dir niemand gefunden werden, der seinen Sohn oder
> seine Tochter durchs Feuer gehen läßt, keiner, der Wahrsagerei
> treibt, kein Zauberer oder Beschwörer oder Magier oder Bannspre-
> cher oder Totenbeschwörer [im Engl. einer, der mit Hilfe von ihm
> **vertrauten** Geistern anderen einen Rat erteilt] oder Wahrsager oder
> der die Toten befragt.« 5. Mose 18:10–11

Ein *Totengeist* bzw. ein *vertrauter Geist* ist ein Dämon, zu dem eine Hexe bzw. ein Zauberer eine enge Verbindung entwickelt hat. Solche Dämonen werden auf vielfältige Weise eingesetzt. In unserer Zeit werden *vertraute Geister* hauptsächlich zum Spionieren und Sammeln von Informationen eingesetzt. So wird der Ausdruck »der Vertraute einer Hexe« oft in bezug auf ein Tier verwendet. In diesem Fall wurde der Dämon in das Tier hineingeschickt, und die Hexe kann so durch die Verbindung zu diesem Dämon sowohl das Tier steuern, als auch alles sehen und hören, was das Tier sieht und hört. Die Hexe oder der Zauberer kann auch ihren/seinen eigenen menschlichen Geist durch Astralprojektion in ein Tier hineinschicken und dann das Tier für ihre/seine eigenen Zwecke gebrauchen. Leute im Okkultismus entwickeln oft eine sehr enge Verbindung zu einem Vierbeiner oder einem Vogel, den sie in dieser Weise benutzen. Es ist überliefert, daß Hexen in Verbindung mit schwarzen Katzen stehen. Dies ist aber eine Lüge, die von Dienern Satans verbreitet wird, um Leute irrezuführen. Hexen können Katzen für diese Zwecke benutzen und tun das auch häufig, doch sie bevorzugen ganz weiße Katzen, da Weiß Reinheit symbolisiert.

Erst kürzlich ereignete sich ein Vorfall mit solch einem vertrauten Geist in meiner eigenen Praxis. Ich bin ein großer Tierliebhaber. Ich habe ein Katzenpärchen, das sehr gerne im Auto mitfährt, und meistens nehme ich eine oder auch beide mit mir in die Praxis. Normalerweise halten wir sie in einem abgesperrten Bereich, in dem sie keinen Kontakt mit den Patienten haben. An diesem speziellen Abend war ein recht mächtiger Zauberer des Ortes einer meiner letzten Patienten. Ich denke, er ahnte zu diesem Zeitpunkt noch nicht, daß ich seine wahre Identität kannte.

Irgendwie gelang es meinem Kater Joshua an diesem Abend auszubrechen, und er kam in das Zimmer, in dem sich der Patient befand. Ich nahm ihn hoch, noch bevor der Patient eine Möglichkeit hatte, ihn zu berühren, und sagte:

»Es tut mir leid, Joshua ist es irgendwie gelungen auszubrechen, ich hoffe, Katzen machen Ihnen nichts aus.«

»Überhaupt nicht, wir haben ja selber eine Katze, die wir sehr lieben.«

Als ich Joshua aus dem Zimmer trug, zeigte mir der HERR, daß ich zu langsam gewesen war. Dem Patienten war es gelungen, einen ihm vertrauten Geist in Joshua hineinzuschicken. Eine Sekunde, mehr bedurfte es nicht!

Nachdem alle Patienten gegangen waren, saß ich in meiner Privatpraxis und unterhielt mich mit zwei Freunden. Die Veränderung in Joshua war auffällig. Normalerweise ist er ein äußerst stiller und ruhiger Kater. Aber als wir so dasaßen und uns unterhielten, strich er ständig von einem zum anderen und sah zu jedem von uns auf, während wir miteinander sprachen. Ich erklärte den anderen, was geschehen war. Der Patient gebrauchte die Augen und Ohren der Katze, um alles genau zu überwachen. Ich nahm Joshua hoch, und indem ich ihm direkt in die nun wilden, starren Augen blickte, sagte ich:

»Nun höre mir gut zu, Jimmy (der Name des Patienten). Dein Herr, Satan, ist ein Lügner. Er ist **nicht** stärker als Jesus. Jesus Christus **ist Gott** und Er ist für dich genauso wie für mich am Kreuz gestorben. Jesus ist derjenige, dem du dienen solltest, nicht Satan. Nun werde ich dir beweisen, daß das, was ich sage wahr ist. Wir werden deinen dir vertrauten Geist aus diesem Tier durch die Kraft von Jesus Christus austreiben. **Wenn** Satan so stark ist, wie er sagt, könnten wir das nicht tun.«

Ich nahm dann etwas Öl und salbte Joshua, und wir beteten zusammen und baten unseren HERRN Jesus den Dämon auszutreiben. Wieder geschah die Veränderung augenblicklich. Der wilde, starre Blick verließ seine Augen, er hörte auf, sich so abzukämpfen, und mit einem großen Seufzer legte er sich hin und schlief sofort ein.

Wenn du Haustiere hast, paß stets auf, ob sie nicht vielleicht solche vertrauten Geister haben. Aber bitte vergiß nicht, kurz das Evangelium mitzuteilen, bevor du den Dämon austreibst oder den HERRN bittest, den menschlichen Geist wegzunehmen. Meistens wirst du es nicht wissen, ob du es nur mit einem menschlichen Geist oder mit einem Dämon zu tun hast. Falls es irgendwie möglich ist, laß den Satanisten, der dahinter steckt, das Evangelium hören. Wir beten täglich um eine besondere Beschirmung unserer Tiere.

Tiere lassen sich gewöhnlich leicht reinigen, weil sie nicht sündigen. Satan hat deswegen an ihnen kein legales Anrecht, wie an uns

Menschen. Dennoch sind sie von dem Fluch der Sünde mitbetroffen. Die Schrift spricht deutlich davon:

>Denn wir wissen, daß die ganze Schöpfung zusammen seufzt und zusammen in Geburtswehen liegt bis jetzt.« Römer 8:22

Am Ende wird die ganze Schöpfung, einschließlich der Tiere, durch Jesus Christus erneuert werden, und so wird der Fluch der Sünde weggenommen werden.

>. . . denn es gefiel der ganzen Fülle, in ihm zu wohnen und durch ihn alle mit sich zu versöhnen – indem er Frieden gemacht hat durch das Blut seines Kreuzes –, durch ihn, sei es, was auf der Erde oder was in den Himmeln ist.« Kolosser 1:19–20

In den Tagen der Bibel schien sich der Begriff »vertrauter Geist« mehr darauf zu beziehen, daß eine Hexe einen Dämon einfach befragte. Ein höchst interessantes Beispiel findet sich in 1. Samuel 28. Saul war am Ende seiner Karriere. Er war bereits so rebellisch gegen Gott, daß er eine Frau aufsuchte, die vertraute Geister befragte, nur um herauszufinden, wie die Schlacht am nächsten Tage ausgehen würde. Die wirklich interessante Sache in dieser Geschichte ist, daß Saul die Frau bat, ihre Dämonen zu benutzen, um den toten Geist des Propheten Samuel heraufzurufen. Offensichtlich zögerte die Frau nicht, es zu tun, denn sie erwartete ja, daß ihr Dämon heraufkommen und sich als Samuel ausgeben würde. Aber Gott sandte tatsächlich Samuel! Vers 12 in Kapitel 28 sagt uns, daß die Frau schrie und erschrak, als sie den **wirklichen Samuel**, statt einen Dämon, sah.

Die vielen spiritistischen Sitzungen, die abgehalten werden, um angeblich mit Toten in Kontakt zu treten, sind alles Lügen. Diese Hexen können mit den Toten in Wirklichkeit gar keinen Kontakt aufnehmen. Diese Schriftstelle zeigt uns, daß sie nur Dämonen benutzen, die sich für die tote Person ausgeben. Satan kann den Körper eines Menschen töten, aber nach dem Tod hat er keine Macht über dessen Geist und Seele. Jesus sagte:

>Ich sage aber euch, meinen Freunden; Fürchtet euch nicht vor denen, die den Leib töten und nach diesem nichts weiter zu tun vermögen. Ich will euch aber zeigen, wen ihr fürchten sollt: Fürchtet den, der nach dem Töten Macht hat, in die Hölle zu werfen; ja, sage ich euch, diesen fürchtet.« Lukas 12:4–5

>Die Furcht des Herrn ist der Weisheit Anfang . . .« Sprüche 9:10

Unser HERR sagt uns klar, daß wir den körperlichen Tod, den

Satan uns zufügen kann, nicht fürchten sollen, sondern vielmehr Gott, der in der Lage ist, Seele und Geist nach dem Tod in die Hölle zu werfen. Ich glaube, daß diese und andere Schriftstellen deutlich zeigen, daß Satan und seine Dämonen nach dem Tod eines Menschen **keinerlei** Macht über dessen Seele und Geist haben. Eine andere Schriftstelle, die hierzu besonders passend ist, findet sich in der Offenbarung.

[Jesus spricht] »Ich bin der Lebendige und ich war tot, und siehe ich bin lebendig in alle Ewigkeit und habe die Schlüssel des Todes und des Hades.«   Offenbarung 1:18

ZAUBERSPRÜCHE, BESCHWÖRUNGSFORMELN, VERWÜNSCHUNGEN UND FLÜCHE

Sie haben alle das gleiche Ziel, nämlich einen oder mehrere Dämonen dazu aufzufordern, eine gegebene Handlung auszuführen. Häufig sind die Beschwörungsformeln in dichterischen Versen abgefaßt. Es gibt eine Vielzahl von ihnen, und sie sind von Generation zu Generation weitergegeben worden. Gewöhnlich werden sie laut ausgesprochen (denke daran, Dämonen können die menschlichen Gedanken nicht lesen), doch oft werden sie auch von dem Geist der Hexe in die geistliche Welt hineingesprochen, was vom natürlichen Ohr nicht wahrgenommen werden kann.

Der Ausdruck »jemanden verzaubern, verfluchen oder verwünschen« spricht von der Handlung, daß ein Dämon hervorgerufen und dann zu einer Person gesandt wird, um bestimmte Einflüsse auszuüben bzw. Schäden anzurichten. ALLE Zaubersprüche, etc. werden von Dämonen ausgeführt, auch die sogenannten »guten«, wie zum Beispiel solche, die Liebe in einer Person erzeugen sollen, etc. Ein anderer Ausdruck, der vorallem in einigen anderen Ländern gebraucht wird, ist das »Verhextsein«. Er bedeutet, daß jemand unter dem Einfluß oder der Herrschaft von Dämonen steht, die von einer Hexe ausgesendet wurden.

Hexen mit mehr Macht haben es nicht nötig, lange und komplexe Beschwörungsformeln zu verwenden. Sie kommunizieren entweder direkt mit den Dämonen in der geistlichen Welt oder durch ihren »Führergeist«.

FÜHRERGEIST

Ein Führergeist ist meistens ein mächtiger Dämon, der ganz speziell von einer Hexe oder von einem Zauberer gebeten wird, zu ihr/zu ihm zu kommen und in ihr/ihm zu wohnen, mit der Absicht, daß er ihnen alle möglichen okkulten Fähigkeiten, Macht und eine bessere Kommunikation mit anderen Dämonen gibt. Mann-Chan war Elaines Führergeist. Er beherrschte ihr gesamtes Leben. Er gab ihr die ganzen Fähigkeiten, die wir bereits zuvor an anderer Stelle in diesem Buch in Einzelheiten beschrieben haben.

FETISCHE, TALISMANE, AMULETTE

Diese drei Ausdrücke bedeuten alle ungefähr dasselbe. Sie bezeichnen Gegenstände, die meistens getragen oder über die Tür eines Hauses gehängt werden. Von ihnen wird Schutz und/oder Glück für die Besitzer erwartet. Talismane sollen meistens Glück bringen.

Amulette und Fetische werden häufig deshalb gemacht, um eine Person vor einem bestimmten Feind, wie zum Beispiel einer anderen Hexe, zu beschützen. In diesem Fall wird etwas von dem Feind (z. B. Haare) in das Amulett oder den Fetisch eingeschlossen. Sie unterscheiden sich sehr stark in ihrem Aussehen, aber die Macht, die dahinter steht, ist bei **allen** die gleiche: **Dämonen!** Beim HERRN gibt es keine solchen Gegenstände. Die Macht der Christen besteht **nur** durch unseren HERRN Jesus Christus und Sein vollbrachtes Werk am Kreuz. Jeder Christ, der solche Dinge duldet oder benutzt, macht damit direkt von Dämonen Gebrauch. Es ist verwunderlich, wie viele Christen Gegenstände wie Kreuze oder Bibeln als Schutz ansehen, in der gleichen Weise wie auch Amulette oder Fetische gebraucht werden. Das steht im vollen Widerspruch zu Gottes Wort.

ERKENNUNGSZEICHEN

Als Erkennungszeichen werden in verschiedenen Gebieten der Welt unterschiedliche Dinge bezeichnet. Ein Erkennungszeichen ist ein Gegenstand, der eine Person identifizieren soll. Wenn eine Hexe einen Dämon gegen eine andere Hexe aussenden will, so weiß dieser Dämon nicht automatisch, welche die richtige Person ist. Die schnellste und sicherste Abhilfe besteht darin, dem Dämon einen die Person identifizierenden Gegenstand oder ein Erkennungszeichen, wie zum Beispiel Haare, abgeschnittene Fingernägel, etc. zu geben. Manchmal werden auch Kleidungsstücke verwendet, doch sie sind nicht so wirkungsvoll wie ein Teil der Person selbst. Diese Erkennungszeichen dienen genauso gut zur Identifikation der Person wie Fingerabdrücke.

Oftmals wurden wir in Schwierigkeiten gebracht, weil Satanisten versuchten, unsere Haustiere durch Zauberei umzubringen. Bei diesen Gelegenheiten stellten wir fest, daß die Barthaare unserer Katzen und unseres Hundes auf einer Seite abgeschnitten waren. Wir haben einige unserer Haustiere dadurch verloren, daß Dämonen sie mit Krankheiten heimgesucht haben, aber wir sind gewappnet für diese Möglichkeit des Angriffs und beten für sie, salben sie mit Öl und bitten den HERRN, sie besonders zu beschirmen. Die Barthaare, die von unseren Tieren genommen wurden, waren die Erkennungszeichen oder Erkennungsgegenstände, die die Hexen den Dämonen gaben, um unsere Tiere zu identifizieren.

MAGISCHE STEINE

Sie bestehen gewöhnlich aus einer Art von Onyx (Halbedelstein), doch können sie auch aus jedem anderen Kristall oder Edelstein gefertigt werden. Der Zweck solch einer Kristallkugel ist die Kommunikation. Häufig werden sie als Schmuckstück getragen. Spezielle Beschwörungsformeln werden über diesen Steinen ausgesprochen, wobei sie gleichzeitig auf verschiedene Arten gerieben werden, etc., mit der Absicht, einen oder mehrere dazu benötigte Dämonen aufzufordern, Verbindung zu einer anderen Person herzustellen. Oft bringt der Dämon den Stein dann zum Glühen, um seine Anwesenheit anzuzeigen.

KRÄFTE UND MÄCHTE

Die Weiße Magie steckt voller Hinweise auf Kräfte und Gewalten. Sieh dir z. B. das folgende Zitat aus einem Buch über Weiße Magie an. Es heißt *Ritual White Magic Tape Instruction Book (Lehrbuch über die Rituale der Weißen Magie)* von Dick Stephens (Valley of The Sun Publishing Co, 1985).

»Die Magie funktioniert in Übereinstimmung und Zusammenarbeit mit den Naturgesetzen und stellt diese Kräfte in ihren Dienst. Es ist ein Hilfsmittel, um uns in bessere, weisere Menschen zu verwandeln und bewirkt eine Ausweitung unseres Bewußtseins. Das höchste Ziel der Magie ist es, dem Praktizierenden seine eigene Wirklichkeit zu schaffen. Und du bist dabei die Tür zu dieser unglaublichen Macht zu öffnen, die dir helfen kann, genau das zu tun.«   Seite 3

Viele andere Beschreibungen werden für ein und dieselbe Sache gebraucht, doch letztendlich hat die gesamte Weiße Magie das eine Ziel, nämlich »die Person mit den Kräften des Universums zu vereinen«. Diese Autoren verschweigen natürlich immer, daß diese sogenannten Mächte und Kräfte **Dämonen sind** und daß die »Ausweitung unseres Bewußtseins« oder »Verwandlung unseres Bewußtseinszustandes« in Wirklichkeit nichts anderes als die Errichtung einer Verbindung zur geistlichen Welt ist.

Dem unbedachten Leser erscheint dies alles gut und harmlos. Es **ist** Magie, und als solches ist es Gott ein Greuel.

Schlußwort

Elaine und ich verbinden uns in ernsthaftem Gebet, um den HERRN der Herren und den König der Könige, unseren geliebten Jesus Christus zu bitten, dir geistliches Verständnis für all das zu geben, was wir versucht haben, in diesem Buch zu sagen. Denke immer daran, egal was mit dir im Kampf oder als Folge deines Eintritts in den geistlichen Kampf geschieht, selbst wenn du an deinem eigenen Leben verzweifelst: Du wirst **immer** im Zentrum von Gottes Liebe und Bewachung stehen. Psalm 116:15 sichert uns zu: »Kostbar ist in den Augen des HERRN der Tod Seines Heiligen.« Gott wacht eifersüchtig über deinem Leben.

Zum Abschluß möchten wir dieses Buch mit all der Liebe, die in unseren Herzen nur sein kann, in die Hände des Einen übergeben, den wir über alles andere lieben: Gott dem Vater, Gott dem Sohn und Gott dem Heiligen Geist. Alle Liebe, alle Herrlichkeit, aller Lobpreis, alle Ehre und alle Danksagung gebührt allein Ihm von Ewigkeit zu Ewigkeit! Amen.

Bitte komme bald, HERR Jesus!

**»Rüste Dich zum Kampf«
ist die Fortsetzung zu dem
Buch »Er kam, um die
Gefangenen zu befreien.«**

Aus ihrer eigenen
siebenjährigen Erfahrung,
in der sie über 1000
Menschen aus dem harten
Kern des Satanismus
herausgeholfen hat,
berichtet Dr. Rebecca
Brown in diesem
lehrreichen Buch über
geistliche Kriegsführung

● **wie man siegreich ge-
gen Satan stehen kann,**

● **wie man den gefährli-
chen   New-Age-Lehren
entgegentreten kann,**

● **woran man erkennen kann, ob ein Kind in satanischen Ritua-
len mißbraucht wurde und wie man solchen Kindern wirkungsvoll
helfen kann,**

● **wie man Menschen helfen kann, frei zu werden,**

● **wie man den Problemen, die nach einer Befreiung auftreten
können und über die meist nicht gesprochen wird, begegnen kann**

● **und vieles andere.**

Ist dir bewußt, daß Satan »Einfallstore«, zu denen beispielsweise
auch Yoga, Phantasie-Rollenspiele und Meditation gehören, benutzen kann, um mit Hilfe von Dämonen dein Heim zu zerstören?

Satan haßt dich und will dich zerstören!

Um siegreich gegen ihn zu sein, mußt du dich zum Kampf rüsten!

Vertrieb Christlicher Literatur

ISBN: 3–9802219–1–1